대니얼 데닛(Daniel C. Dennett) 교수님께 이 책을 바칩니다.
당신의 초대가 없었다면 제 서재는 그저 밋밋했을 것입니다.

Darwin's Study

다윈의 서재

진화하는 지식의
최전선에 서다

장대익 지음

바다출판사

| 차례 |

2 생명과 우주

3 문화와 역사

핀치와 완두콩

그는 흥분된 마음으로 서가의 책들을 정신없이 들춰보기 시작했다. 책은 족히 1000권은 훨씬 넘어 보였다. 잔잔한 음악이 흐르는 거실에는 아직도 사람들의 대화 소리가 들렸다. 하지만 그는 금고털이범이라도 된 듯이 숨을 죽이며 하던 일을 계속 했다. 그러기를 반시간 쯤, 드디어 그의 얼굴에는 환한 미소가 번졌고, 그의 손에는 책 한 권이 들려 있었다.

2009년 2월 12일 저녁, 런던 남동쪽의 다운Downe이라는 작은 마을에서 성대한 파티가 열렸다. 찰스 로버트 다윈Charles Robert Darwin(1809-1882)이 1842년부터 생을 마감할 때까지 가족과 함께 지낸 곳이다. 오늘 이 다운하우스Downe House는 수십 명의 손님들로 북적이고 있다. 정확히 200년 전 오늘, 이 위대한 영국의 과학자가 슈롭셔 주의 슈루즈베리에서 태어났다. 그가 만 50세에 《종의 기원》을 출간했으니, 올해는 출간 150주년이 되는 해이기도 하다. 이것이 오늘 사람들이 이곳에 모인 이유이다.

오늘 파티에서는 산타처럼 수염이 풍성한 어느 키 큰 중년 남성이 유난히 눈에 띄었다. 그는 인지 및 진화철학의 대가이자 베스트셀러 《다윈의 위험한 생각》을 쓴 미국의 철학자 대니얼 데닛Daniel C. Dennett 교수다. 만일 다윈이 철학자로 환생했다면 데닛일 거라고 말하는 사람도 있을 정도로, 그의 철학은 다윈의 자연선택 이론 위에 서 있다. 그는 한 시간쯤 전에 손님들에게 '왜 여전히 다윈의 생각이 위험한가Why are Darwin's ideas still dangerous'라는 제목의 짧은 강연을 마쳤고, 사람들에 둘러싸여 파티를 즐기고 있었다. 하지만 왠지 마음은 다른 곳에 있는 듯 계속 옆방을 힐끗 거리고 있었다. 결국 와인 잔을 테이블에 내려놓고는 주변 사람들에게 양해를 구한 후 그 자리를 빠져나왔다. 그러고는 뭔가에 홀린 듯 다윈의 서재로 성큼 걸어 들어갔다. 그리고 반시간이 흘렀다.

거실에서 사람들과 대화를 나누던 미국 NPR(공영라디오)의 편성국장 앤소니 브라운이 배꼼히 열린 다윈의 서재에서 데닛을 보았다. 그들은 구면이다.

"댄, 정말 인상적인 강연이었어요. 요즘 저희 방송에서 통 뵐 수가 없네요. 건강은 괜찮으신가요?"

3년 전쯤 데닛은 열네 시간 동안 진행된 큰 혈관 수술을 받았다. 수술이 조금만 늦었더라면 생명이 위험할 뻔했다. 하지만 그는 청년처럼 금방 회복했고, 그때 병상에서 쓴 〈고맙다, 이 모든 선한 것들이여Thank goodness〉라는 에세이는 그 해의 최고 과학 에세이로 뽑히기도 했다. 전 세계 그의 독자들이 가슴을 쓸어내리는 순간이었다. 그때 이후로 그의 건강을 묻는 사람들이 많아졌지만, 그럴 때마다 그는 아무렇지 않다고 말한다.

그가 반갑게 브라운의 손을 맞잡으면서 말한다.

"네. 요즘 새 책을 집필 중이어서 다른 건 못하고 있습니다. 그러고 보니 NPR에 마지막으로 출연한 것도 2년 전인 것 같네요. 아마 진화와 종교에 관한 인터뷰였을 거예요."

고개를 끄덕이던 브라운은 데닛의 손에 들린 책으로 눈길을 돌린다.

"그건 무슨 책인가요? 낡은 걸 보니 이 서재에 꽂혀 있던 책 같은데요?"

데닛은 무슨 비밀이라도 간직한 듯 야릇한 미소를 지으며 말한다.

"책은 아니고요. 1866년에 출간된 논문 모음집이에요. 그런데 여길 한번 보세요."

데닛은 브라운에게 책을 내밀어 책장을 주르륵 넘기다가 어딘가에서 멈춘다.

"여기요, 여기. 이 논문집에 수록된 다른 논문들은 다윈 선생이 읽었던 게 분명해요. 깨알 같은 메모가 보이죠? 그런데 유독 이 한 논문에만 그런 메모들이 전혀 없어요. 보세요, 이 논문 말이에요."

데닛은 자신이 가리키는 논문을 넘기면서 브라운의 눈을 응시한다.

"그렇군요. 틀림없이 이 논문은 안 읽은 것 같네요. 메모나 밑줄이 하나도 없어요. 그런데 그게 뭐 어떻다는 겁니까? 이게 무슨 논문인데요?"

데닛은 기다렸다는 듯이 재빨리 대답한다.

"이거요? 세상을 바꾼 논문이지요, 하하. 그레고어 멘델Gregor Mendel 아시죠? 완두콩 실험을 통해 유전법칙을 발견한 수도승 유전학자 말이에요. 이것이 바로 그가 최초로 발표한 논문이에요. 1865년에 발표되어 이 논문집에 실린 건데, 여기에만 메모가 없는 걸 보면 다윈은 이 논문을 읽지 않은 게 분명합니다."

브라운은 신기하다는 듯이 말한다.

"정말 그런 것 같네요. 그런데, 이 논문을 안 읽었다는 것이 그렇게 중요한가요?"

데닛이 대답한다.

"다윈이 주장했던 유전학이 있었어요. '제뮬gemule'이라는 유전 알갱이가 온몸을 돌아다니는데 신체의 어떤 부분을 많이 사용하면 그 부위에 그 알갱이들이 많이 쌓이고 다음 세대에 그것이 전달된다는 식이었어요. 일종의 혼합에 의한 '획득형질의 유전' 같은 것이죠. 만일 그가 멘델의 이 논문을 읽고 이해했었다면 제뮬 같은 이상한 용어를 사용하지는 않았겠죠."

그의 목소리가 점점 커진다.

"그동안 심증은 있었지만 확실하진 않았어요. 그런데 오늘 그의 서재에서 이 논문집을 들춰보는 순간 저의 의문이 풀렸지요. 그는 이 논문을 진짜 안 읽었던 거예요. 하하하!"

다윈의 다운하우스는 지난 1927년부터 일반인에게도 방문과 관람을 허용했다. 하지만 그의 서재에 꽂혀 있는 책을 마음대로 들춰보는 일은 그동안 그의 후손에게만 허용된 특권이었다. 그런데 오늘만은 예외다. 탄생 200주년을 기념하여 오늘 초대된 손님들에게는 그런 특권을 허락해준 것이다. 데닛이 상기된 목소리로 말한다.

"정말 오늘을 손꼽아 기다렸어요. 드디어 다윈이 멘델의 논문을 읽어본 적이 없다는 물증을 잡았습니다. 이걸 제 눈으로 직접 확인하다니 정말 놀랍네요."

브라운이 고개를 끄덕이면서 말한다.

"아주 재밌는 스토리네요. 저희 방송에 나와서 한번 말씀해주시면 어떨까요? '다윈의 유전학이 조야했던 이유'라고나 할까요? 뭐 이런 주제로 말씀해주시면 청취자들이 매우 흥미로워할 것 같아요. 한번 출연해주시지요. 교수님."

데닛은 자신의 턱수염을 만지작거리며 잠시 주저한다.

"좋은 제안인데 미국에 돌아가서 고민해보고 연락드리지요."

"네, 그렇게 해주시면 감사하겠습니다."

다윈의 서재

2009년 2월 14일 오전 런던 히드로 공항. 데닛은 영국 방문 일정을 마치고 보스턴행 비행기에 올랐다. 그에게 이번 다운하우스 방문은 짜릿한 경험이었다. 뿌듯한 마음으로 비행기 좌석에 앉아 있는데, 낯익은 얼굴이 여행 가방을 끌고 옆 자리에 와서 앉는다. 데닛의 얼굴을 본 그도 잠시 놀란다.

"댄, 이제 귀국하시나 봐요. 저도 보스톤에 잠시 들를 일이 있어서 탔습니다."

"딱 걸렸네요. 이제 거절을 못하게 생겼군요. 어서 앉으세요."

잠시 후 비행기가 이륙하고 그 둘이 스튜어디스에게서 와인을 받아들자 이야기가 시작된다.

"댄, 엊그제 다윈의 서재에서 있었던 일을 생각해봤는데요, 궁금한 게 생겼어요. 그의 서재에는 주로 어떤 책들이 꽂혀 있던가요?"

데닛이 잠시 생각에 잠기다가 진지하게 대답한다.

"다윈은 다독가였어요. 그가 즐겨 읽은 책은 지질학자 찰스 라이엘의《지질학 원리》를 비롯하여 식물학, 동물학, 육종학, 박물학, 지질학, 화석학, 발생학 분야의 전문서죠. 하지만 그는 조지 엘리엇George Eliot의《미들마치》, 앤소니 트롤럽Anthony Trollope의《바셋주 이야기》같은 당대 소설들도 읽었습니다. 심지어 그런 소설가들과 종종 어울려 지내기도 했어요."

데닛의 대답이 끝나기도 전에 브라운이 한 손을 번쩍 들더니 흥분된 어조로 말한다.

"아! 댄, 재밌은 아이디어가 하나 떠올랐어요. 핀치와 완두콩 이야기(다윈과 멘델의 관계를 지칭하는 말)는 나중에 하기로 하고요, 이걸 해보면 어떨까요?"

데닛이 어리둥절해 하자 브라운이 곧바로 덧붙인다.

"만일 다윈이 지금까지 살아 있다고 해봐요. 그렇다면 그의 서재에는 어떤 책들이 꽂혀 있을까요?"

데닛은 아직 눈치를 채지 못한 듯하다.

"칼 세이건의 《코스모스》 같은 책이나 리처드 도킨스의 《이기적 유전자》 같은 책은 틀림없이 꽂혀 있겠죠?"

브라운이 계속 말한다.

"그렇겠죠? 그런 가정을 하고 책을 소개하는 코너를 만들면 어떨까요? '21세기에 다윈이 살아 있다면 그의 서재에는 어떤 책이 꽂혀 있을까?', 이런 상상력을 동원하여 우리 시대에 꼭 읽어야 할 책을 소개하는 겁니다. 주로 과학서가 될 수 있겠지만, 다윈이 여러 종류의 책을 두루 읽었던 인물이니까 꼭 그럴 필요도 없겠죠. 어때요?"

데닛은 이제야 알아들었다는 듯 엄지손가락을 추켜올리며 말한다.

"와우. 재밌는 이야기군요. 청취자들이 흥미로워하겠어요. 한번 해보세요."

브라운이 데닛의 눈을 보며 이야기한다.

"당신이 진행하기로 한다면 해볼게요. 저는 지금껏 당신만큼 다윈의 마음을 잘 읽는 사람을 보지 못했어요. 당신이라면 추진해볼게요."

데닛이 뒷머리를 극적이며 말한다.

"제 수염이 다윈과 매우 닮았다고 하는 사람들은 많지만, 어떻게 제가 감히 다윈의 머릿속으로 들어갈 수 있겠어요. 도킨스 선생에게 부탁해보시죠. 사실, 저는 다윈이 살아 있었다면 과연 제 책이 그의 서재에 꽂혀 있기는 했을까 상상하고 있는 중이었어요."

브라운이 고개를 가로 젓는다.

"이 기획의 진행자는 과학뿐만 아니라 인문학적 전통에도 정통한 사람이어야만 해요. 그래야 다윈의 방대한 서재를 책임질 수 있지 않겠어요? 게다가 이 기획은 어디까지나 엊그제 다윈의 서재에서 당신과 이야기를 나누다 발전한 아이디어잖아요. 당신이 아니면 안 되는 일이에요. 새 책 쓰시느라 바쁘시겠지만 틈틈이 해주시면 안 될까요? 출연료는 두둑하게 드리겠습니다. 제가 국장 아닙니까? 하하."

브라운이 악수를 청하자 데닛의 입가에 미소가 번진다. 물론 두둑한 출연료 때문만은 아니었다.

"그럼 조건이 하나 있어요. 제가 선정한 책의 저자들을 다 초청할 수 있게 해주세요. 이 기회에 한번 진하게 만나보게요. 그렇게 해주신다면 한번 신나게 해보지요."

데닛이 브라운의 악수에 응하자 브라운이 거래를 끝낸다.

"좋아요. 비용을 전부 대겠습니다. 대신 제목은 이렇게 하죠. '다윈의 서재'."

제1부

다윈의
서재

도발적인 책

Provocative

종교를 아이들에게 노출시키지 말 것
정신 바이러스니까

리처드 도킨스 ◆ 만들어진 신

리처드 도킨스
Clinton Richard Dawkins

영국의 동물행동학자이자 진화생물학
자로, 현재 지구상에서 가장 큰 이슈를
몰고다니는 과학 저술가이다. 1976년
발표한 첫 책《이기적 유전자》로 과학
논쟁의 중심에 서게 되었다. 이후 다양
한 책을 통해 종교의 비합리성과 그것
이 사회에 끼치는 피해를 역설해왔다.

데닛 : 안녕하십니까, 청취자 여러분. NPR의 새 프로그램 '다윈
의 서재' 진행을 맡은 철학자 대니얼 데닛입니다. 만일 오늘날
찰스 로버트 다윈이 살아 있다면 그의 서재에는 어떤 책들이 꽂
혀 있을까요? 그는 왜 그런 책들을 읽었을까요? 저희는 이런 호
기심에서 이 프로그램을 준비하게 되었습니다. 이미 알려드린
대로 우리는 이 시대를 대표하는 스무 명의 저자를 매주 한 분

씩 초대하여 대담을 나눌 계획입니다. 저희가 어떤 기준으로 책과 저자를 선정하게 되었는지 궁금하실 텐데요, 말 그대로 '다윈의 시각'에서 고르려 했다고 말씀드릴 수밖에 없습니다. 제작진은 제가《다윈의 위험한 생각》을 쓴 저자니까 다윈의 생각을 잘 간파할 것이라 믿었나 봅니다.

잘 아시듯이 다윈은 혁명적 이론을 세상에 내놓았습니다. 자연선택에 의해 모든 생명이 진화해왔다는 발상은 당대의 종교뿐만 아니라 지식의 세계에서도 매우 도발적인 것이었습니다. 그래서 저희는 '다윈의 서재' 어딘가에 '도발적인 과학책'이 꽂혀 있을 거라 상상했습니다. 어쩌면 그 책장에는 '도발적인 provocative'이라는 라벨이 붙어 있을지도 모르겠습니다. 이번 시간부터 우리는 당대의 통념에 도전장을 던진 과학책들을 만나게 될 것입니다.

요즘 '도발'하면 가장 먼저 떠오르는 저자가 있죠? 최근에 가장 핫한 과학 저자이면서 저의 오랜 친구이기도 한 동물행동학자 리처드 도킨스Richard Dawkins(1941-)를 첫 손님으로 모시겠습니다. 원래는 이 방송을 위해 영국 옥스퍼드에서 여기 보스턴까지올 계획이었는데요, 갑자기 개인적인 사정이 생겨서 못 오셨습니다. 대신 전화로 실시간 인터뷰를 진행하겠습니다. 양해 부탁드립니다.

도킨스 교수에 대해서는 더 이상 소개가 필요 없을 정도일 텐데요,《이기적 유전자》,《눈먼 시계공》,《확장된 표현형》을 비롯하여 최근에 출판한 《조상 이야기》까지, 현대 과학계의 슈퍼스타이며 밀리언셀러 저자이기도 합니다. 오늘 소개할 책은 그가 인류의 유신론적 종교 전통을 통째로 무너뜨리려고 작심하고 쓴 《만들어진 신》입니다. 최근 지식 사회에서 이보다 더 큰 도발은 없을 것이기에 첫 번째 책으로 선정하게 되었습니다.

리처드, 초대에 응해주셔서 고맙습니다.

도킨스 : 오늘 보스턴에 갔어야 하는데 그러지 못해 무척 죄송합니다.

데닛 : 어젯밤에 당신의 《만들어진 신》을 다시 읽어봤어요. 간만에 속이 또 한 번 후련해지더군요. 우선 종교에 대한 이런 쓴소리를 용감하게 한 것 자체에 박수를 보냅니다. 지식인들은 남들의 종교에 대해 대놓고 이야기하기를 꺼리지 않습니까? 개인적 선택의 문제일 뿐이라고 하면서요.

도킨스 : 격려해주셔서 고맙습니다. 그렇지 않아도 최근 몇 년 전부터 유신론자들로부터 테러에 가까운 비난을 듣고 있어요. 저를 아예 '근본주의자'로 매도하더군요. 과학을 맹신하고 있다나요. 그동안 사람들은 종교가 무슨 성역이라도 되는 양 비판적 관점을 갖는 것 자체를 두려워했습니다. 이건 종교의 근거 없는 특권의식이고 널리 유포된 실체 없는 공포감이지요. 저는 근본주의자가 아니라 반성적 지식인일 뿐입니다. 당신은 어떻게 읽으셨나요?

데닛 : (잠시 머뭇거리며) 질문은 제가 할게요. 하하. 그 질문을 우

리 콘셉트에 맞게 이렇게 바꿔보면 어떨까요? 다윈은 당신의 책을 읽고 어떤 메모를 했을 것이라 생각하세요?

도킨스 : 글쎄요. 과학사학자들에 따르면, 다윈은 기독교에 애증을 품은 인물이었습니다. 아내 에마가 아주 독실한 신자였지요. 다윈도 한때 케임브리지 대학교에서 신학을 공부하지 않았습니까? 비글호를 타지 않았다면 목사가 될 뻔했던 사람이었습니다. 하지만 자연선택 이론에 대한 이해가 깊어질수록 신의 자리가 점점 좁아지는 것을 느꼈던 것 같습니다. 급기야 마흔 살이 되어서는 마음속으로 다짐했죠. 신은 없다고.

데닛 : 그때가 다윈의 부친이 돌아가시고 가장 사랑하던 딸 애니마저 병으로 세상을 뜬 시기 아니었던가요?

도킨스 : 맞아요. 비글호 항해 이후에 다윈이 신에게 기도했던 유일한 순간이었죠. 결국 기도는 응답되지 않았고요. 그때 이후로 그는 사실상 무신론자로 평생을 살았다고 봐야 해요. 물론 겉으로는 드러낼 수가 없었지만요. 사랑하는 아내 때문이기도 했지만, 솔직히 그는 당시 분위기에서 무신론자로 낙인찍히는 것을 두려워했던 것 같아요.

데닛 : 그런 의미에서 다윈이 《만들어진 신》을 읽었다면 당신의 대담함과 용기, 그리고 확신을 부러워했을 것 같아요. 하지만 저는 몇몇 중요한 부분에 대해서는 다윈과 당신 사이에 이견이 있을 것 같다는 느낌을 받았어요.

도킨스 : 어떤 부분이죠?

데닛 : 아이들의 종교 문제를 다룬 부분 기억나시죠? 부모의 종교에 따라 '무슬림 아이들', '기독교 아이들'과 같은 꼬리표를 달아줘서는 절대로 안 된다는 대목 말이에요. 당신은 부모의 그런 행위를 정신적 측면의 '아동 학대'라고까지 표현했더군요. 종교에 관해 적절한 판단을 할 수 없는 아이들을 더 큰 혼돈에 빠뜨리는 행위라면서요.

도킨스 : 네, 맞아요. 만일 아이들에게 '마르크스주의자', '자본주의자', '보수주의자', '자유주의자' 등과 같은 꼬리표를 달아준다고 해보세요. 다들 말이 안 된다고 느낄 거예요. 정치학적 사고나 경제학적 이론들을 이해할 리 없는 아이들을 그렇게 부르는 것은 부적절할 뿐만 아니라, 만일 그것이 강요에 의한 꼬리표라면 학대라고도 할 수 있죠. 가령, 북한의 아이가 외부 언론에 자신을 '공산주의자'라고 소개한다고 해보세요. 우리는 다들 "아이에게 어찌 그런 교육을 시켰냐?", "세뇌 당했다"며 야단을 떨겠죠. 그런데 사람들은 자식에게 종교를 강요하면서도 그것을 학대라고 생각하지는 않아요. 이해하고 선택할 능력이 없는 아이한테 뭔가를 강요한다는 면에서 다 똑같이 잘못된 행동인데 말입니다. 참 이상하죠.

데닛 : 글쎄요. 당신 말이 틀리지 않은 것 같으면서도 조금 불편하게는 들리네요. 아이들에게도 종교가 중요할 수 있지 않나요? 성인보다는 이해력과 판단 능력이 부족하긴 하겠지만, 그들에게도 무엇이 좋고 나쁘며 옳고 그른지에 대한 본능적 직관 같은

게 있지 않을까요? 게다가 아이들의 정신이 부모의 절대적 영향 아래 있다고 보는 것도 좀 무리인 것 같아요. 요즘 애들 좀 보세요. 어디 부모 말을 듣습니까? 다 자기 친구들 따라가는 거죠. 저는 아이들에게도 종교에 대한 판단 능력이 있다는 주장도 진지하게 고려해봐야 한다고 봅니다. 이 지점에서 다윈과 당신 사이에 종교에 관해 큰 차이가 있는 것 같아요. 사실 다윈은 교회를 다니지 않았지만 아내와 아이들이 교회에 가고 기도를 하는 것을 막지는 않았죠. 심지어 동네 목사와의 친분 때문에 교회의 회계 장부 쓰는 일을 맡기도 했습니다.

너는 자본주의자니?
공산주의자니?
세상 물정 모른다고 아이들에게
종교를 강요하는 게 바로 아동학대!

도킨스 : 제가 아이들의 종교 본능을 부인하는 것은 아니에요. 아이들에게도 흔히 말하는 종교적 감성 같은 것이 분명히 있습니다. 물론 이 사실조차 진화론이 말해주는 것이지만요. 하지만 초월자에 대한 믿음이 진화했다고 해서 그것이 참이라거나 그

런 믿음을 가져야 한다고 결론 내릴 수는 없습니다. 이것은 일종의 오류입니다. 우리에게 남을 속일 수 있는 능력이 진화되었다고 해서 그것이 옳다거나 그렇게 해야 한다고 말할 수 없는 것과 같은 이치이죠.

데닛 : 철학에서 이야기하는 '자연주의 오류'를 말씀하고 계시는 것 같군요. 사실로부터 가치(당위)를 이끌어내는 것은 논리적 오류라는.

도킨스 : 맞아요. 더욱이 종교는 컴퓨터 바이러스처럼 우리 정신에 감염되는 특정한 믿음과 행위거든요. 그래서 판단 능력이 멀쩡한 성인들도 어느 순간 종교 바이러스에 감염되면 이상한 행동을 하고 비상식적인 믿음을 전파합니다. 다른 부분에 대해서는 전혀 이상하지 않을 뿐만 아니라 심지어 매우 지적인 사람들도, 진화를 부정하고 경험적 근거가 전혀 없는 종교적 세계관에 집착하지요. 이건 모두 우리가 초자연적 설명과 종교적 세계관에 취약한 인지 구조를 진화시켰기 때문입니다. 저는 이런 맥락에서 아이들의 종교적 정신 학대를 이야기한 것입니다. 아이들에게 종교적 세계관을 많이 노출시키는 것은 면역력이 형성되지 않은 영아를 더러운 창고 속에서 키우는 것과 비슷한 미친 짓입니다.

데닛 : 역시 강하게 말씀하시는군요. 당신의 이런 태도 때문에 어떤 사람들은 격분하고 다른 사람들은 열광하는 것 같습니다.

도킨스 : 바이러스는 한번 감염되면 퇴치하기가 여간 어려운 게

만들어진 신

아니에요. 어렸을 때부터 교회 주일학교에 밀어 넣기 시작하면 나중에 치유할 수 없는 사태가 생길 수도 있다니까요. 하하. 웃으며 이야기할 것은 아니지만.

데닛 : 바이러스 얘기가 나와서 하는 말인데요, 전 솔직히 그 비유가 살짝 마음에 안 들어요. 가령, 기독교인이지만 훌륭한 인간들을 저는 많이 알고 있거든요. 굳이 비유를 들라면 종교를 '정신 바이러스'라기보다는 '정신 박테리아'라고 하는 쪽이 더 낫지 않을까요? 세균 중에는 유산균처럼 좋은 것도 있으니까요.

도킨스 : (잠시 날을 세우려다 말고 웃으며)하하하. 그것도 말 되는군요.

데닛 : 리처드, 여태껏 살아 있었다면 이 책을 틀림없이 읽었을 다윈에게 한마디 해주시죠.

도킨스 : 아, 이거 어려운 질문이네요. 음, 다음과 같이 말씀을 드리고 싶네요. 전 다윈이 제 책을 읽고는 "나는 무신론자다"라며 바로 커밍아웃하실 것이라 믿습니다. 오늘 장롱 밖으로 나오시는 것 맞죠? 하하하.

데닛 : 하하. 이 시간을 빛내 주신 도킨스 박사님, 감사합니다. 오늘은 전화 연결을 할 수밖에 없었지만 다음엔 스튜디오에 꼭 모셔서 말씀 나누도록 하겠습니다. 지금까지 영국의 리처드 도킨스와 전화로 이야기 나눴습니다. 청취자 여러분, '다윈의 서재' 첫 번째 인터뷰를 여기서 마치겠습니다.

다음 주에는 《통섭》의 저자 에드워드 윌슨을 만나보겠습니다. 그리고 방청을 원하시는 분들은 'http://www.npr.org/

darwinstudy'로 신청을 해주시기 바랍니다. 추첨을 통해 매주 서른 분을 초대하고 모두에게 저자 친필 사인이 들어있는 해당 도서를 선물로 드리겠습니다.

만들어진 신

리처드 도킨스 지음 | 이한음 옮김 | 김영사

지난 몇 년간 국내에서도 큰 반향을 일으킨 이 책에서, 저자인 리처드 도킨스는 신이 존재할 확률은 0에 가까움에도 불구하고 사람들이 '종교 없는 세상'을 두려워하고 있다고 고발한다. 이 책에서 그는 종교는 '정신 바이러스'이며 신은 '망상'일 뿐이라고 주장하여 유신론자들에게 선전포고를 했다.

계몽주의는 아직 끝나지 않았다

에드워드 윌슨 ◆ 통섭

에드워드 윌슨
Edward Osborne Wilson

20세기 최고의 개미 생태학자이지만,
인간을 포함한 모든 동물들의 행동
을 공통의 진화 원리로 설명하려 했던
'사회생물학의 창시자'로 더 유명하다.
퓰리처상을 두 번이나 받은 유일한 과
학자다.

데닛 : 1838년 9월, 다윈은 정치경제학자 토머스 맬서스의 《인구
론》(6판)을 읽고 있었습니다. 그리고 거기서 '생존투쟁'이라는
키워드를 뽑아냈죠. 1844년 어느 날 다윈은 누군가에게 편지를
씁니다. "내 책의 절반은 라이엘의 머리에서 온 것 같아요." 찰
스 라이엘은 당대 최고의 지질학자였습니다. 다윈은 맬서스의
정치경제학과 라이엘의 지질학을 융합하여 자연세계에 대한 도

발적 이론을 내놓은 지식의 통섭자統攝子였습니다. 그렇다면 다윈의 서재에는 바로 이분의 책이 꽂혀 있을 것입니다. 오늘 초대 손님은 하버드 대학교의 사회생물학자 에드워드 윌슨Edward O. Wilson(1929~) 교수입니다. 그를 스튜디오에 모셨습니다.

어서 오세요. 제가 선생님의 《통섭》을 처음 읽고 난 소감을 솔직히 말씀드려도 될까요? '아 정말 오지랖 참 넓으시네'였습니다. 저도 여러 분야에 걸쳐 있는 사람이긴 한데 선생님은 심지어 나노과학까지 언급하시더군요. 대체 공부는 언제 하시는 겁니까?

윌슨 : 제가 나이가 많아 새벽잠이 없어요. 하하. 매일 오전 다섯 시만 되면 일어나서 공부하고 글을 씁니다.

데닛 : 그렇군요. 선생님을 '21세기 다윈'이라 말하는 사람들이 많아요. 삶의 궤적, 지적 관심, 취미까지도 다윈과 비슷하다고요. 다윈은 딱정벌레에 미쳤었는데 선생님은 개미에 미치지 않았습니까?

윌슨 : 감히 다윈에 저를 비교하시면 안 되죠. 다만 이런 상상은 합니다. 제가 만일 다윈 시대에 살았었다면 그와 같은 박물학자naturalist의 삶을 추구했을 거라고요.

데닛 : 철학자이지만 저는 그런 삶을 동경합니다. 이제 책 이야기를 좀 할까요? 'consilience'라는 단어를 발굴하셨더군요. 사실 19세기 영국의 위대한 철학자 윌리엄 휴얼William Whewell이 《귀납과학의 철학》에서 썼던 용어 아닙니까? 저도 철학과 대학원 시

절에 읽었던 기억이 납니다. 참 재밌는 용어라고 생각했었어요. 학문의 큰 가지들이 몇몇 공통 원리와 설명체계들로 묶여서 통합된다는 뜻이었지요, 아마.

윌슨 : 제가 선생님 같은 세계적인 철학자 앞에서 아는 척할 수는 없겠지만, 이 책을 쓰면서 조사해봤더니 이 용어는 다윈 시대에는 꽤 알려졌었지만, 요즘은 웬만한 사전에도 잘 안 나올 정도로 잊혀진 단어였습니다. 저도 처음에는 '통합integration'이나 '일치coherence'같은 친숙한 용어를 쓰려고 했었지요. 하지만 너덜너덜해진 용어보다는 생경하지만 순결한 용어가 더 낫다고 판단했습니다.

데닛 : 독자들이 틀림없이 제목을 보고 무슨 뜻인지 궁금했을 텐데, 혹시 일부러 그런 전략을 취한 건 아니십니까? 물론 농담입니다. 하하.

윌슨 : '책은 제목이 반'이라는 말도 있잖아요. 사실 제목 덕을 좀 봤습니다. 하지만 더 중요한 것은《통섭》이후로 학자와 대중들이 '지식의 소통'에 대해 더 많은 관심을 기울이게 되었다는 점입니다.

데닛 : 동의합니다. 지난 몇 년 동안 지성계의 최고 화두 중 하나가 '통섭'이라고 해도 과언은 아니잖아요? 20세기에 들어와서 전문화가 너무 심해지다 보니 지식의 세계가 자폐적으로 변했지요.《통섭》은 그 흐름에 역행하는 문제작입니다.

윌슨 : 감사합니다. 하지만 비판도 많이 받았는걸요. "지금이 계

몽시대도 아닌데, 이게 웬 시대착오적인 발상이냐?"는 사람도 있었고, "과학으로 인문사회학을 흡수·통합하겠다는 제국주의적 발상"이라고 하는 사람, "환원주의가 20세기 후반에 이미 망했는데 이제 와서 웬 뒷북이냐?"는 사람도 있었죠. 평상시에 제게 호감을 보이던 인문학자들마저도 벌 떼처럼 공격하더군요.

데닛 : 글쎄요, 선생님의 《사회생물학》에 대해서는 그런 비판들이 옳을 수도 있겠지만, 저는 《통섭》에서 선생님이 보여준 지식 통합의 노력에 깊은 인상을 받았습니다. 진화생물학은 물론이거니와 나노물리학과 신경과학, 그리고 철학과 역사학 지식을 총동원했더군요. 심지어 예술과 종교의 최근 연구까지. 지식 자랑쯤으로 끝날 수도 있는 일을 휴얼 선생의 정신을 이어받아 몇 가지 원리로 엮으려 한 것이죠. 그렇지 않나요? 저는 그중에서 '후성규칙epigenetic rule'이 가장 인상적이었습니다.

윌슨 : 네. '후성규칙'은 인지 발달의 편향된 신경회로를 뜻합니다. 예를 들면, 수렵·채집기에 인류의 생존을 크게 위협했던 뱀에게 느끼는 선천적 공포감이 바로 그것입니다. 이런 진화적 이유 때문에 누구나 뱀에 대한 공포 기제를 갖고 태어나죠. 뱀과 친해지는 것은 무척 어렵습니다. 이런 공포는 대부분의 문화권에서 숭배로 이어졌는데, 이것은 공포 회로가 숭배 문화로 발현된 것이지요. 이 외에도 여러 문화권에서 공통적으로 나타나는 남녀의 짝짓기 전략과 미의 기준 등도 후성규칙의 사례들입니다. 이런 규칙들은 유전자와 문화의 연결고리입니다.

데닛 : 맞아요. 문화를 생물학적 조건과 무관하다거나 자율적으로 굴러가는 무엇이라고 생각하는 경향이 있는데, 문화도 결국 각 개인의 두뇌 작용들 아닙니까? 두뇌는 유전자로 만들어질 테고요. 문화의 특수성에만 초점을 맞추는 것은 문제가 있습니다. 다윈도 이미《인간과 동물의 감정표현》에서 문화 보편적인 감정들에 대해 논의했었고요. 심지어 그런 감정들을 개나 오랑우탄도 공유하고 있다고 주장했었지요. 나름 급진적이었는데 반응은 별로였던 것 같아요. 하하.

윌슨 : 하지만 저는 다윈의 그런 책들 속에서 보석을 발견했습니다. 그것은 '외계인의 시선'이라는 것입니다. 만일 안드로메다에서 지구의 생명체를 탐구하기 위해 생물학자를 파견했다고 해봐요. 그의 미션은 지구 생물들의 의사소통 체계를 연구해 본국에 보고하는 일이에요. 그는 틀림없이 인간의 언어 행위를 새의 노래, 침팬지의 팬트 후트, 벌의 댄스, 심지어 개미의 페로몬 작용과 근본적으로 다르지 않다고 보고할 겁니다. 왜냐면 그 모든 행위는 의사소통이라는 공통 목표를 위해 특화된 해결책으로 이해될 수 있기 때문이지요. 인간에게만 문법 능력이 있다고 해서 그것이 마치 하늘에서 떨어진 것인 양 특별하게 취급하게 되면 정작 중요한 연속성은 보지 못합니다. 인간을 제대로 이해하기 위해서도 이렇게 '외계인의 시선'이 필요합니다.

데닛 : 그렇다면 선생님은《통섭》에서 그 외계인의 시선으로 인류와 인류가 성취한 '지식의 나무'를 그려보려 했던 거군요. '새

의 관점bird's eye view'정도가 아니라 지구 밖에서 보는 '외계인의 시선Martian's view'이라. 그럴 듯합니다. 역시 선생님은 말 짓기의 달인이신 것 같아요. '사회생물학', '바이오필리아', '후성규칙' 등 모든 표현이 선생님이 만들어낸 신조어 아닙니까? 선생님, '통섭'에 대한 비판자들 중에서 '지식의 통합은 이미 실패한 기획'이라고 선언하는 이들이 많습니다. 그들의 비판은 어떻게 생각하십니까?

윌슨 : 글쎄요. 문제는 그들 대부분이 그저 책상머리에 앉아서 그런 비판을 쏟아내고 있다는 겁니다. 현대 과학기술이 계몽주의의 유통기한을 큰 폭으로 연장시키고 있는데 말입니다. 요즘 지식 융합의 흐름은 곳곳에서 새롭게 감지되고 있습니다. 가령 MIT 미디어랩의 로봇 연구자들은 심리학자, 철학자, 인류학자와 함께 '인간다움'에 대해서 토론하고 있더군요. 인간을 닮은 로봇을 만들려면 그렇게 할 수밖에 없다면서요. 뇌과학 분야는 또 어떻습니까? 거긴 지금 난리가 났습니다. 인간의 행동이 뇌의 작용과 연결되어 있다는 사실이 법학자와 윤리학자 들도 바쁘게 만들고 있습니다.

데닛 : 그러고 보니 심리학과 경제학의 융합도 한창인 것 같네요. '제한된 합리성'을 제창한 허버트 사이먼과 의사결정 과정에서의 '인지 편향'을 연구한 대니얼 카너먼은 심리학자면서도 노벨 경제학상을 받지 않았습니까? 인간을 이해하지 않고서는 경제학을 제대로 하기 어렵다는 분위기가 대세예요. 최근 베스

트셀러 경제·경영서들은 모두 이런 통섭적 연구를 쉽게 풀어 쓴 것들이지요.

윌슨 : 네. 올바른 방향이라고 봅니다. 그런데 뭔가 중요한 게 빠진 것 같은 느낌이 들어요. 정작 통섭의 '방법'과 '주체'에 관한 얘기가 없거든요. 요즘 보면 마치 조직을 통폐합해서 사람들을 한데 섞어놓기만 하면 통섭이 저절로 생겨나는 줄 착각하는 사람들이 많은 것 같아요. 융합이 대세니까 그냥 섞어보자는 식이지요. 하지만 이런 발상은 오히려 기존 조직 당사자들의 텃세의식만 자극하기 십상입니다. 또 '정치적'인 결정에 의해 이상한 괴물 조직이 탄생하기고 하고요.

데닛 : 그럼 선생님은 따로 통섭의 비법 같은 것이라도 갖고 계신가요?

윌슨 : 글쎄요, 비법이랄 수는 없고요. 우선 질문부터 공유하라고 말하고 싶어요. 가령 우리가 '소통'에 관심이 있다고 해봅시다. 인간의 세계에만 커뮤니케이션이 있는 것은 아닙니다. 동물의 의사소통, 컴퓨터와 인간의 커뮤니케이션도 있고, 심지어 인류가 외계 지성체와 소통하기 위해 우주에서 오는 소리에 매일 귀 기울이고 있지 않습니까? 세포 간의 소통에 문제가 생기면 그게 바로 암이지요. 이렇게 소통의 본질을 탐구하려면 세포학자, 동물행동학자, 심리학자, 언어학자, 심지어 천문학자도 동참해야 합니다. 그런 다음에 각 수준에서 벌어지는 소통의 메커니즘과 패턴을 비교해보면 아주 재밌는 통섭이 될 것입니다.

주제나 질문 중심으로 여러 분야가 만나다 보면 이해의 지평도
넓어지고 창조적 해결책도 나온다. 융합 연구의 최적지로 인정받는
미국 산타페연구소의 소통 공간은 풍부한 먹을거리가 있는 부엌이다.

데닛 : 말하자면 '분과' 중심이 아니라 '주제' 중심으로 접근해야
한다는 말씀이군요.

윌슨 : 바로 그거예요. 현재 통용되는 지식의 구획들이 원래부터
존재했던 것은 아닙니다. 좀 더 효율적으로 연구하자고 '인공적
인' 칸막이를 쳐본 것인데, 세월이 지나면서 그게 본질적인 구
분처럼 변질됐어요. 물론 각 칸막이 안에서만 통하는 질문도 있
겠지만요. 하지만 중요한 질문들은 대개 경계를 넘나들지요.

데닛 : 선생님이 《통섭》을 통해서 그런 일을 직접 해보신 것 아
닙니까?

윌슨 : 그런 셈이죠. 제 책에서 논의했듯이, '아름다움'이라는 주
제를 던져놓고 통섭적으로 접근해보면 심리학과 뇌과학의 최근

성과들이 논의될 수밖에 없어요. 그것은 미학과 예술의 영역에서만 독점할 주제는 아니거든요. 주제나 질문 중심으로 여러 분야가 만나다보면 이해의 지평도 넓어지고 창조적인 대답들이 나오기 시작합니다.

데닛 : 다윈도 그랬어요. 자연선택 이론은 라이엘의 지질학, 맬서스의 정치경제학, 그리고 이름 모를 이들의 육종학에서 힌트를 얻어 탄생시킨 창조물이잖아요. 그런데 통섭에 이르는 길은 어렵고 험난해 보입니다. 지루하기까지 하고요. 다윈이 지질학자에서 생물학자로 거듭나기 위해 한 일을 생각해보세요. 미물인 따개비에 장장 8년이나 매달리지 않았습니까? 자기 사촌에게 쓴 편지를 보니 이런 말도 있더군요. "내가 왜 이 일을 시작했는지 모르겠어. 지루해 미치겠다"라고요.

윌슨 : 하지만 그게 다 《종의 기원》 출간을 위한 산고産苦 아니겠습니까? 사실, '통섭'이 화두가 되니까 너도 나도 '구호'로만 외치는 것 같아 걱정입니다. 통섭은 이론이 아니라 실천이거든요. 때로는 지루하고 고통스럽기까지 하죠.

데닛 : 통섭은 결국 '사람'이기도 하죠. 과학적 마인드로 무장하되 인문적 소양을 갖춘 잡종들 말입니다. 흔히 통섭은 어느 기관이나 제도가 해주는 것이라 착각하는데, 결국 그것은 공통된 질문들에 답하기 위해 경계 없는 탐구를 즐기는 사람들의 몫인 것 같아요.

윌슨 : 맞아요. 이왕 시작된 '통섭'의 바람이 유행이나 말잔치로

만 끝나지 않았으면 좋겠습니다.

데닛 : 어쨌든 축하합니다. '융합', '통합', '디지로그', '컨버전스', '하이브리드', '크로스오버', '퓨전', '노마드'처럼 비슷비슷한 용어가 많은데 그중에서 선생님의 '통섭'이 제일 인기가 많거든요.

윌슨 : 유사품에 주의하세요! 하하하.

데닛 : 오늘은 '다윈의 서재' 두 번째 시간으로 분열된 지식 사회에 통합을 외치는 한 분의 선지자를 만나봤습니다. 오늘 스튜디오에 나와 주신 윌슨 교수님, 감사합니다. 청취자 여러분 다음 시간에 뵙겠습니다.

통섭

에드워드 윌슨 지음 | 최재천 · 장대익 옮김 | 사이언스북스

과학을 중심으로 세상의 모든 지식을 재편한 하버드 대학교 사회생물학자 에드워드 윌슨의 문제작이다. 그가 재구성한 지식의 나무에는 생태학, 경제학, 심리학, 생물학, 나노과학이 유기적으로 연결되어 있다. '지식의 통합은 실패한 기획'이라는 편견을 그는 경계 없는 지식의 탐구를 통해 돌파했다.

내 탓인가, 뇌 탓인가

올리버 색스 ◆ 아내를 모자로 착각한 남자

올리버 색스
Oliver Sacks

미국의 신경과 전문의이자 뇌과학자
로 자신이 만났던 기이한 증상의 환자
들의 이야기를 엮어 내는 책마다 베스
트셀러가 되는 특급 저술가이다. '의학
계의 계관시인'이라는 별명답게 글 솜
씨가 빼어나다.

데닛 : 청취자 여러분, 지난 한 주 동안 평안하셨는지요? '다윈의
서재' 세 번째 시간입니다. 지난 두 번의 방송이 말 그대로 대박
이 났나 봅니다. 도킨스와 윌슨 같은 과학계의 슈퍼스타를 초대
손님으로 모신 것이 청취자 여러분의 관심을 끌었던 것 같습니
다. 저희 제작진은 방청을 원하는 신청자가 전 세계에서 쇄도하
고 있어서 녹화장을 더 큰 곳으로 옮겨야 할지 고민하고 있습니

다. 조만간 홈페이지를 통해 공지해드리겠습니다. 이 여세를 몰아 오늘도 정말 대단한 분을 초대 손님으로 모셨습니다. 신경학 전문의이자 《아내를 모자로 착각한 남자》의 저자 올리버 색스 Oliver Sacks를 소개합니다. (데닛을 마주보고 있는 올리버 색스의 왼편에는 《아내를 모자로 착각한 남자》가, 오른편에는 두뇌 모형이 놓여 있다.) 어서 오십시오.

색스 : 초대해주셔서 감사합니다. 제 책이 '다윈의 서재' 목록에 올라갔다는 소식을 듣고 기분이 좋았는데요, 도킨스와 윌슨 선생의 책에 이어 '도발적인' 책으로 분류되었다고 해서 다소 의아하게 생각하고 있습니다.

데닛 : 아, 네. 이 서재의 콘셉트가 '다윈이 살아 있다고 했을 때, 그의 서재에 꽂혀 있을 만한 책'을 소개하는 것 아니겠습니까? 그러려면 다윈의 마음을 잘 읽어야 할 텐데요. 그래서 저희는 다윈이 관심 가졌던 주제들, 그가 풀고자 했던 문제들, 그가 좋아했던(존경했던) 것(사람)이 무엇인지 알고자 했습니다. 아무 준비 없이 '빙의'가 되지는 않겠죠? 하하.

색스 : 하하. 그럼 다윈이 제 책을 좋아했을 만한 이유가 있다는 말씀인가요?

데닛 : 일단 책이 아니라 저자인 색스 선생께 관심이 있었을 겁니다. 다윈은 의사인 아버지의 성화에 못 이겨 에든버러 의대에 진학했다가 2년도 못 버티고 자퇴하고 말았습니다. 당시는 마취제도 발명되기 전이라 어린 환자의 손발을 침대에 꽁꽁 묶고 수

술을 했는데, 그 모습을 옆에서 보고 배우는 일이 쉽지 않았던 것 같아요. 다윈의 할아버지, 아버지, 그리고 형은 모두 그 과정을 이수한 의사였지만 다윈은 비위가 약해 중도에 포기하고 말았습니다. 그래서인지 다윈은 의사를 존경했던 것으로 알려져 있지요. 특히 유명한 의사, 영향력 있는 지식인, 그리고 기인으로 살았던 할아버지 에라스무스 다윈은 그의 우상이었습니다.

색스 : 제가 의사이기 때문이었군요. 하하. 그런데 마취제가 없던 시절에는 누가 명의라 불렸는지 아세요? 수술을 빨리 하는 의사였어요. 환자의 고통 시간을 줄여주니까요. 사실 저는 뇌에 이상이 있는 환자들을 다루기 때문에 철철 흐르는 피를 매일 봐야 하는 다른 의사들과는 좀 다르죠. 대신 환자의 '고통'이 아닌 환자의 '기이함'과 매일 싸웁니다.

데닛 : 맞아요. 책 제목도 참 기이하더군요.《아내를 모자로 착각한 남자》라니. 정말 그런 남자를 만나본 적이 있나요?

색스 : 물론이죠. 평생 잊을 수 없는 환자였어요. 그는 성악가였는데, 시각에 뭔가 문제가 있었어요. 흥미로운 것은 유독 사람에 대해서만 인식을 못한다는 거였죠. 병세가 점점 심해지더니 결국은 아내의 얼굴도 못 알아보더군요. 하지만 사람들의 말투나 특이한 행동 등을 기억하는 방식으로 구별을 하긴 했어요. 고도의 추상적 추론을 통해서 말이에요. 가령, 아인슈타인의 사진을 보여주면 누군지는 알아맞히긴 하는데요, 일반인들처럼 얼굴을 인식해서가 아니라 아인슈타인의 독특한 머리 스타일과 콧수염

을 기억해서 추리를 하는 거예요.

데닛 : 생활이 참 불편했겠네요.

색스 : 언젠가 한번은 그 환자가 검사를 마친 뒤 집에 가려고 자기 모자를 찾고 있었어요. 옆에는 그의 아내가 서 있었는데, 손을 뻗어 아내의 머리를 잡고서 자기 머리에 쓰려고 하는 거예요. 제 책 제목이 그 기이한 광경 때문에 지어졌죠. 나중에는 얼굴을 인식하지 못하는 수준을 넘어서 자신의 몸도 알아보지 못해 옷 입는 것도 힘들어했어요. (뇌 모형을 가리키며) 여기 시각피질 부위에 생긴 문제 때문이었습니다. 하지만 그의 인생에는 음악이라는 선물이 있었기에 그런 장애에도 불구하고 행복해보였습니다. 가족과 친구들도 그를 자신들과는 조금 다르다고만 생각했지요. 이것은 신경병 환자와 그 주변인들의 삶을 오랫동안 관찰해본 결과입니다.

대뇌 시각피질에 문제가 생겼던 어느 환자는 다른 증상 없이 오로지 사람에 대해서만 인식을 못했다. 심지어 아내를 모자로 착각해 아내의 머리를 잡아 자신의 머리에 쓰려고도 했다.

데닛 : 선생의 책을 읽고 있으면 의학이 참 따뜻하게 느껴져요. 환각, 자폐, 정체성 상실 등으로 기이한 인생을 살고 있는 환자

들을 뇌과학자의 입장에서 냉철히 분석하기도 하지만, 그것으로 그치는 게 아니라 그들만의 세계와 삶 속으로 기꺼이 들어가 있잖아요. 아내를 모자로 착각하는 남자의 일상을 이해하려고 그의 집에 직접 찾아가는 광경은 여느 의사나 과학자의 모습과는 사뭇 달랐어요. 이런 의미에서 선생의 글에서는 늘 호기심과 감동이 함께 묻어나는 것 같아요.

색스 : 칭찬은 감사하지만, 솔직히 말씀드리면 저는 뚜렷한 의도를 가지고 그렇게 하는 것은 아니에요. 의사와 과학자의 입장에서 저 자신을 객관적으로 봤을 때 저도 신경병 환자들과 크게 다르지 않거든요. 누구보다 건망증도 심하고, 약간의 틱 증세도 있고, 저녁으로는 꼭 밥과 생선만 먹어야 하며, 수동 타자기로만 글을 쓰죠. 심지어는 음악회에 가서 가끔씩 돌아 앉아 글을 쓰는 것에 쾌락을 느낀답니다. 기이함에 관해서라면 저도 결코 뒤지지 않아요. 그래서 제가 그들과 쉽게 교감할 수 있는 것인지도 모르겠습니다.

데닛 : 그렇게 본다면 다윈도 같은 부류의 사람이었어요. 어렸을 때는 광적으로 딱정벌레를 수집했고,《종의 기원》을 출간하기 전에는 따개비에 미쳐서 8년 동안 그놈만 연구했잖아요. 그러고 나서 쓴 책의 분량은 1000쪽이 넘었죠. 어떤 정신과 의사가 다윈의 일대기를 분석한 뒤에 다음과 같이 진단명을 딱 내려주더군요. 중증 편집증 환자!

색스 : 하하. 하지만 별의별 사람들을 연구하다 보니 소위 '정상

적인 뇌'라는 게 있기나 한지 의심이 들 때가 많아요. 그저 조금
씩 서로 '다른 뇌'가 있는 것 아닐까요?

데닛 : 그런데 요즘 사람들은 점점 '뇌가 곧 나'라는 생각을 하는
것 같아요. 뇌영상 기술이나 신경 약물학이 하루가 다르게 발전
하다 보니 행동을 뇌의 문제로 환원해서 보려는 흐름이 점점 강
해지고 있다는 느낌이 듭니다.

근대 이전까지 의사들은 정신이상자의 머리에 '광기의 돌'이 들어 있다고 믿었다.
정신이상자에게 치료와 돌봄은 허락되지 않았다. 학대와 감금, 추방뿐이었다.
다름을 인정하지 않는 사회의 폭력이다. — 얀 산데르스 반 헤메센 〈수술〉 1555년

색스 : 다윈도 '종교적 신앙이 결국 뇌 작용의 산물이 아닌가?'
하고 의심한 적이 있었어요. 하지만 당시로서는 뇌를 제대로 연
구할 수가 없었지요.

데닛 : 말씀 잘하셨습니다. 자연선택에 의한 진화 이론을 다윈
과 공동으로 발견하고도 역사 속에 묻힌 앨프리드 러셀 월리스

아내를 모자로 착각한 남자

Alfred R. Wallace라는 사람이 있죠. 당시에 아마추어 박물학자이긴 했지만 사실상 다윈보다 먼저 자연선택 이론에 대한 논문을 정식으로 썼을 정도로 비상한 사람이었습니다. 다윈이 자연선택의 힘에 대해 자신감을 잃었던 시절에도 절대 물러서지 않고 오히려 그를 지지했었죠. 그러던 그가 한편으로는 인간 정신의 진화에 대해서만큼은 자연주의적 설명을 포기하고 초자연적 개입을 주장하다가 결국 말년에는 영성주의spiritualism로 흐르고 맙니다. 그런 모습을 보고 다윈은 "우리 자식을 죽일 거냐?"며 충고했다고 해요. 인간 정신에 대해서도 자연적 원인을 가지고 설명해야 한다고 하면서요.

색스 : 인간 정신에 대한 자연과학적 설명은 결국 뇌과학이지요. 그런 의미에서 만일 다윈이 지금 청년이라면 뇌과학을 공부하고 있지 않을까요? 아마《인간의 유래와 성선택》같은 책은 다시 썼을 겁니다. 하하.

데닛 : 어쨌든 당신의 책은 뇌과학과 신경의학의 놀라운 성과를 대중이 교감할 수 있는 언어로 탁월하게 표현한 이 분야의 고전이라고 할 수 있습니다. 그런데 저희가 이 책에 굳이 '도발적'이라는 수식어를 붙여 소개하는 이유가 있는데요, 그것은 이 책이 '믿음이나 행동은 그것이 어떤 내용이든 결국 뇌의 작용'이라는 믿음을 거부감 없이 받아들일 수 있게 만들었기 때문입니다. 굳이 나누자면 불편한 도발이 아니라 '공감할 수 있는 도발'이라고 할 수 있겠죠. 어떤 이는 선생을 '의학계의 계관시인'이라더

46
다윈의 서재

군요.

색스 : 뭔 그런 말씀을요. 하지만 요즘은 오히려 자신의 잘못까지 뇌 탓으로 돌리려는 경향이 생긴 것 같아 조금은 불편합니다. 제가 의사이자 뇌과학자로서 드러내고자 했던 것은 그게 아닙니다. 뇌에 이상이 생기면 기이한 행동이 일어나기도 하지만, 이상한 행동을 한다고 해서 뇌가 책임을 져야 하는 것은 아니지요.

데닛 : '내 탓이냐 뇌 탓이냐' 그것이 문제네요. 하하.

아내를 모자로 착각한 남자

올리버 색스 지음 | 조석현 옮김 | 이마고

기이하고 다양한 신경장애 환자들의 임상사례를 탁월한 문학적 감수성으로 이야기함으로써 인간의 뇌에 관한 현대 의학의 이해를 바꾸는 데 크게 기여한 신경의학의 고전이다. 여느 의학서나 과학서와는 달리 여기서 우리는 인간에 관한 깊은 신뢰와 존엄성을 느낄 수 있다. 예술가들에게까지 깊은 영감을 줘 희곡과 오페라로 각색되어 극장에 오르기도 했다.

침팬지는 동물의 왕국에서
인간 세계에 보낸 대사다

제인 구달 ◆ 인간의 그늘에서

제인 구달
Dame Jane Goodall

영국의 동물행동학자이자 환경운동
가이다. 1956년 우연히 케냐에 여행
을 갔다가 동물의 생활에 흥미를 느껴
동물학자의 길을 걸었다. 홀로 탄자니
아 숲 속에 들어가 수십 년간 침팬지
와 함께 생활하며, 그전까지 알려지지
않은 침팬지의 도구 사용과 공동 사냥
등에 대해 최초로 보고했다.

데닛 : 청취자 여러분, 한 주간 잘 지내셨는지요? '다윈의 서재'
를 진행하고 있는 대니얼 데닛입니다. 지난주에 《아내를 모자
로 착각한 남자》에 대한 소개가 나가자마자 서점에 책 주문이
폭발적으로 늘어난 모양입니다. 20여 년 전에 출간된 책이라 잊
힐 뻔 했었는데요; 지난 방송으로 독자들이 보석을 재발견한 것
이겠지요. 이 소식을 듣고 저희들 모두 무척이나 기뻐했습니다.

물론 저희는 특정 저자나 출판사와는 아무런 이해관계가 없습니다. 누구의 책이건 어디서 나왔건 상관없이 좋은 책이라면 널리 알려야 한다는 것이 저희 프로그램의 목표입니다. 또 하나의 목표는 그 책을 실제로 독자들에게 많이 읽히는 것이지요. 그런 면에서 지난 방송은 크게 성공한 것 같습니다.

오늘 소개해드릴 책도 대박이 기대됩니다. 지난주 책보다 무려 20년이나 일찍 출간된 책이긴 합니다만, 전 세계 사람들이 가장 사랑하는 과학자가 쓴 책이기 때문입니다. 여러분께 이미 공지해드렸듯이, 저희가 '다윈의 서재' 첫 방송 때부터 온라인을 통해 몇 가지 설문 조사를 진행하고 있는데요, 그중에서 "당신이 읽은 감동적인 과학서는 무엇입니까?"라는 항목이 있습니다. 오늘 초대 손님은 거기서 현재 독보적으로 1위를 달리고 있는 분입니다. 침팬지 연구의 살아 있는 전설, 제인 구달Jane Goodall(1934~) 선생을 이 자리에 모시겠습니다. 오늘의 책은 그녀의 《인간의 그늘에서》입니다. 뜨겁게 맞아주십시오.

어서 오세요. 1위를 달리고 계시네요. 축하드립니다.

구달 : 1971년에 나왔으니 거의 40년이 지난 책인데, 독자들이 잊지 않고 있다는 것이 놀라울 따름입니다. 그나저나 여기가 소문으로만 듣던 '다윈의 서재'군요. 초대해주셔서 감사합니다.

데닛 : 그런데 손에 들고 있는 것은 무엇인가요?

구달 : 강연 때마다 들고 다니는 침팬지 인형인데요, 제 분신 같은 존재예요. 그런데 잘 보시면 꼬리가 달려 있잖아요? 이건 인

형 제작자가 잘못 만든 거예요. 사실 침팬지에게는 꼬리가 없어요. 인간과 침팬지는 모두 유인원이거든요.

데닛 : 맞아요. 아주 쉬운 구별법이죠. 꼬리는 우리만 없는 게 아니죠. 하하. 책 이야기를 시작해볼까요? 이 방송을 위해서 어젯밤에 다시 책을 읽어봤어요. 인류 최초의 침팬지 생태 보고서라 할 수 있을 것 같아요. 그런데 여느 과학 보고서와 확연히 다른 점이라면, 한편의 소설이나 에세이처럼 읽힌다는 점이에요. 게다가 진한 감동까지 주거든요. 보고서를 읽고 인간적 감동을 느끼기란 아주 드문 경우죠.

구달 : 좋게 봐주시니 고맙습니다. 사실, 이 책이 출간되기 전부터 저의 침팬지 연구 방법과 결과물에 대해 말들이 많았습니다. 당시 저는 혈혈단신으로 탄자니아의 곰비 강 유역에 가서 10년 가까이 침팬지 무리와 함께 지내면서 관찰을 했어요. 쉽게 말하면 침팬지 생태에 대한 밀착 취재나 잠입 르포 같은 짓을 한 거죠. 이게 요즘은 보편화되었지만 그 당시만 해도 연구자들은 대개 낮 동안만 멀리서 몰래 관찰한 결과로 논문을 쓰곤 했습니다. 관찰 대상으로부터 멀리 떨어져 '객관화'해야 한다는 명목이었어요. 하지만 저는 그러고 싶지 않았고, 그럴 수 없었어요. 침팬지는 저에게 과학적 탐구 대상이기 이전에 친구나 동료로 느껴졌거든요.

데닛 : 이 책에 등장하는 침팬지가 다 이름이 있더라고요. 플로, 플린트, 데이비드, 그레이비어드……. 각자 이름이 있어서 그런

지 개성이 느껴지더군요. 예전에는 관찰 대상을 객관화해야 한다는 이유로 침팬지들에게 #1, #2와 같이 숫자를 붙여줬다고 해요. 마치 전자제품 모델명처럼 말이에요. 침팬지에 대한 이런 새로운 연구방법론이 어떤 결과를 낳았습니까?

구달 : 제가 침팬지들에게 이름을 붙여주고 장기간 함께 지내면서 관찰을 하다 보니 소위 '객관적 연구'라고 하는 것에서 드러나지 않았던 놀라운 사실들이 발견되었죠. 가령, '플로'라는 암컷의 성생활과 그로 인해 생긴 가족의 역사를 장기간 관찰했는데요, 거기서 저는 침팬지의 사랑, 질투, 다툼, 화해, 가족애 등을 확인할 수 있었어요. 또, '멀린'이라는 침팬지의 경우, 엄마가 죽자 충격에 빠져 신경질적으로 변하고 사회관계도 잘 파악하지 못해 다른 침팬지들에게 학대를 당하다 결국 죽고 말았어요. 인간 가족에게 벌어지는 일과 별반 다를 게 없었죠. 침팬지를 보면 인간이 보입니다.

데닛 : 다윈도 동물의 감정과 개성에 대해 말한 적이 있어요. 침팬지에 관한 것은 아니었는데요, 런던동물원에 있는 오랑우탄 '제니'를 보러 갔을 때의 일이었죠. 마침 그날 다윈이 사육사가 제니에게 사과를 주는 척하다가 뒤로 숨기는 장면을 목격했지요. 이런 행동이 몇 차례 반복되자 제니가 입을 삐죽거리고 얼굴을 샐쭉댔나 봅니다. 영락없이 뭔가에 삐친 아이의 표정처럼 말이에요. 이 광경이 무척 인상적이었나 봐요. 1838년 노트를 보면 이에 대한 자세한 상황이 적혀 있거든요. 그는 오랑우탄의

이런 행동과 표정을 관찰하면서 어쩌면 인간과 유인원의 뿌리가 같을지도 모른다는 불온한 의심을 했는지도 모릅니다.

구달 : 집요한 관찰은 예리한 통찰로 이어집니다.

데닛 : 그것이 바로 오늘 우리가 선생을 초대 손님으로 모시게 된 이유이기도 합니다. 다윈이 지금도 살아 있다면, 밀착 연구로 침팬지 생태의 모든 것을 관찰한 당신을 꼭 만나고 싶었을 겁니다. 그는 정말 호기심이 많은 관찰자였어요. 그런데 선생이 세상에 처음으로 밝혀낸 사실들이 여럿 있죠?

구달 : 아, 네. 제가 침팬지의 생태에 관해 인류 최초로 알아낸 몇 가지 새로운 사실들이 있어요. 우선, 침팬지들이 도구를 사용한다는 사실을 발견했죠. 가령 흰개미 무더기에 나뭇가지를 집어넣어 고단백 흰개미를 낚시해서 먹는 모습과 나뭇잎을 씹어 뭉친 다음에 물을 축여 먹는 광경도 보았습니다. 정말 전율이 느껴지더군요. '호모 파베르(도구를 만들어 사용하는 인간)'라는 말을 무색케 만드는 풍경이었으니까요.

데닛 : 침팬지가 육식을 한다는 사실도 처음으로 보고하지 않았던가요?

구달 : 네, 장기간 연구를 하다 보니 침팬지가 종종 수풀영양과 같은 큰 동물들을 잡아먹는 장면을 목격했죠. 재밌는 것은 이런 큰 먹잇감을 잡기 위해 공동 사냥도 한다는 사실입니다.

데닛 : 어쨌든 구달 선생의 연구 때문에 인간과 침팬지의 간극이 좁혀진 게 사실이에요. 당신의 열정과 업적 덕분에 우리는 이제

영장류 연구가 인간을 이해하기 위한 필수 분야라고 생각하게 되었어요.

구달 : 그래서 저는 사람들에게 침팬지를 이런 식으로 소개하곤 합니다. '동물들이 인간 세계에 보낸 대사ambassador'라고요. 침팬지는 동물과 인간 사이에서 가교 역할을 합니다. 인간 때문에 흘리는 동물들의 눈물과 고통을, 그들을 대표하여 우리에게 알려주는 존재라 할 수 있습니다. 그래서 저는 동물에 대한 연구와 동물의 권리에 대한 인식이 따로 놀 수 없다고 생각합니다. 동물을 더 깊이 연구하면 할수록 인간과 비슷한 면을 많이 보게 되거든요. 이제 전 세계 조직을 갖고 있을 정도로 확산된 '뿌리와 새싹Roots & Shoots'이라는 운동은 바로 이런 생각에서 시작되었습니다. 이젠 동물 보호 수준을 넘어 생태, 교육, 평화의 문제로까지 이 운동을 발전시켜야 하는 시점입니다.

데닛 : 만일 저에게 노벨상을 수여할 수 있는 권한이 있다면 당신에게 노벨 평화상을 주고 싶어요. 침팬지 연구와 동물 보호 운동을 통해 동물과 인간을 화해시킨 공로로 말입니다. 아 그리고, 그게 이뤄진다면, 틀림없이 역대 수상자 중에서 가장 미인일 거예요. 하하.

구달 : 하하. 감사합니다. 다른 동물과의 평화도 중요하다고 생각하는 사회가 오면 더 이상 노벨 평화상이 필요 없는 좋은 사회가 아닐까요?

데닛 : 그렇겠네요. 그런데 제가 평상시에 선생께 꼭 물어보고

싶은 게 있었어요. 그런데 왜 유명한 영장류학자는 죄다 여성들인가요? 고릴라의 대모 다이앤 포시나 오랑우탄 연구의 효시 비루테 골디카스를 차치하더라도 현재 활약하고 있는 학자들 중에서도 여성이 참 많은 것 같아요.

영장류학자 중에
여성이 많은 이유는
인내심과 공감 능력 때문?

구달 : 영장류학에 여성 연구자의 비율이 다른 분야에 비해 상대적으로 높은 것은 사실입니다. 이유가 있는 것 같긴 해요. 침팬지나 원숭이들은 인간으로 치면, 말을 못하는 아이들인 셈이죠. 물론 개네들끼리는 의사소통을 하지만요. 여성은 남성에 비해 아직 말을 못하는 유아들을 양육한 경험이 더 많죠. 거기서 참을성을 많이 배우지 않습니까? 영장류 연구자에게 가장 필요한 덕목은 인내심이거든요. 여성이 거기에 좀 더 강점이 있는 것 같아요.

데닛 : 그렇게 볼 수도 있겠네요. 공감 능력 면에서도 여성이 남성보다 더 높다는 연구 결과도 있죠. 개성과 표정을 가진 동물

들을 관찰하고 연구하는 데에 여성이 조금 더 유리해 보이는 것은 사실입니다. 자, 이제 마무리할 시간입니다. 많은 분들이 말씀해주셨듯이 구달 선생의 책은 감동이 밀려오는 과학책입니다. 하지만 저희가 이 책을 '도발적인' 책장에 꽂아 둔 것은 다른 이유 때문입니다. 《인간의 그늘에서》는 인간과 동물의 간극에 다리를 놓음으로써 동물(침팬지)의 관점에서 인간을, 인간의 관점에서 동물(침팬지)을 보게 만든 최초의 책이었습니다. 인간의 우월성에 대한 영장류학적 도발이라고도 할 수 있겠지요. "침팬지는 동물의 왕국에서 인간 세계에 보낸 대사다"라는 말씀이 무척 공감되는 시간이었습니다. 동물 연구와 보호를 위해 전 세계를 돌아다니시는 일도 바쁘실 텐데, 이렇게 귀한 시간을 내주셔 감사합니다. 가시기 전에 침팬지 언어로 인사 한번 부탁드려도 될까요? 하하.

구달 : 어려운 일 아닙니다. 우후우후우후 우~후! 감사합니다.

인간의 그늘에서

제인 구달 지음 | 최재천·이상임 옮김 | 사이언스북스

인류 최초의 침팬지 생태 보고서이다. 이 책을 통해 인류는 침팬지의 유아기, 유년기, 사춘기에 대한 깊은 지식을 얻게 되었고, 침팬지의 성생활, 가족관계, 사회생활처럼 밀착 연구를 통하지 않고는 알 수 없는 내밀한 지식을 알게 되었다. 출간된 지거의 40년이 지났지만, 침팬지의 생태와 행동 그리고 인간의 본성에 대한 통찰은 여전히 생생하다.

과학자는 평생 연습문제만 풀다 간다

토머스 쿤 ◆ 과학혁명의 구조

토머스 쿤
Thomas Samuel Kuhn

미국의 과학사학자이자 과학철학자이
다. 1962년에 《과학혁명의 구조》를 발
표하여 과학의 객관성과 합리성에 대
한 큰 논쟁을 불러일으켰다. 그는 여기
서 과학을 '패러다임에 기반한 활동'이
라고 보았는데, 이 '패러다임'은 이제
상식적 용어가 되었다.

데닛 : 시청자 여러분 안녕하십니까? 오늘은 '다윈의 서재' 다섯
번째로, '도발적인' 책장의 마지막 책을 소개해드리는 시간입니
다. 여러분은 어떤 책을 기대하셨는지요? 홈페이지에서 진행된
설문 중 "당신이 읽어본 책 중에서 수긍하기가 가장 어려웠던
과학책은 무엇입니까?"라는 항목이 있습니다. 오늘의 저자는
바로 그 항목에서 1위를 달리고 계신 분입니다. 엄밀하게 말해

그는 과학자는 아닙니다만, 과학에 대해 과학자보다 더 깊이 통찰하고 계신 분입니다. 과학에 대한 우리의 고정관념을 보기 좋게 무너뜨리기도 했습니다. 《과학혁명의 구조》의 저자이자 이 시대 최고의 과학철학자인 토머스 쿤Thomas Kuhn을 스튜디오에 모시겠습니다.

　어서 오십시오. 너무 거창한 소개였나요?

쿤 : 철학자 앞에 그런 수식어를 붙이는 건 좀 민망하죠. 하하. 어쨌든 요즘 장안의 화제가 되고 있는 '다윈의 서재'에 초대해 주셔서 영광입니다.

데닛 : 혹시 홈페이지의 설문을 보셨나요? 왜 독자들이 선생의 이 책을 가장 납득하기 힘들다고 했을까요?

쿤 : 솔직히 저는 잘 모르겠어요. 제가 과학에 대해 새로운 이야기를 한 것은 맞지만 그렇다고 해서 제가 비판가들처럼 과학의 객관성과 합리성을 거부했다고는 생각하지 않습니다. 이건 제 책에 대한 오해라고 생각해요. 패러다임 교체 과정으로 과학의 역사를 바라보는 시각이 좀 불편할 수 있거든요. 저는 '과학의 합리성'을 지금과는 다른 방식으로 규정해야 한다고 보니까요.

데닛 : 그러면 오늘 기왕 이렇게 나오셨으니 독자들의 오해는 꼭 풀어주고 가시기 바랍니다. 자, 선생의 전매특허인 '패러다임' 얘기부터 시작해볼까요? 대체 '패러다임paradigm'이 뭔가요?

쿤 : 흔히 과학자를 증거 앞에서 깨끗이 승복하며 비판을 환영하는 이상적인 지식인으로 묘사하곤 합니다. 과연 그럴까요? 아

닙니다. 과학자들은 대개 특정 이론에 목을 매지요. 그들은 특정한 신념, 가치, 문제 등을 공유합니다. 이게 패러다임이죠. 가령 17세기부터 20세기 초반까지 물리학의 대세였던 '뉴턴 패러다임'에서는 물체들 간에 인력이 작용한다는 원리로 모든 운동을 설명하려 했어요. 그 패러다임에 따르면 떨어지는 분필이나, 쏘아올린 포탄이나, 시계추의 진자가 모두 동일한 법칙에 따라 운동하는 사례들이죠. 심지어 행성의 운행도요.

데닛 : 그런데 선생은 그런 패러다임에도 일생이 있다고 하지 않았나요? 한창 잘 나가다가도 위기를 맞게 되고 새 패러다임으로 교체가 된다고 하셨잖아요?

쿤 : 맞습니다. 저는 그 과정을 '과학혁명'이라고 불렀죠. 우선 패러다임 얘길 좀 더 해볼게요. 물리 교과서를 보세요. 처음에는 원리나 법칙이 설명되고 전형적인 예제들이 풀이와 함께 소개됩니다. 그다음은 연습문제입니다. 그런데 이걸 못 풀면 누가 비난받습니까? 똑똑하지 못한 학생이 비난을 받지, 문제 자체나 문제 제공자가 비난받지는 않죠. 대부분의 과학자는 평생 이런 식의 연습문제만 풀다가 죽습니다.

데닛 : 그게 무슨 말씀인지요? 과학자는 연습문제만 풀다가 간다는 뜻인가요?

쿤 : 연습문제의 특징이 뭡니까? 이미 답도, 그 답에 이르는 길도 있다는 거죠. 아이들의 그림 퍼즐도 마찬가지에요. 이미 원판 그림(정답)이 있고 그 그림 조각들을 맞추는 방법도 정해져 있지

요. 이게 바로 패러다임의 특성이에요. 즉 과학자는 자신이 받아들이고 있는 패러다임에 전적으로 의존하여 탐구 활동을 합니다. 그래서 어떤 현상이든 그것을 통해 보려하지요. 실제 경험과 이론 틀이 삐걱거리더라도 과학자는 자신의 무능을 탓할 뿐 틀 자체를 의심하진 않습니다.

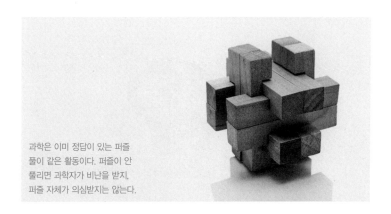

과학은 이미 정답이 있는 퍼즐 풀이 같은 활동이다. 퍼즐이 안 풀리면 과학자가 비난을 받지, 퍼즐 자체가 의심받지는 않는다.

데닛 : 가령 현대의 물리학자들은 모두 양자역학적 패러다임에 의존해서 자신의 과학 활동을 하고 있다는 말씀인가요?

쿤 : 바로 그겁니다. 만일 풋내기 과학도, 가령 박사과정에 갓 올라간 물리학도가 야심차게 자신이 양자역학의 오류를 지적하고 새로운 물리학을 열어보겠노라 다짐했다고 해봅시다. 그 친구는 지도교수 없이 혼자 어떻게 해보거나 결국 학교를 그만 두게 될 게 뻔해요. 과학자들은 누구나 자신이 받아들이는 패러다임에 입각해서 작업을 합니다. 양자역학이 현대 물리학의 패러다

임이라면 진화론은 현대 생물학의 패러다임이라 할 수 있겠죠. 그것 없이는 물리학도 생물학도 불가능합니다.

데닛 : 말하자면 패러다임은 세계관이라고도 할 수 있겠군요?

쿤 : 맞습니다. 패러다임 이야기를 하기 위해 제가 종종 보여주는 그림이 하나 있습니다. (그가 컴퓨터 화면에 슬라이드 하나를 띄운다). 그림 보이시죠? 무엇이 보이나요?

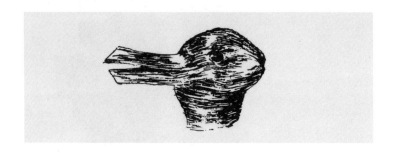

데닛 : (몇 초간 뚫어지게 쳐다보고는) 저는 토끼가 보이는데요?

쿤 : 하하. '매직 아이'는 아니니까 그냥 편하게 보세요. 네 맞아요.

데닛 : 잠깐만요. 오리처럼도 보이는데요?

쿤 : 네, 그것도 맞습니다. 만일 토끼를 단 한 번도 경험한 적이 없는 부족 사람들에게 이 그림을 보여주면 어떻겠습니까? 이것을 오리라고만 하겠지요. 관찰 자체도 관찰자가 어떤 배경 지식을 갖고 있느냐에 따라 달라집니다. 이걸 저는 '이론 적재적 관찰'이라는 용어로 설명했는데요, 요는 과학자들이 패러다임에 기반을 둔 과학 활동을 할 때 관찰도 그것에 기반을 두고 한다

는 이야기입니다.

데닛 : 그런데 혁명과 같은 큰 변화도 종종 일어나지 않나요? 오리로만 보이다가 토끼로 보이는 순간이 있듯이 말이에요. 가령 플로지스톤 이론에서 산소 이론으로, 고전 역학에서 상대성 이론으로, 창조론에서 자연선택 이론으로, 각각 화학 혁명, 물리학 혁명, 생물학 혁명이라는 것이 일어나지 않았습니까? 혁명은 어떻게 오는 건가요?

쿤 : 제가 하버드 대학교에서 물리학 박사학위를 받고 나서 학부생들에게 과학의 역사를 가르칠 기회를 잠시 얻었습니다. 강의를 준비하기 위해 과학의 역사를 꼼꼼하게 살펴보았습니다. 아리스토텔레스의 책도 직접 읽어보고 뉴턴의 프린키피아도 제대로 읽어봤죠. 물론 그동안 과학사학자들이 써놓은 책들도 많이 검토했습니다. 이 과정에서 제가 내린 결론은 이것입니다. 한 패러다임에 대한 반례들이 쌓여도 혁명은 쉽게 오지 않는다는 것! 패러다임을 부여잡고 있는 과학자들은 반례를 대수롭지 않게 생각했어요. 곧 해결될 거라 믿는 거죠. 그런데 반례들이 점점 쌓이고 대가들도 해결을 못하는 상황이 자주 연출되다 보면 그때서야 심리적 위기감이 몰려옵니다. 그러다 주로 변방에서 신예들이 나타나 그 반례들을 풀어내는 일이 발생합니다. 그렇게 되면 기존의 패러다임에 목을 매던 사람들이 새로운 진영으로 급격히 이동합니다. 이것이 바로 과학혁명입니다. 수성의 근일점 변경을 설명하지 못했던 뉴턴 역학이 그 점을 정확히 예측

한 아인슈타인의 상대성 이론에게 왕좌를 물려준 경우가 대표적인 사례지요. 생명의 다양성과 변화를 설명하지 못한 창조론이 다윈의 진화론에 자리를 내준 경우도 다 그런 예들입니다.

데닛 : 여기까진 그래도 많은 사람들이 선생의 생각을 신선하게 받아들이는 것 같아요. 그런데 선생을 상대주의 과학관의 효시로 지목하는 이유는 대체 무엇인가요? 가령 이런 비판들을 자주 들었어요. "쿤에 따르면 과학은 모두 패러다임에 기반을 둔 활동이기 때문에 패러다임을 넘어서는 객관적 비교 기준은 존재하지 않는다. 따라서 과학 논쟁은 합리적으로 종결될 수 없다." 뭐, 이런 식이죠. 일반 독자들을 위해 아까 선생이 보여준 토끼오리 그림으로 설명해보면, 과학 논쟁이란 토끼라고만 하는 한쪽과 오리라고만 하는 다른 한쪽이 서로 우기는 게임이라는 것이겠군요.

쿤 : 과학혁명을 패러다임 '전이'로 규정하다 보니 생긴 오해입니다. 패러다임이 바뀌면 세계관도 달라지고, 심지어 세상 자체도 변할 수 있다고 봤거든요. 과학은 철저히 특정 패러다임에 의존한 활동이니까요.

데닛 : 음, 그게 바로 상대주의라는 것 아닌가요?

쿤 : 좀 더 자세히 설명해드릴게요. 저는 과학을 패러다임에 기반을 둔 활동으로 규정했지만 그렇다고 해서 패러다임들 간의 비교 자체를 불가능하다고 말하지는 않았습니다. 코페르니쿠스 혁명을 아실 겁니다. 이것은 프톨레마이오스의 천동설에서 코

페르니쿠스의 지동설로 전이되는 과정이었는데요, 천체의 역행 운행을 설명하기 위해 두 이론이 가정해야 했던 주전원epicycle의 수가 지동설에서 대폭 줄어들게 됩니다. 즉 코페르니쿠스 천문학이 훨씬 더 단순한 이론이었던 거죠. 그래서 과학자들이 그의 이론을 받아들이게 됩니다. 특정 패러다임을 받아들이는 과학자들이라 해도 단순성이나 정확성 같은 인식적 가치를 통해 암암리에 이론을 비교합니다. 과학혁명을 이런 식으로 이해할 수 있다면 저를 상대주의자로 매도하는 것은 지나친 것 같습니다.

데닛 : 네. 이제 의문이 좀 풀리는 것 같네요. 그럼 우리 프로그램이 '다윈의 서재'이니 그래도 진화론 이야기를 좀 더 해보죠. 선생의 말씀대로라면 창조론은 더 이상 회생할 수 없는 옛 패러다임이랄 수 있는 건가요?

쿤 : 폐기처분되었다고 봅니다. 진화론이 창조론에 비해 설명력이나 정확성 면에서 압도적 우위를 점하고 있어요. 자연선택 이론은 다윈 시대까지 창조론이 계속해서 해결하지 못했던 난제들을 아주 인상적으로 풀어냈으니까요. 그리고 지난 150년 동안 그 문제풀이 목록은 차곡차곡 쌓였습니다. 상황이 이런데도, '진화론의 위기'니 '새로운 혁명'이니 운운하는 현대 창조론자들의 선전이 좀 안쓰럽기까지 합니다. 사실 제 관점에서 보자면 창조론에는 패러다임이라 할 만한 것도 없어요. 문제를 푼 게 전혀 없잖아요. '신이 창조했다'라는 것이 어떻게 경험적 문제 풀이가 될 수 있겠습니까?

데닛 : 어떤 이들은 선생의 패러다임 이론을 들먹이며 창조론이
나 진화론이 '피장파장'이라하더군요. 서로 다른 '신념 체계'일
뿐이라면서요. 그러고 보니 그들이 모두 오해나 왜곡을 하고 있
다는 사실이 오늘 밝혀졌습니다. 감사합니다. 자, 이제 마무리를
해야 할 시점입니다. 한 말씀 하시고 마칠까요?
쿤 : 상대주의 과학관을 옹호하기 위해 제 책을 활용하는 분들,
정말 밉습니다. 하하. 과학에는 뭔가 특별한 것이 있다니까요.
데닛 : 하하, 고맙습니다. 다음 주부터는 '우아한 책장' 편이 방송
됩니다. 계속해서 성원해주십시오. 감사합니다.

과학혁명의 구조

토머스 쿤 지음 | 김명자 · 홍성욱 옮김 | 까치글방

물리학에서 출발하여 과학철학, 과학사를 섭렵한 토머스 쿤이
남긴 역작이다. 이 책에서 쿤은 과학의 실제 역사를 진지하게
반영하는 과학철학을 시도함으로써, 과학에 대한 형식논리적
접근을 취했던 20세기 초반의 논리실증주의와 다른 길을 걸었
다. 이 때문에 상대주의자라는 비판에 시달리기도 했지만, 결
과적으로 현대 과학사회학의 문을 활짝 열었다.

2

우아한 책

Elegant

하늘의 역사를 이해하지 못하고는
우리를 알 수 없다

칼 세이건 ◆ 코스모스

칼 세이건
Carl Edward Sagan

세계 최고의 지성으로 꼽히는 미국의 천문학자이다. 1980년 제작한 다큐멘터리 〈코스모스〉는 전 세계 5억 명이 시청했다고 한다. 본격 연구서와 대중서까지 30여 권을 냈고, 과학대중화를 위한 각종 운동도 활발히 펼쳤다. 인류가 외계지성체탐사(SETI)를 시작하는 데 결정적 공헌을 했다.

데닛 : 청취자 여러분, '다윈의 서재'의 대니얼 데닛입니다. 질문 하나 드리겠습니다. 여러분은 갈릴레이와 다윈 중에 누가 더 인류의 토대를 뒤흔들어 놓았다고 생각하십니까? 문제가 참 얄궂죠? 실제로 작년 12월 영국의 한 과학 잡지가 온라인상에 동일한 질문을 던진 적이 있었습니다. 지구가 우주의 중심이 아님을 설파했던 갈릴레이일까요? 인간이 생명의 잔가지 중 하나일 뿐

이라는 다윈일까요? 박빙의 승부를 펼쳐졌다는군요. 그래서 오늘은 천문학자를 모시려고 합니다. 이분의 책은 과학계의 전설이 된 지 오래입니다. 만일 다윈 선생님이 살아 계셨다면 정말 꼭 한번 만나보고자 했던 분일 겁니다. 여러분, 《코스모스》의 칼 세이건Carl Sagan 선생을 모시겠습니다.

어서 오세요. 스튜디오가 확 밝아지네요. 다큐멘터리를 많이 만든 이유가 혹시 잘생긴 얼굴 때문은 아닐까 싶을 정도입니다.

세이건 : 무슨 말씀을요. 요즘 보니 다큐멘터리의 대세는 도킨스 선생이더군요. 잘생겼던데요? 젊은 시절의 나를 보는 것 같기도 하고요. 하하.

데닛 : 공상과학계의 전설인 아이작 아시모프가 이런 말을 한 적이 있다고 해요. 생전에 나를 지적으로 능가하는 인간을 딱 두 명 만나봤는데, 하나가 칼 세이건이라고요. 매년 "세상에서 가장 똑똑한 지식인이 누굴까?"를 설문하면 선생이 줄곧 1등을 차지했다는 사실 아시나요? 잘생긴 것도 불공평한데 똑똑하기까지. 역시 세상은 공평하지 않습니다.

세이건 : 계속 농담만 하실 건가요?

데닛 : 하하. 그런데 오늘 들고 나오신 것은 무엇인가요? 망원경 같긴 한데요.

세이건 : 올해는 다윈 탄생 200주년이기도 하지만 갈릴레이가 자신의 망원경을 만들어 천체를 관측한 지 400년이 되는 해이기도 합니다. 그래서 유네스코는 올해를 '세계 천문의 해'로 지

정했지요. 며칠 전 이탈리아에서 갈릴레이가 만든 20배율 망원경과 똑같은 망원경을 만들어 달의 표면과 태양의 흑점 등을 관측하는 대중 행사가 열리기도 했어요. 저도 참여했었는데 그때 만든 망원경이에요.

데닛 : 역시 천문학자들은 망원경이라는 소품이 있어서 폼이 좀 나는 것 같네요. 오늘 같은 날은 밤하늘의 별을 보면서 대담을 나눠야 제 맛인데, 스튜디오에서 진행하려니 아쉽습니다. 어쨌든 저는 이번 대담 때문에 예전에 TV 시리즈로 나온 〈코스모스〉를 다시 봤는데 정말 대단하더군요. 컴퓨터그래픽이나 애니메이션만 없을 뿐이지 잘 만든 다큐멘터리라는 것이 무엇인지를 알려주는 것 같았지요. 거의 30년 전에 만들어진 것인데도 틀린 얘기가 별로 없었어요.

세이건 : 꼭 그렇지는 않아요. 가령, 3년 전에 국제천문연맹은 중력이 상대적으로 약하다는 이유로 명왕성을 태양계의 행성 목록에서 퇴출시키지 않았습니까? 제 책에서는 명왕성이 여전히 행성이죠. 그리고 요즘 천문학자들에게 인기 있는 초끈 이론 등은 언급조차 되어 있지 않죠. 그래픽도 조잡한 부분이 많아요.

데닛 : 뭐, 그 정도는 오래전 다큐멘터리니까 당연히 이해합니다. 제가 《코스모스》에서 가장 인상 깊게 느꼈던 부분은 우주와 인간 역사에 대한 선생의 통 큰 서술 방식이었습니다. 선생은 빅뱅(대폭발)에서 출발하여 외계지성체탐사(SETI)로 끝을 맺더군요. 마치 타히티 섬에서 고갱이 그린, 〈우리는 어디서 왔는가,

우리는 누구인가, 그리고 우리는 어디로 가는가〉를 천문학 버전
으로 감상하는 듯했습니다.

세이건 : 과찬이십니다. 밤하늘에 아름답게 빛나는 별은 아득히
먼 우리의 과거이지요. 그 수많은 별들이 태어나고 자라고 늙고
죽었기에 지구가 생겨났고, 또 그 속에서 우리 인류가 탄생하지
않았습니까?

우리는 어디서 왔는가, 우리는 누구인가, 그리고 우리는 어디로 가는가? - 고갱

데닛 : 바로 그 점이지요. 하늘의 역사를 이해하지 못하고는 우
리 자신을 온전히 알 수 없다는 사실 말입니다. 대개 천문학자
는 별의 진화에만 관심이 있고 생물학자는 생명에 대해서만 얘
기하는데, 선생은 《코스모스》에서 이 둘을 결합시켰더군요. 이
미 30년 전에 말입니다. 선구적인 작업이 아닐 수 없지요. 그래
서 저희는 《코스모스》가 '우아한' 작품이라고 생각해요. 만일
다윈이 현재 살아 있고 그의 서재에 '우아한 책들'만 모아 놓은

책장이 있었다면, 아마 당신의 책이 제일 먼저 꽂혔을 것입니다.

세이건 : 우아한 책이라, 기분 좋은 표현이네요. 사실 전《코스모스》를 구상하다가 다윈의《종의 기원》마지막 문단을 읽고서 큰 영감을 얻었습니다. 이렇게 되어 있죠. "행성이 확고한 중력법칙에 따라 회전하는 동안 너무도 단순한 기원으로부터 가장 아름답고 멋진 무수한 유형들이 진화해왔고 또 진화하고 있다는 장엄함이 내 견해에 깃들어 있다." 이걸 보면, 다윈이 천문학에 대해 얼마나 많은 지식이 있었는지는 잘 모르겠지만, 생명의 진화를 이야기하기 위해 '우주의 진화'라는 더 큰 틀이 필요하다는 생각은 분명히 했던 것 같아요.

데닛 : 저도《종의 기원》의 마지막 장을 덮으면서 한 편의 장엄한 생명의 대서사시를 읽은 느낌이었어요.

세이건 : 네, 맞아요.《종의 기원》은 제가 읽어본 책 중에서 가장 우아한 책입니다. 수식 하나 없이 그저 수많은 사례와 그것을 꿰뚫는 자연선택이라는 원리로, 자연세계에 존재하는 모든 다양성과 정교함을 설명해내고 있거든요. 이것은 뛰어난 과학자라고 해도 결코 쉽지 않은 일입니다. 세상을 바꾼 과학자라고 하는 뉴턴이나 아인슈타인도 보세요. 물론 그들이 물리학자이긴 하지만 그들의 텍스트에는 도저히 알 수 없는 수식과 그림들로 가득해요. 그에 비하면 다윈의 텍스트는 소설이나 서사시에 가깝죠. 저도 되도록 수식 같은 것 없이 천문학을 강의하려고 노력하는 편인데요, 결코 만만한 일이 아니에요.

데닛 : 겸손하기까지 하시군요. 차라리 《코스모스》는 지구 과학자가 우주에게 바치는 최고의 대서사라 할 수 있겠습니다.

세이건 : 칭찬은 여기까지 하시지요.

데닛 : 알겠습니다. 하하. 마지막으로 질문 하나 하겠습니다. 아까 말씀드렸듯이 올해가 다윈 탄생 200돌이며 갈릴레이 망원경 400주년인데요, 선생은 둘 중에 누가 더 인류의 토대를 뒤흔든 사람이라고 생각하세요?

세이건 : 참 어렵네요. 제가 천문학자인 이상 근대 천문학의 한 획을 그은 갈릴레이의 편에 서야겠지만, 지구가 우주의 중심이 아니라고 하는 생각은 원래 코페르니쿠스의 것이잖아요. 반면 다윈은 인간이 자연의 중심이 아니라는 생각을 처음으로 설득력 있게 역설했으니 독창성 면에서는 다윈이 한 수 위입니다.

데닛 : '다윈의 서재'에 초대해놓고 물어본 제가 잘못입니다. 하하. 그런데 다른 한편으로 다윈은 갈릴레이에 비해 인생은 좀 더 비겁했던 것 같아요. 갈릴레이는 종교재판까지 가서 고초를 겪었지만 다윈은 한 번도 전면에 나서서 전통에 도전해본 적이 없거든요. 이런 서재에 앉아서 조용히 책이나 썼으니까요. 어쨌든 "누가 더 파격적인가?"라는 질문을 던지는 것보다, "누가 그런 파격들을 종합적으로 계승했나?"를 물으면 더 좋을 것 같습니다. 천문학과 진화론의 융합을 통해 우주와 인간에 대해 이야기한 선생이야말로 그 계승자가 아닐까요? 아, 그러고 보니 선생이 깊이 관여한 '외계지성체탐사 프로젝트'도 올해로 50주년

아닌가요? 아직도 우주로부터 오는 신호를 감지하는 중이지요?

세이건 : 네. 외계에 우리와 비슷하거나 우리를 능가하는 지성체가 존재한다면 언젠가 말을 걸어오겠죠. 그 순간을 기다리고 있습니다. 얼마 전까지만 해도 사람들이 저더러 UFO를 연구하자는 거냐고 비아냥댔지만, 지금은 시각이 달라졌어요.

"광막한 공간과 영겁의 시간 속에서
행성 하나와 찰나의 순간을 앤과
공유할 수 있음은 나에게
커다란 기쁨이었습니다."
—
칼 세이건과 그의 아내 앤 드루얀

데닛 : 《코스모스》의 영향 때문일 겁니다. 영어판만 600만 부가 나갔고, 다큐멘터리는 60여 나라에서 6억 명이 시청했다더군요. 이런 과학책은 전에도 없었고 앞으로도 나오지 못할 겁니다. 선생의 글을 읽고 있으면 과학이 정말 친숙하게 다가와요. 대다수의 과학자들이 대중 앞에서 독백만 하는 바람에 과학에 대한 두려움과 맹신이 난무하는데, 선생은 그 악습을 깼어요.

세이건 : 저는 정확한 과학 지식과 문학적 감수성으로 스토리가 있는 과학을 전달하고 싶었을 뿐입니다.

데닛 : 그게 어디 쉬운 일인가요?《코스모스》맨 앞 쪽에 보면 선생이 부인에게 바친 헌사가 나오더군요. 그것을 읽은 여성 독자들이 아주 난리입니다. 읽어볼게요. "광막한 공간과 영겁의 시간 속에서 행성 하나와 찰나의 순간을 앤과 공유할 수 있었음은 나에게 커다란 기쁨이었습니다." 무슨 시인입니까? 여기서 이러시면 안 됩니다.

세이건 : 천문학天文學도 문학文學이에요. 하늘에 관한 문학! 하하.

데닛 : 하하하. 말이 되네요. 여기서 마치지 않으면 농담이 계속 이어져서 제 시간에 안 끝날 것 같습니다. 오늘은 여기까지입니다. 다음 주에도 우아한 과학책 편을 이어가도록 하겠습니다. 안녕히 계십시오. 감사합니다.

코스모스

칼 세이건 지음 | 홍승수 옮김 | 사이언스북스

광대한 우주에서 창백한 점에 불과한 지구와 그 속의 60억 인류의 역사가 담긴 책이다. 우주와 인간의 역사를 통섭적으로 풀어내기 위해 칼 세이건은 천문학뿐 아니라 생물학, 철학, 역사학, 인류학, 과학사를 넘나들며 난해한 과학의 친절한 해설자로 나선다. 정확한 과학적 지식과 풍성한 문학적 감수성으로 밤하늘의 별들과 인간의 삶에 멋진 다리를 놓았다.

진화는 진보가 아니다

스티븐 제이 굴드 ◆ 풀하우스

스티븐 제이 굴드
Stephen Jay Gould

미국의 고생물학자, 과학사가이자, 탁월한 교양과학 작가이다. 총 22권의 저서, 101편의 서평, 497편의 과학 논문, 그리고 300편의 〈자연사〉 에세이를 썼다. 단속평형론을 제시하며 진화의 패턴이 불연속적이라고 주장했다가 도킨스를 비롯한 점진론자들에게 집중 공격을 당하기도 했다.

데닛 : 청취자 여러분, 안녕하십니까? '다윈의 서재' 일곱 번째 시간, '우아한 책' 두 번째 편입니다. 홈페이지에서 진행되고 있는 설문 중에 "가장 박식한 과학 저자는 누구라고 생각하십니까?"라는 항목을 보셨는지요? 오늘 초대 손님은 현재 1위를 달리고 있는 분입니다. 여러분은 누구라고 생각하시는지요? 이분의 책을 읽고 있으면 '이 사람은 대체 모르는 분야가 있을까' 싶

을 정도입니다. 심지어 야구를 포함한 온갖 스포츠에 대해서도 전문가의 식견이 느껴집니다. 엄청나게 읽고 엄청나게 쓰는 저자이기도 합니다. 누구냐고요?《풀하우스》저자 스티븐 제이 굴드Stephen Jay Gould를 모시겠습니다.

굴드 : (약간 찡그리며) 초대해주셔서 감사합니다.

데닛 : 얼마 전에 제 독자로부터 다음과 같은 이메일 한 통을 받았습니다. 잠시 읽어보겠습니다. "선생님, 요즘 광고 카피를 보면 '진화'라는 단어가 자주 등장해요. '자동차의 진화', '휴대폰의 진화', '스포츠의 진화', '변화를 넘어선 진화' 등. 물론 여기서 '진화'는 좋게 향상되었다는 뜻이겠죠? 그런데 '진화'를 이렇게 '진보'와 동일한 개념으로 써도 되는 건지 궁금합니다. 런던에서 한 독자." 그래서 제가 당신의《풀하우스》를 소개해줬어요. 저는 선생의 이 책이 '진화와 진보의 관계'에 관한 최고의 책이라 생각하거든요.

굴드 : 아 정말 그렇게 생각하세요? 놀랍네요. 진화에 대한 제 견해를 다 반대하시는 줄 알았는데 그건 아닌가 보네요.*

데닛 : 허허. 저희가 오늘 선생을 모신 것은 선생과 논쟁을 하려고 그런 것이 아니니 긴장은 좀 거둬주세요.《풀하우스》라면

---

* 데닛은《다윈의 위험한 생각》(1996)에서 '허풍'이라는 표현까지 써가며 굴드의 진화론(단속평형설과 반적응주의)를 심하게 비판했다. 이에 굴드는 다음 해 〈뉴욕 서평지〉에서 데닛을 '다윈 근본주의자'라고 몰아 세웠고, 같은 지면에서 두 사람은 강편치를 한 차례 더 주고 받았다. 그러니 이 둘의 사이가 좋을 리 없다.

'다윈의 서재'에 충분히 꽂히고도 남을 책이라고 모두들 생각했기 때문에 선생을 이 자리에 모신 겁니다. 저도 오늘은 진행자일 뿐입니다. 그러니 서로 무장해제하고 편하게 이야기하면 좋을 것 같습니다.

굴드 : 저도 오늘만큼은 당신과 싸우고 싶지 않군요. 저도 책 이야기를 하러 나왔으니 이제 편하게 대화합시다.

데닛 : 네. 고맙습니다. 요즘 '진화'라는 단어가 들어가는 광고가 많잖아요. 제 독자는 그 용어를 그렇게 막 써도 되는 거냐고 질문하고 있어요. 진화에는 방향이나 트렌드라는 게 없는 것 아니냐는 거지요. 선생의 《풀하우스》가 바로 그 문제에 천착한 책 아닌가요?

굴드 : 네, 맞습니다. 저는 거기서 '진화는 진보가 아니며 다양성의 증가일 뿐'이라고 했죠. 생명이 어떤 트렌드나 방향을 가지고 진화해왔다고 주장하는 사람들이 의외로 많은데요, 그것은 진화적 변화의 특징을 잘 모르고 하는 소리예요.

데닛 : 틀림없이 다윈도 선생의 말에 기본적으로 동의할 것 같아요. 흔히 동물에 관해 이야기하면서 '하등'이니 '고등'이니 하는 형용사를 갖다 붙이곤 하는데, 다윈은 그것이 잘못된 언어 습관이라고 말했죠. 현재 존재하는 모든 종들은 다 나름대로 자신의 환경에서 그럭저럭 적응하고 사는 놈들일 테니까요. 동물원의 침팬지가 우리보다 '하등'하다고 말하고 싶은 유혹이 있겠지만, 그들과 우리가 600만 년 전쯤에 공통 조상으로부터 갈라져 나

온 사촌이라는 사실을 알면 살짝 민망해질 걸요.

굴드 : 자연계에서 우리는 절대 최고가 아니에요. 사실, 생명의 역사에서 절반 이상은 박테리아(세균)의 독무대였죠. 박테리아는 물리 · 화학적으로 가장 단순한 구조를 가진 생명체로 35억 년 전에 처음 생겨난 이후 줄곧 가장 강한 생명력을 보여 왔어요. 양도 제일 많고요. 지금도 박테리아는 펄펄 끓는 심해의 용출수나 우리 위장 안에서도 잘 살고 있죠. 인간은 도저히 살 수 없는 열악한 환경에서도 박테리아는 번성할 수 있어요. 얼굴 피부에도 무려 1000종이나 되는 박테리아가 서식하고 있다는 사실을 아십니까? 이건 미인이건 아니건 아무런 상관이 없어요.

데닛 : 그렇다면 선생은 35억 년 전이나 지금이나 생명의 진화에는 별다른 일이 일어나지 않았다는 얘긴가요? 박테리아들만 우글거렸을 생명의 초창기와 소나무, 개미, 상어, 뱀, 코끼리, 사람 등 온갖 종류의 생물체들로 가득한 지금이 같다고 할 수 있을까요? 백 번 양보한다고 해도 예전에 비해 현재의 지구 생명체가 엄청나게 다양해지고 복잡해졌다는 점을 부인하긴 좀 힘들지 않나요?

굴드 : 물론, 예전보다 생명이 더 다양해진 건 맞아요. 그런데 다양성이 증가한 것을 가지고 마치 생명 진화에 트렌드가 있다는 것처럼 결론을 내리는 것이 잘못이라는 얘기죠. 한번 생명이 생겨나면 더 다양해지는 것은 당연합니다. 왜냐하면 가장 단순한 생명체, 박테리아로부터 시작했으니까요. 주가가 바닥을 치면

그다음부터는 상승할 수밖에 없는 것 아닙니까? 이런 광경을 떠올려보세요. 한 취객이 비틀거리면서 술집 문을 나섭니다. 그가 인도를 따라 오른쪽으로 가다보면 도랑이 있고, 그 도랑에 빠지면 이야기는 끝입니다. 만일 술집 문을 나선 취객이 아무렇게나 비틀거리면서 이동한다고 해봐요. 단 술집 쪽이나 도랑 쪽으로만 비틀거릴 수 있어요. 그 취객은 결국 어떻게 될까요?

데닛 : 글쎄. 말로만 설명을 하니까 상상이 잘 안 되긴 하는데, 언젠가는 도랑에 빠지지 않을까요?

굴드 : 맞아요. 취객이 비틀거리다 술집 벽에 부딪치면 다시 도랑 쪽으로 비틀거리게 될 테고, 이런 일이 반복되면 결국 도랑에 빠지고 마는 거죠. 취객은 그저 아무렇게나 비틀거렸을 뿐인데 말이에요. 그가 도랑 쪽을 향해 간 것처럼 보이는 이유는 술집이라는 왼쪽 벽이 버티고 있기 때문입니다.

데닛 : 그러니까 생명의 진화가 복잡성을 증가시키는 쪽으로 진행된 듯이 보이지만 이는 왼쪽 벽에 박테리아와 같이 가장 단순한 생명체가 있기 때문이라는 말이군요.

굴드 : 바로 그겁니다. 취객이 도랑을 '향해' 이동했다고 말할 수 없는 것과 마찬가지로 생명이 더 높은 복잡성을 '향해' 변화했다고 말할 수 없지요. 생명은 우리 인간처럼 복잡한 종의 탄생을 '향해' 달려온 게 아닙니다. 그저 다양하고 복잡한 종들이 생겨난 것일 뿐이지요. 박쥐가 어두운 동굴에서 살기 시작하면서 복잡한 시각 장치를 퇴화시킨 것을 보면, 생명의 진화가 다양성

과 복잡성의 트렌드를 보인다고 할 수 없습니다. 거의 1억3000만 년간 천하를 호령하던 공룡이 멸종한 사건을 보십시오. 소행성이 떨어져 지구 환경이 급변하니까 기존의 트렌드가 완전히 뒤집히지 않았습니까?

데닛 : 그렇다면 왜 사람들은 진화와 진보를 혼동할까요?

굴드 : 아주 좋은 질문입니다. 그것은 '진보'라는 것이 여전히 우리 사회의 최고 가치 중 하나이기 때문 아닐까요? 다윈도 진화와 진보가 혼동되는 것에 매우 민감하게 반응했다고 합니다. 그래서 'evolution'이라는 용어 자체도 처음엔 쓰지 않으려고 했죠. 영어로 이 단어는 '펼쳐 보이다unfold'라는 뜻이 담겨 있는데, 이것 자체가 뭔가 방향을 드러내는 단어처럼 느껴졌나 봅니다. 당시 잘 나가던 철학자 허버트 스펜서가 이 단어를 너무 많이 퍼뜨리는 바람에 독자들을 배려하여 막판에는 어쩔 수 없이 쓰게 되죠. 그전까지만 해도 '변화를 동반한 계승descent with modification'이라는 용어만을 사용했었죠. 역사적으로 스펜서는 '사회 다윈주의Social Darwinism'라는 사상을 창시한 철학자로 알려져 있는데요, '경쟁을 통한 진보'를 내세웠던 그의 철학에 다윈의 이름을 붙이는 게 정당한 일인지에 대해서는 이견이 있습니다. 어쨌든 진화와 진보는 다윈의 시대 때부터 서로 잘 묶이는 단어였지요.

데닛 : 좋습니다. 생명계의 '몸통'은 박테리아고 우리는 겨우 '깃털'에 불과한데, 깃털이 자꾸 주인 행세를 하는 형국이라 이거죠? 마치 '박테리아 만세!'를 외치는 분 같네요. 하하.

굴드 : 맞아요. 만일 세균이 처음 출현했던 35억 년 전쯤에 왔던 외계 과학자가 타임머신을 타고 현재 시점에 또다시 왔다고 해 보죠. 지구의 생명에 관해 그때와 지금을 비교하여 보고서를 써야 한다고 하면 뭐라 쓸까요? 제 생각에는, 그때나 지금이나 지구는 박테리아가 접수했다고 할 것 같아요. 물론 지금은 생물종의 수가 훨씬 더 많아졌다는 주석을 달겠지만요.

진화는 선형 진보가 아니다. 지구상의 생명체가 다양해진 것은 사실이지만 복잡성을 향한 트렌드가 있는 것은 아니다. 진화는 방향 없는 무작위의 과정이다.

데닛 : 알겠습니다. 이제 정리할 시간인데요. 많은 독자들이 선생의 책을 읽으면 그 지식의 현란함 때문에 압도당한다고 해요. 어려운 개념들을 일상적인 사례나 다른 분야의 상식으로 풀어주기도 하고, 때로는 새로운 통찰이나 엄청난 재치로 독자들의 뇌를 자극한다는 것이지요. 그러면서 늘 독자들의 앎의 수준을

높여준다고 합니다. 당신의 생각에 반대하지만 당신 정도의 지적 해박함은 없는 전문가들이, 바로 그 점 때문에 독자들이 선생의 지적 현란함에 현혹되기 쉽다고 우려하기도 하죠. 아시겠지만 저에게도 그런 우려가 없는 것은 아니지만, 《풀하우스》는 제가 볼 때도 정말 우아한 책입니다. 왜 독자들이 당신을 사랑하는지를 알게 만드는 책입니다. 물론 딱 한 가지 이 책에서 공감하기 매우 힘든 부분이 있어요. 여기서 야구 통계에 대한 이야기가 거의 절반을 차지하는데, 야구의 인기가 없는 영국이나 유럽인들이 이 부분을 과연 얼마나 재밌게 읽을 수 있을지는 상당히 의문입니다.

굴드 : 그들에게 야구의 재미를 알리는 책이기도 합니다. 하하.

데닛 : 아, 진화를 소재로 한 야구 책이었군요. 하하하. 오늘 귀한 시간 내주셔서 감사합니다. 다음 주에 뵙겠습니다. 안녕히 계십시오.

풀하우스

스티븐 제이 굴드 지음 | 이명희 옮김 | 사이언스북스

진화와 진보의 관계를 알고 싶다면 반드시 읽어야 할 책이다. 저자는 사람들이 통계를 보고 흔히 범하는 실수를 지적함으로써 진화와 진보의 밀월 관계를 떼어놓는다. 그 실수란 최댓값에 대한 집착이다. 그는 이 최댓값의 증가만을 보고 진화의 추세(복잡성의 증가하는 방향)를 말하는 것은 오류라고 주장한다.

오직 인간만이 이기적 유전자의 독재에 항거할 수 있다

리처드 도킨스 ◆ 이기적 유전자

리처드 도킨스
Clinton Richard Dawkins

영국의 동물행동학자이자 진화생물학자로, 현재 지구상에서 가장 큰 이슈를 몰고다니는 과학 저술가이다. 1976년 서른다섯 살 때 쓴 첫 책《이기적 유전자》로 과학 논쟁의 중심에 서게 되었다. 이후 다양한 책을 통해 진화 이론의 아름다움과 과학의 합리성에 대해 역설해왔다.

데닛 : 청취자 여러분, 안녕하십니까? '다윈의 서재' 여덟 번째, '우아한 책장' 세 번째 시간입니다. 온라인 홈페이지에서 진행하고 있는 설문 중에 "당신이 읽은 책 중에서 어떤 책이 가장 위험한 생각을 담고 있다고 생각하십니까?"라는 항목이 있습니다. 거기서 다윈의《종의 기원》과 현재 1등을 다투고 있는 책이 있습니다. 방금 전까지 3000표 차이로 1위를 차지했는데요, 리

처드 도킨스의 《이기적 유전자》입니다. 도킨스는 이미 《만들어진 신》으로 저희 첫 방송의 초대 손님으로 출연했는데, 그때는 저자 사정으로 전화 인터뷰로 대신했습니다. 기억이 나시는지요? 오늘은 그분을 스튜디오에 직접 모셨습니다.

도킨스 : 초대 감사합니다. 지난번에는 본의 아니게 실례가 많았습니다. 오늘은 이렇게 올 수 있게 되어 좋습니다.

데닛 : '다윈의 서재'에 한 번 초대되기도 힘든데 선생은 두 번이나 초대를 받았습니다. 이건 보통 일이 아닌데요, 소감이 어떠신지요.

도킨스 : 《만들어진 신》도 근자에 애착이 많이 가는 책이지만, 저에게 책 한 권만 선택하라고 한다면 고민할 것도 없이 《이기적 유전자》를 꼽겠습니다. 지난번 《만들어진 신》은 보너스라고 생각합니다. 어쨌든 저를 다시 한 번 뽑아주신 청취자 여러분께 감사합니다.

데닛 : 아, 잠시만요. 청취자 설문 조사로 저희가 초대 손님을 결정하지는 않습니다. 그건 단지 독자의 관심과 성향을 알아보기 위한 참고사항일 뿐입니다. 물론 '위험한 생각' 항목에서 선생의 책이 《종의 기원》을 이기고 있다는 사실 자체는 매우 놀라운 일입니다. 독자들은 선생의 글쓰기 스타일을 좋아하는 것 같아요. 질투가 날 지경이에요. 같은 주제의 책을 내도 독자의 단위가 다르니 말이에요. 대체 비결이 뭔가요?

도킨스 : 별말씀을요. 직설적으로 얘기하는 버릇 때문인지 팬도

많지만 안티도 만만치 않아요. 에둘러 가는 건 딱 질색이에요. 설명도 간결한 걸 좋아합니다.

데닛 : 다윈과는 성격이 좀 다른 것 같네요. 그는 에둘러 가는 데 일가견이 있었거든요. 오죽하면 《종의 기원》을 '하나의 긴 논증'이라고 했겠습니까? 어쨌든 도킨스 선생의 글을 읽고 있으면 지적인 흥분 같은 게 생겨요. 첫 머리부터 이렇게 썼더군요. "우리는 생존 기계, 즉 유전자라고 알려진 이기적 분자를 보존하기 위해 맹목적으로 프로그램된 로봇 운반자다." 인간을 유전자의 생존 기계라고 하다니, 정말 도발적인 문장이에요. 한편으로는 우아한 문장이기도 해요. 30년이 지났는데도 여전히 울림이 있으니까요.

도킨스 : 30년 전에 쓴 표현이지만 다시 읽어도 깜짝 놀랄 때가 있어요. 여전히 진리라고 생각해요.

데닛 : 저자들에게는 평생 '내가 진정 이런 명문을 썼단 말인가!' 싶은 순간이 한 번 정도는 있다고 해요. 그분이 오셨던 순간이랄까요? 하하. 그런 문장 아닐까요?

도킨스 : 동의합니다. 그때 글쓰기의 '신'이 오셨었나 봐요. 하하.

데닛 : 좋아요. 일단 책 제목부터 얘기해봅시다. 대체 유전자가 '이기적'이라는 게 무슨 뜻이지요? 유전자가 어떤 의도나 의식을 가진 존재는 아니지 않습니까?

도킨스 : 유전자가 이기적인 마음을 가졌다고 생각하는 사람은 아무도 없을 거예요. 하지만 행동 측면에서는 이기적일 수 있지

요. 즉 유전자는 자기 자신의 복제본을 더 많이 남기는 것이 목표인 '양' 행동한다고 할 수 있거든요. 흔히 '의도'나 '욕구'라는 정신 상태를 갖는 대상만이 행위자agent가 될 수 있다고들 합니다만, 행동적 측면만을 고려했을 때 유전자도 행위자입니다. 유전자의 행동을 가장 잘 이해할 수 있는 방식은 그것이 '마치' 이기적인 듯 행동한다고 가정할 때죠. 이게 바로 제목의 뜻입니다.

데닛 : 그러니까, 유전자를 이기적이라고 표현한 것은 어쨌든 의인화를 했다는 얘기 아닌가요? 그런데 오히려 그런 의인화를 통해서만 유전자의 행동을 정확히 이해할 수 있다는 얘기고요. 좀 복잡하네요. 제목부터가 큰 논란거리예요. 요즘으로 치면 '노이즈 마케팅'을 쓰신 것 같기도 합니다.

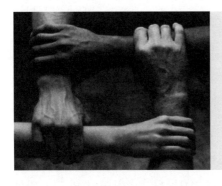

유전자의 이기적 속성 덕에 인간은 이타적으로 진화했다. 설마 아직도 이 책 읽고 '인간은 이기적이지' 하는 사람은 없겠지?

도킨스 : 하하 글쎄요. 저는 유전자가 이기적이라는 말의 뜻을 여러 번 분명히 밝혔고, 여러 사례를 통해 그 의미도 명확히 보여줬다고 생각합니다. 그런데 제 책을 다 읽고 난 후, "그래 맞

아. 역시 인간은 참 이기적이지"라고 결론을 내리는 분들이 한 둘이 아니더군요. 참 난감합니다.

데닛 : 맞아요. 제 주변에도 그렇게 읽은 사람들이 많던데요? 아니, 대부분 그렇게 결론 내리더군요.

도킨스 : 혹시 이 방송을 보시는 독자들 중에서도 그런 분이 계시다면, 죄송하지만 처음부터 다시 읽으셔야 합니다. 제 책은 한마디로 '유전자는 이기적인데 어떻게 이타적인 인간이 진화할 수 있는가'라는 문제에 대한 하나의 해답이거든요. 즉 유전자는 결국 더 많은 자기 복사본을 남기기 위해 인간을 이타적이게 만들었다는 얘기니까요.

데닛 : 인간이 유전자의 '운반자'일 뿐이라는 말이 그 뜻이죠?

도킨스 : 네, 맞아요. 흔히 우리는 자기 자신이 모든 행동을 결정하는 주체이고, 또 그런 행동을 통해 가장 큰 이득을 보는 존재라고 생각들을 하지요. 하지만 그렇지 않은 것 같아요. 프로이트 이론을 보세요. '무의식'이나 '리비도' 등으로 인간 행동의 원천을 설명하려 하지 않았습니까? 저는 이기적 유전자의 특성으로 다른 설명을 하고 있는 것입니다.

데닛 : 그런데 왜 유전자의 입장에서 설명해야 하는 겁니까?

도킨스 : 진화를 통해 궁극적으로 남는 것은 유전자이기 때문에 그렇습니다. 개체나 집단은 그런 유전자가 만들어낸 결과물이며 한시적 존재일 뿐이죠. 유전자는 '불멸의 코일'이에요. 이기적 유전자 이론은 이타적 행동뿐만 아니라 공격 행동, 양육 행

동, 부모 자식 간의 갈등, 그리고 이성 간 대립을 비롯한 동물(인간을 포함한)의 다양한 사회 행동에 대한 하나의 포괄적 설명 체계라고 할 수 있지요.

데닛 : 좋아요. 그런데 선생은 11장에서 '밈meme'이라는 새로운 개념을 도입하고 있어요. '문화의 전달 단위'를 뜻하면서 '유전자gene'에 대구가 되도록 그런 재밌는 용어를 만들었더군요. 대체 왜 그런 개념이 필요합니까? 이기적 유전자만으로는 인간을 다 이해할 수 없다는 뜻인가요?

도킨스 : 선생도 잘 아시듯이, 인간에게는 문화라는 게 있지요. 그것은 우리가 만든 것이긴 하지만 우리에게 큰 영향을 주기도 합니다. 밈은 문화와 관련된 복제의 기본 단위죠. 예컨대 종이학을 접는 방법에서부터 캐치프레이즈, 댄스, 이념, 종교처럼 복제되고 변이를 일으키며 대물림되는 대상이 바로 밈입니다. 갑작스레 세상을 떠난 마이클 잭슨의 '문워크' 춤 기억나시나요? 얼마나 많은 젊은이들의 인생을 바꿨습니까? 자본주의, 민주주의, 종교는 또 어떻습니까? 인간이 만든 인공물이지만 다시 인간을 옥죄는 문화적 압력이죠. 자본주의 밈은 더 많은 자기 복사본을 퍼뜨리기 위해 우리를 고삐 풀린 무한 경쟁으로 내몰지요. 민주주의라는 밈을 위해 수많은 이들이 피를 흘리지 않았습니까? 유전자의 관점에서 보면 죄다 이해되지 않는 행동들이에요. 하지만 밈의 관점에서 보면 얘기가 달라져요. 밈도 유전자와 마찬가지로 복제자입니다.

데닛 : 책 제목을 '이기적 복제자'로 했으면 더 포괄적일 뻔했어요. 음. 확실히 더 딱딱하긴 하네요. '이기적 유전자'라는 제목이 대박이었네요. 밈의 관점에서 보면 더 많이 퍼질 밈이었던 거죠.

도킨스 : 출판사 편집자들은 다 밈 장사를 하는 사람들이에요. 그걸 잘해야 베스트셀러를 만들어내니까요. 하하.

데닛 : 네. 이제 마무리를 하겠습니다. 이기적 유전자 이론으로 동물과 인간의 행동을 체계적으로 설명했다는 측면에서 이 책은 우선적으로 도발적인 책이라 할 수 있을 것 같습니다. 하지만 저희는《이기적 유전자》를 '우아한 책장'에 꽂아 놓았습니다. 왜냐하면 도발을 넘어 이젠 진리로 받아들여지고 있기 때문입니다.

바쁜 일정에도 영국에서 여기까지 와주신 도킨스 선생께 다시 한 번 감사드립니다. 청취자 여러분, 다음 주에 뵙겠습니다. 안녕히 계십시오.

이기적 유전자

리처드 도킨스 지음 | 홍영남 · 이상임 옮김 | 을유문화사

서른다섯 살의 전도유망한 동물행동학자 리처드 도킨스가 쓴 첫 책으로, 30년이 더 지난 지금도 전 세계의 수천만 독자들을 열광시키고 있는 초특급 베스트셀러. 여기서 도킨스는 유전자의 눈높이로 내려와 인간과 동물의 행동을 체계적으로 설명했다. 인간과 동물 행위의 주체를 각 개체나 집단이 아닌 유전자로 상정했다는 점은 혁명적인 반향을 불러일으켰다.

병균은 어떻게 인간의 역사를 바꿨는가?

재러드 다이아몬드 ◆ 총, 균, 쇠

재러드 다이아몬드
Jared Mason Diamond

미국의 생물지리학자이자 논픽션 작가이다. 생리학 분야의 떠오르는 스타였다가 어느 순간 생태학, 진화학, 언어학, 지리학 분야로 지적인 영토를 확장하였다. 뉴기니 원주민 언어를 비롯해 10여 개의 언어를 구사할 줄 아는 것으로 알려졌다.

데닛 : 청취자 여러분, 한 주 동안 책 많이 읽으셨는지요? '다윈의 서재'의 진행자 데닛입니다. 오늘은 '우아한 책장'의 마지막 편입니다. 저도 청취자 게시판을 가끔 보는데요, 몇 주 전에 어떤 분이 이런 글을 남기셨더군요. "저는 처음부터 지금까지 이 프로그램의 모든 방송을 청취한 독자입니다. 게다가 여기 소개된 모든 책을 차례로 읽고 있습니다. 제 목표는 이 프로그램에

소개된 모든 책을 매주 따라가며 완독하는 것입니다. 혹시 저 같은 분이 계시다면 함께 읽고 토론하면 좋겠습니다." 어제 게시판을 다시 가봤더니 이 제안에 대한 댓글이 무려 2000여 개가 달려 있더군요. 다들 "나도 그러고 있으니 같이 읽자"는 반응이었습니다. 정말 큰 보람을 느꼈습니다. 그래서 제작진과 이런 독자분들을 격려해드릴 수 있는 방법을 모색하고 있습니다. 다음 주에 그 결과를 말씀드리겠습니다.

이제 이번 주 책에 대해 이야기를 시작하겠습니다. 만약 다윈의 인생에 비글호 항해가 없었다면 어떻게 되었을까요? 아마 다윈의 머리에서《종의 기원》같은 책이 나오는 일은 없었을 것입니다. 그는 1831년부터 1836년까지 4년 10개월 동안 26미터 길이의 비글호를 타고 남아메리카와 태평양의 섬들을 탐험했습니다. 오늘은 미국 캘리포니아 대학교(로스앤젤레스 캠퍼스)의 지리학과 교수인 재러드 다이아몬드Jared Diamond(1937~) 선생을 모셨습니다. 그는 지난 30여 년 동안 남미, 아시아, 아프리카, 오스트레일리아, 뉴기니 등지를 수십 차례 방문하며 문명과 환경의 역사를 연구했고, 1997년에 퓰리처상을 받은《총, 균, 쇠》를 시작으로 문명의 역사에 관한 연구 결과들을 쏟아냈습니다. 오늘은 세계 지도를 펼쳐놓고《총, 균, 쇠》의 저자와 대담을 해보겠습니다.

어서 오세요. 오늘은 인트로가 너무 길어서 미안합니다. 선생이 열일곱 차례나 탐험했다는 곳이 어디였지요? 오스트레일리아 북쪽의 뉴기니였던가요?

다이아몬드 : 네, 맞습니다. 제가 30대 때부터 틈날 때마다 방문한 곳인데요, 거기서 새도 관찰하고 생태도 조사하고 원주민의 삶에 대해서도 연구했지요. 그러다 보니 뉴기니가 제2의 고향처럼 느껴집니다. 그나저나 청취자분들에게 인사드리는 걸 깜빡했네요. 만나서 반갑습니다. 재러드 다이아몬드입니다.

데닛 : 저도 예전에 선생이 거기서 재발견한 '노랑머리 집짓기새'에 대한 기사를 읽어본 적이 있어요. 선생은 취미로 새를 관찰한다고 하지만 제가 보기엔 전문 조류학자 이상인 것 같은데요. 어쨌든 뉴기니 원주민이 던진 질문으로부터 《총, 균, 쇠》의 이야기가 시작되는 것이 매우 인상 깊었습니다.

다이아몬드 : 1972년 7월 어느 날, 저와 함께 해변을 거닐던 얄리라고 하는 뉴기니 청년지도자가 진지하게 제게 따져 묻더군요. "왜 당신네 백인들은 그렇게 많은 화물들을 발전시켜 여기까지 가져왔는데, 어째서 우리는 그런 화물들을 만들지 못한 겁니까?"라고요. 그는 문명 또는 민족 간 불평등의 원인에 대해서 묻고 있었던 것입니다. 저는 그 당시 만족스런 답을 하지 못했죠. 하지만 그가 던진 질문은 지난 30여 년 동안 제 지적 인생의 화두가 되었습니다. 그래서 문명 간 불평등의 원인에 대해 본격적으로 연구를 시작하게 되었지요.

데닛 : 문명 간 불평등의 원인이라……. 그런데 이런 주제는 어느 분야에서 연구할 수 있지요?

다이아몬드 : 우선 그 물음은 역사학이나 인류학의 주제일 겁니

다. 하지만 좀 찾아보니 그들은 그런 질문 자체를 던지지 않더군요. 이해는 됩니다. 그들에게 너무 크거나 정치적으로 올바르지 않은 질문일 수도 있으니까요. 게다가 이런 질문에 제대로 답변을 하려면 진화, 역사, 언어, 지리, 생태, 과학기술 등에 대한 폭넓은 지식이 총동원되어야 한다는 것도 알게 되었습니다. 고심 끝에 제가 직접 나서기로 했습니다.

데닛 : 선생이야말로 적임자지요. 이력을 보니 완전 종횡무진이시던데요. 생리학 분야의 떠오르는 스타였다가 어느 순간 생태학, 진화학, 언어학, 지리학 분야로 지적인 영토를 확장하셨잖아요. 뉴기니 원주민 말도 할 수 있다고 하던데요? 그런데 저는 솔직히 선생의 탁월한 재능보다 선생이 질문하고 대답하는 방식이 더 독창적이라는 생각이 듭니다.

다이아몬드 : 과찬이십니다. 그런데 사실, "세상은 왜 이렇게 불평등한가?"라는 질문은 그동안 주로 국제 정치경제학자나 관심을 가진 주제였죠. 역사학에서는 이렇게 크고 정치적 함의가 많아 보이는 질문들을 일부러 회피한 것 같아요. 하지만 막상 제가 이 질문을 던지고 30년간 학제적인 연구를 해보니 정말 흥미로운 결과를 얻을 수 있었습니다. 가령, 이런 질문에 가장 시원찮은 답변은 아마도 "인종 또는 민족 간에 본래적으로 능력의 차이가 있었다."는 것이겠죠. 하지만 제 연구의 결과를 한마디로 요약하면 "문명 간 또는 민족 간 불평등은 운이 좌우했다."는 것입니다.

데닛 : 재수가 없어서 망했다는 말인가요?

다이아몬드 : 네. 그렇습니다. 제가 발견한 불평등의 스토리를 핵심적으로 말씀드려 볼게요. 1만 3000년 전 '비옥한 초승달'이라 불리는 서아시아 지역에서 인류는 떠돌이 생활을 접고 최초로 보리와 밀농사를 시작합니다. 9000년 전에는 인간이 동물을 대하는 방식이 획기적으로 변합니다. 사냥 대신 사육을 하면서 고기뿐만 아니라 우유, 털, 가죽 등을 수시로 얻게 됩니다. 가축이 탄생한 것이죠. 그리고 이 가축들에 쟁기를 달아 생산력을 증가시키면서 식량이 남게 되었고, 인류의 삶에 획기적인 변화가 찾아옵니다. 잉여식량은 새로운 전문가들을 탄생시켰죠. 금속 기구를 만드는 사람들도 그때 생겨납니다. '쇠'는 결정적으로 칼을 만들 수 있기에 중요했습니다. 이때부터 쇠를 다룰 수 있는 문명이냐 그렇지 않냐가 문명의 흥망성쇠에 결정적인 영향을 미칩니다.

데닛 : 그럴듯한 스토리네요. 하지만 거기에 운이 어떻게 작용했단 말인가요?

다이아몬드 : 우선 지리적인 요인을 들 수 있겠죠. 서아시아에서 농사와 사육이 시작된 것은 전적으로 당시 그곳의 기후 및 토양 조건 때문이지요. 그곳 사람들이 더 똑똑했던 것은 아닙니다. 게다가 곡물 재배와 가축 문화, 그리고 철기 문명이 비옥한 초승달의 위도와 비슷한 유럽과 아시아로 확산된 사실을 알면 땅과 기후가 문명의 흥망에 얼마나 중요한지 실감하실 겁니다.

데닛 : 그런 문화가 남북이 아닌 동서로 전달되었다는 얘기로군요. 그래서 유라시아가 남아메리카나 아프리카의 문명을 능가했다는 말인가요? 그렇다면 '총'과 '균'은 뭔가요?

다이아몬드 : 16세기에 찬란했던 남미의 잉카 문명이 소수의 스페인 보병들에 의해 갑작스레 멸망했는데요, 그때 스페인의 군대는 말을 탄 채 총을 들고 있었지요. 잉카인들은 어리둥절했습니다. 그들은 총을 본 일도 없지만 가축이 된 말도 본 적이 없었거든요. 첫 대결에서 잉카인들은 7000명이나 학살을 당했지만 스페인 군사는 단 한 명도 사망하지 않았습니다. 압도적인 우위였습니다.

데닛 : 이런 우열이 근본적으로는 생태 및 지리적 차이 때문에 기인한 거라는 말씀이군요. 그런데 저는 총, 균, 쇠 중에서 균으로 문명의 불평등을 설명하는 대목이 가장 흥미로웠습니다.

다이아몬드 : 서양인들이 남아메리카나 아프리카에 식민지를 만

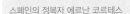
스페인의 정복자 에르난 코르테스
—
1519년 600명의 에스파냐 군인과
셀 수 없을 만큼의 세균들을 거느리고
아스텍 문명을 무너뜨렸다.

들러 들어갔을 때 사람만 들어간 게 아니었습니다. 그들의 몸속에 있는 병균도 따라 들어간 거지요. 홍역이나 천연두 등에 대한 면역력이 전혀 없는(한 번도 그 병균에 노출된 적이 없었기 때문에) 원주민에게 병균이 전염되면서 그들에게 대재앙이 시작됩니다. 실제로 유럽의 전염병이 콜럼버스 무리와 함께 아메리카로 넘어오는 바람에 아메리카 원주민 인구의 95퍼센트가 사망했다는 통계도 있을 정도입니다.

데닛 : 서양인의 병균들이 남아메리카와 아프리카의 문명에 가장 큰 적이었다는 말씀이지요? 매우 재밌는 분석입니다.

다이아몬드 : 어떤 이는 "왜 그러면 인디언의 전염병은 유럽인을 몰살시키지 않았냐?"고 반문하던데요, 대답은 간단합니다. 서양인은 가축을 기르면서 그로부터 기인한 온갖 전염병에 이미 면역력이 강화되어 있는 상태였습니다. 반면 남아메리카와 아프리카에서는 가축화가 아주 미미했고 따라서 전염병에도 취약했습니다.

데닛 : 총, 균, 그리고 쇠로 문명의 불평등을 인과적으로 분석한 선생의 통찰이 감탄스러울 뿐입니다. 그리고 무엇보다도 당신은 이 책을 통해 역사가 지겨운 사실들의 나열이 아님을, 더 나아가 역사도 훌륭한 과학이 될 수 있음을 보여준 것 같아요.

다이아몬드 : 그거 아십니까? 다윈은 비글호를 타고 오스트레일리아 아래 태즈메이니아 섬까지 탐험하였지요. 그런데 뉴기니는 가보지 못했다고 해요. 여기에 지도 좀 보세요. 바로 위인데

말입니다.

데닉 : 아 그랬군요. 저도 아직 못 가봤는데 언젠가 선생과 함께 갈 수만 있다면 정말 잊지 못할 여행이 될 것 같네요.

다이아몬드 : 언제 한번 같이 가시죠. 물론 병균은 빼고요. 하하.

데닉 : 하하. 네, 이제 마무리 하겠습니다. 오늘 저희는 《총, 균, 쇠》로 '우아한 책장'을 마무리하겠습니다. 다음 주부터는 '무경계 책장'으로 넘어가겠습니다. 기대하셔도 좋습니다. 아 참, 이 책이 우아한 이유를 아직 말씀드리지 않았네요. 이렇게 표현해 보겠습니다. '책이 다루는 질문의 스케일, 저자가 말하는 답의 디테일!' 청취자 여러분, 다음 주에 뵙겠습니다. 감사합니다. 안녕히 계십시오.

총, 균, 쇠

재러드 다이아몬드 지음 | 김진준 옮김 | 문학사상사

이 책은 "왜 특정 민족이 다른 민족을 지배하게 되었나?"라는 질문에 학제적인 답변을 내놓는다. 저자는 지리학, 생태학, 언어학, 인류학적 지식을 총동원하여 문명 불평등의 기원이 총, 균, 쇠에 의해서 생겨났음을 논증한다. 즉 문명의 불평등이 내재적인 원인이 아니라 외부의 우연적인 원인들에 의해서 생겨났다는 주장이다.

3

경계가 없는 책

Borderless

오류를 범할 각오로 종합을 감행하라

에르빈 슈뢰딩거 ◆ 생명이란 무엇인가

에르빈 슈뢰딩거
Erwin Schrödinger

오스트리아의 물리학자이다. 1906년 빈 대학교 물리학과에 입학하고 4년 뒤인 1910년에 박사학위를 받았다. 제1차 세계대전 때는 포병으로 복무하면서도 논문을 발표했다. 노벨 물리학상을 받은 정통 이론물리학자지만 정작 가장 유명한 책은《생명이란 무엇인가》이다.

데닛 : 청취자 여러분, '다윈의 서재'의 진행자 데닛입니다. 지난주에 예고해드린 대로, '다윈의 서재' 완독자들에게 드릴 선물이 무엇인지를 지금 말씀드리도록 하겠습니다. '다윈의 서재' 프로그램이 종영된 후 일주일 내로 완독을 증명하는 자료를 저희 측에 보내주신 분에 한하여 추첨을 통해 열 분께 저자 친필 사인이 들어 있는 '다윈의 서재' 전 도서(총 21권)를 보내드리겠

습니다. 이런 선물은 가보로나 물려줄 수 있는 것이겠죠. 많은 참여 부탁드립니다.

오늘은 '우아한 책'에서 '경계가 없는borderless 책'으로 이동하는 날입니다. 사실 무경계 책장에 꽂을 첫 책을 고르는 데에는 어려움이 전혀 없었습니다. 물리학자가 쓴《생명이란 무엇인가》를 빼놓고 무경계를 논할 수는 없겠지요? 양자역학의 완성자 에르빈 슈뢰딩거Erwin Schrödinger 선생을 모시겠습니다.

안녕하세요? '다윈의 서재'에 이론물리학자를 초대하기는 처음이네요.

슈뢰딩거 : 초대 감사합니다. 그런데 다윈이 살아 있었다면 과연 물리학자들의 책도 읽었을까요? 저는 그게 궁금한데요?

데닛 : 글쎄요. 하지만 선생의 책은 틀림없이 읽었을 겁니다. 물리학자의 시각에서 생명의 본질이 뭔지를 얘기하고 있으니까요. 생명이야 다윈의 화두였지 않습니까?

슈뢰딩거 : 하지만 많은 생물학자들이 이젠 제 책을 거들떠도 보지 않는 것 같아서 살짝 실망하고 있던 터였습니다. 사실 제가 이 책에서 틀린 얘기를 많이 했었죠. 예를 들면, 유전자를 단백질이라고 했다거나, 인간 염색체의 수를 48개라고 말한 부분은 명백하게 틀렸거든요. 생명의 질서를 설명하기 위해 '음의 엔트로피'를 도입한 부분에 대해서도 시큰둥하더군요.

데닛 : 물론 저도 선생의 책에 그러한 중대한 오류가 있었다는 것은 잘 알고 있어요. 하지만 그렇다고 해서 그 책이 지니는 고

전으로서의 가치가 없어지지는 않아요. 왜냐하면 인류에게 중요한 지적 화두를 던져준 책이니까요. '생명이란 무엇인가?'라는 질문 말이에요. 이 질문은 보통 생물학자들의 것이었는데 양자역학의 완성자라고 할 수 있는 물리학자가 같은 질문을 던지고 대답을 했다는 것 자체도 특기할 만합니다. 요즘 말로 하면 선생은 물리학과 생물학을 융합한 학자인 셈이죠. 틀림없이 다윈도 그 점을 높이 샀을 겁니다.

슈뢰딩거 : 고맙습니다. 사실 한 사람의 과학자가 자신의 전문 분야 이상의 지식에 정통하기는 정말 힘듭니다. 하지만 우리는 통일적이고 포괄적인 지식을 향한 강한 열망을 갖고 있죠. 이런 딜레마에 대해 서문에서 저는 이렇게 고백했습니다. "이 딜레마를 벗어나는 유일한 길은 누군가 과감하게 오류를 범할 위험을 감수하고 사실과 이론 들을 종합하는 시도를 감행하는 것뿐이다."

데닛 : 전적으로 공감합니다. 만일 그런 용기가 없었다면 다윈도 《종의 기원》을 완성하지 못했을 겁니다. 가령, 그는 조잡하기 이를 데 없는 잘못된 유전 이론을 평생 동안 고수하다가 큰 어려움을 겪기도 했습니다. 다윈의 서재에 실제 꽂혀 있었던 멘델의 1866년 완두콩 실험 논문만 제대로 읽고 이해했어도 그렇지는 않았을 텐데요. 읽지 못하고 그냥 서재에 꽂아만 놓았죠. 어쨌든 완전한 이론을 가지고 있지 않다고 해서 유전에 대해 한 마디도 안 했다면 《종의 기원》은 시작조차 못했을 겁니다. 지식의 블루오션은 위험을 감수하고 낯선 땅으로 뛰어드는 자의 몫이겠죠.

그런 면에서 선생은 제가 알기로 물리학에서 생물학으로 뛰어든 20세기 최초의 학자입니다.

슈뢰딩거 : 제 입으로 말하긴 민망합니다만, 저도 비슷한 얘기를 들은 적이 있습니다. 제임스 왓슨과 프랜시스 크릭이 언젠가 그러더군요. "슈뢰딩거의 책이 유전자 구조를 연구할 마음을 먹는 데 결정적 영향을 끼쳤다"고요. 잘 아시듯이 그들은 유전자를 구성하는 DNA(저는 그것이 단백질이라고 했었죠)가 이중나선의 구조로 결합되어 있다는 사실을 인류 최초로 밝혀 분자생물학이라는 새로운 분야를 개척한 사람들이잖아요.

데닛 : 바로 그거에요. 이 책은 많은 과학자들에게 감화를 줘 생명의 본질을 탐구하기 위해 새로운 분야로 뛰어들게 만들었어요. 선생의 이런 선구적 노력 때문에 복잡한 생명 현상을 물리, 화학, 생물학적 관점에서 함께 조명할 수 있는 길이 열린 겁니다. 구체적 내용의 진위 여부는 그다음 문제예요. 일단 선생은 탁월한 질문을 던졌고, 당대의 최고 지식들로 그에 대한 답을 찾아보려 한 거죠.

슈뢰딩거 : 제 질문은 크게 두 가지였어요. 첫째, "어떻게 무질서에서 질서가 생기는가?" 둘째, "질서에서 질서가 생기는 메커니즘은 무엇인가?" 첫 번째 질문에 답하기 위해 저는 열역학적 접근을 했습니다. 닫힌계에서는 무질서도가 증가한다는 열역학 제2법칙(엔트로피 증가의 법칙)에도 불구하고 유기체의 질서 잡힌 구조가 유지되는 이유는 생명체가 음의 엔트로피를 먹고살기

때문이라고 대답했습니다. 그리고 두 번째 질문은 유기체가 정보를 한 세대에서 다음 세대로 전달하는 메커니즘에 관한 것인데, 저는 여기서 유전자가 단백질에 암호 문자 형태로 저장되어 있다고 설명했죠. 불과 10년 후쯤에 유전자가 단백질이 아니라는 사실이 밝혀지긴 했지만, 유전 암호에 대한 생각은 틀린 게 아니었습니다.

데닛 : 맞습니다. 선생이 제기한 두 질문은 여전히 유효합니다. 무질서에서 질서로 가는 메커니즘에 대한 질문은 '생명의 기원'이라는 여전히 중요한 탐구 주제로 남아 있고, 질서에서 질서로 가는 메커니즘에 대한 질문은 유전학의 핵심 질문으로 여전히 진행 중이지요. 설령 구체적인 대목에는 오류가 있더라도 문제의 틀을 제시하고 탐구의 미답지를 펼쳐 보여주는 책, 바로 이런 게 과학의 고전 아니겠습니까? 새로운 분야를 창출하는 능력을 가장 높은 단계의 창의성이라 한다면, 선생의 책에는 그런 종류의 창의성이 담겨 있다고 할 수 있어요.

슈뢰딩거 : 고마운 말씀이지만, 저를 욕하는 사람도 많아요. 제 책에서 이론물리학자 특유의 환원주의 냄새가 폴폴 풍긴다는군요. 생명의 최소 구성 요소의 물리적 본성을 알게 되면 생명의 본질을 알게 된다는 생각 자체가 이미 환원주의를 전제한 것이라는 지적입니다.

데닛 : 환원주의 자체가 뭐 '나쁜' 것은 아니잖아요? 그것이 작동 불가능한 이념이라면 모르지만, 나쁜 이념이기 때문에 비판

한다면, 그것은 공정한 게 아닐 거예요. 어쨌든 분자생물학이라는 블루오션을 연 선생의 이 책은 무경계 책장의 첫 번째 책으로 딱 어울립니다. 그리고 그거 아세요? 최고의 과학서들 중에서 가장 얇은 책이라는 사실.

슈뢰딩거 : 세 번 강연한 것을 묶어서 낸 책이라 그래요. 그리고 물리학자들은 책을 두껍게 쓰는 재주가 별로 없답니다. 많이 쓰나 적게 쓰나 책값은 비슷하니 인세도 비슷하죠. 물리학자들은 '오컴의 면도날'(이왕이면 더 단순한 원리로 설명하는 것이 진리에 가깝다는 생각)을 하나씩 주머니에 넣고 다닌답니다. 하하.

데닛 : 하하. 청취자 여러분, 지금까지 슈뢰딩거 선생님을 모시고 말씀을 들어보았습니다. 다음 주에도 '무경계 책장' 편은 계속됩니다. 감사합니다.

생명이란 무엇인가
에르빈 슈뢰딩거 지음 | 전대호 옮김 | 궁리

에르빈 슈뢰딩거가 1945년 아일랜드 더블린에서 행한 강연을 모태로 탄생한 책이다. 여기서 그는 무질서에서 질서가 생기는 과정과 질서에서 또 다른 질서가 생기는 메커니즘을 물리학자의 시선으로 탐구한다. 이 책으로 인해 인류는 생물학 문제가 물리학의 용어로 사유될 수 있음을 구체적으로 알게 되었다. 분자생물학의 태동에 가장 큰 영향을 준 책이다.

복잡계에서 허브가 된다는 것은?

앨버트 라슬로 바라바시 ◆ 링크

앨버트 라슬로 바라바시
Albert-László Barabási

복잡계 네트워크 이론의 창시자이자 세계적 권위자이다. 물리학, 생물학, 경제학, 사회학의 중요한 현상들을 네트워크 과학으로 풀어낸 《링크》를 펴내 세계적인 반향을 일으켰다. 광범위한 지적영역을 우아하게 넘나들면서 네트워크 연구를 대중적 언어로 제시해주었다.

데닛 : 청취자 여러분, '다윈의 서재' 진행자 데닛입니다. 한 주 동안 슈뢰딩거 선생의 책과 씨름하시느라 고생 많으셨지요? 혹시 얇다고 좋아하셨던 분, 아마 후회 많이 하셨을 겁니다. 오늘도 '무경계 책장'으로 여러분을 안내해드리겠습니다. 이번에 소개할 책은 《링크》입니다. 저자는 헝가리 태생의 이론물리학자 앨버트 라슬로 바라바시Albert-László Barabási(1967~)입니다. 아마 그

동안 저희 프로그램에 출연하신 저자분들에 비하면 상대적으로 낯선 이름일 텐데요, "가장 융합적인 책은?"이라는 설문 항목에서 1위를 달리고 있는 분입니다. 게다가 물리학자의 책이긴 하지만 상대적으로 말랑말랑해서 저처럼 물리학에 전문 지식이 없는 사람도 이해할 수 있는 책입니다. 바라바시 선생을 모시도록 하겠습니다. 어서 오세요.

바라바시 : 정말로 제가 초대된 것 맞지요? 꿈만 같군요. 여기는 대가들만 오는 줄 알았습니다.

데닛 : 축하합니다. 역대 초대 손님들 중에서 최연소입니다. 다윈은 생명의 링크를 탐구했던 사람이었으니까 살아 있었다면 틀림없이 선생을 만나보고 싶었을 겁니다. 그런데 선생을 오늘 이 시간에 초대한 또 다른 이유가 있어요.

바라바시 : 그게 뭐죠? 오늘은 '경계가 없는 과학서'를 소개한다고 들었습니다. 《링크》에서 제가 물리학, 생물학, 경제학, 사회학의 중요한 현상들을 네트워크 과학으로 풀어냈기 때문인가요?

데닛 : 물론 그게 공식적인 이유이고요. 제가 개인적으로 선생께 물어볼 게 있어요. 《링크》와 관계있는 질문이에요. 다윈은 남 앞에 나서는 걸 좋아하는 사람이 아니었어요. 울렁증도 좀 있었고, 기본적으로 내향적인 사람이었어요. 하지만 사람들을 초대해서 대화를 나누고 지인들에게 편지 쓰는 일을 아주 즐겼죠. 반면 탁월한 과학자였던 친구 토머스 헉슬리는 성격이 완전 반대였어요. 문자 그대로 공개 논쟁을 즐기는 사람이었어요. 그런데 후

대 사람들은 외향적이고 호탕한 헉슬리보다 내향적이고 편집증에 시달렸던 다윈을 더 기억해주는 것 같아요. 왜 그럴까요? 물론 업적의 차이도 있겠지만요.

바라바시 : 두 분 다 뛰어난 과학자이자 사상가였지만 다윈은 당시 과학자 공동체의 더 강력한 '허브'였습니다. 수많은 사람들의 연결점 말입니다.

데닛 : 그 '허브'라는 개념에 대해 더 자세히 얘기해줄 수 있으신가요?

바라바시 : 제 책의 논리대로라면 다윈은 당시 영국 빅토리아 시대의 과학자 네트워크에서 '주변의 점들과 비정상적으로 많이 링크된 점', 즉 허브입니다. 제가 어딘가에서 보니 다윈은 평생 동안 거의 2000명의 사람들과 수만 통의 편지를 교환하였다더군요. 얼른 계산해보면 하루에 한두 통은 썼다는 얘긴데요, 이메일도 없던 시대에 그리 하였으니 요즘으로 치면 틀림없이 '파워 네트워커' 또는 '파워 블로거'랄 수 있을 겁니다.

데닛 : 파워 블로거 다윈이라, 재밌네요. 이제 본격적으로 책 이야기를 나눠볼까요? 우선, 몇 가지 중요한 키워드부터 짚고 넘어가 봅시다. 선생이 표방하고 있는 '네트워크 과학'이란 게 뭡니까?

바라바시 : 그 용어를 제대로 이해하려면 먼저 '복잡계'라는 것을 알아야 합니다. '복잡계'란 그 안의 다양한 구성요소들이 상호작용해 새로운 질서를 만드는 시스템을 말하지요. 생명체, 인

간 사회, 인터넷 등이 대표적인 복잡계입니다. '네트워크 과학'이란 이런 복잡계의 구성 요소들과 그들 간의 상호작용을 점과 선으로 단순화시켜 네트워크로 바꿔 연구하는 방법론입니다. 가령 네트워크 과학에서 사회는 점(사람)과 선(서로간의 관계)으로 이뤄진 인맥입니다.

데닛 : 인맥 얘기 잘 꺼냈어요. 전혀 모르는 사람도 여섯 단계만 건너면 다 연결된다면서요? 전 세계 인구가 70억이 넘는데 그게 정말 사실인지가 믿겨지지 않아요.

바라바시 : 그건 제 연구는 아니지만, 예컨대 이런 거예요. 전혀 모르는 뉴욕의 아무개에게 편지를 보낸다고 할 때, 그 과정에서 얼마나 많은 사람의 손을 거쳐야 하는가를 평균적으로 따져보는 거죠. 그랬더니 대략 다섯 사람의 손만 거치면 목적지에 도달한다는 결론이 나왔습니다. 이 얼마나 좁은 세상입니까? 그런 세상은 또 있습니다. 제 연구팀은 현재 존재하는 웹페이지(10억 개로 추정)에 다 도달하기 위해 대체 몇 번의 클릭이 필요한지를 계산해보았지요. 어느 정도일까요? 놀라지 마세요. 겨우 열아홉 번이면 세상의 모든 웹페이지를 다 돌아다닐 수 있다는 결론이 나왔습니다.

데닛 : 믿기지 않네요. 인터넷 세상이 그렇게 좁은가요?

바라바시 : 저희도 의심스러웠죠. 그런데 더 재밌는 사실이 뒤에 기다리고 있었어요. 웹이 서로 무작위로 네트워킹되어 있지 않다는 사실입니다. 대신 허브 기능을 하는 웹페이지가 적잖이 있

었습니다. 이것들 때문에 클릭 수가 확 줄어든 거죠. 유식하게 말하면, 허브가 많은 네트워크는 '멱함수 분포'를 따르는 '척도 없는 네트워크'입니다.

데닛 : 음, 좀 쉽게 설명해주세요.

바라바시 : 자, 여기 보세요. 고속도로 지도와 항공노선 지도가 있지요. 고속도로 지도의 경우 각 도시(점)는 대개 비슷한 수의 고속도로(선)에 연결되어 있어요. 반면 항공노선 지도의 경우는 수많은 항공편을 가진 몇 개의 허브 공항과 수백 개의 작은 공항이 네트워크를 이루게 됩니다. 항공노선이 바로 척도 없는 네트워크인 셈입니다.

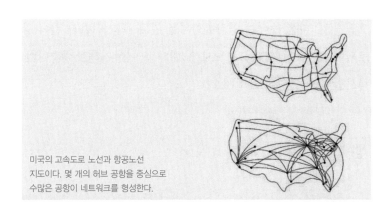

미국의 고속도로 노선과 항공노선 지도이다. 몇 개의 허브 공항을 중심으로 수많은 공항이 네트워크를 형성한다.

데닛 : 그러니까 허브가 있는 복잡계가 따로 있다는 얘기네요. 미국의 허브인 뉴욕에서 일어난 9·11테러가 왜 미국 사회를 엄청난 충격에 빠뜨렸는지 이해되네요.

바라바시 : 그렇습니다. 헌데 그런 네트워크가 생체에도 있습니다. 몸속의 수많은 단백질들이 서로 상호작용을 하지만 중심이 되는 몇 개만이 허브 역할을 하죠. 국가 간 무역도 마찬가지에요. 몇몇 선진국이 상호작용을 주도합니다. 미국발 금융위기가 그래서 나온 겁니다. 증권시장에도 몇몇 우량주들이 증시를 주도하죠. 그 대상이 어떻든 복잡한 네트워크의 속살을 들여다보면 이런 흥미로운 원리들이 발견된답니다.

데닛 : 그렇군요. 이제 주식을 잘 하려면 네트워크 과학도 알아야 하는 시대가 되었네요. 어쨌든 오늘 대담을 통해 《링크》가 '경계가 없는 책장'에 꽂히는 데 전혀 손색없는 책이라는 점을 다시 한 번 확인했습니다. 여러분은 누구와 어떻게 링크되어 있으신지요? 다음 주에는 영장류학자를 만나 우리 인간과 깊이 링크되어 있는 침팬지와 보노보에 대해서 이야기해보겠습니다. 감사합니다. 안녕히 계십시오.

링크

앨버트 라슬로 바라바시 지음 | 강병남 · 김기훈 옮김 | 동아시아

복잡계 네트워크 이론을 대중들에게 쉽게 소개한 책이다. 복잡계의 행동을 '척도 없는 네트워크' 개념으로 설명하여 '허브'의 중요성을 다시금 일깨워줬다. 척도 없는 네트워크의 사례는 유전자 네트워크부터 증시 현상까지 다양하다. 물리학과 수학을 넘어 생물학, 경제학, 사회학, 의학의 세계에서 벌어지는 복잡한 현상을 단순하지만 강력한 네트워크 이론으로 설명한다.

보노보를 이해하는 사람은
철학자보다 더 위대하다

프란스 드 발 ◆ 내 안의 유인원

프란스 드 발
Frans de Waal

네덜란드의 영장류학자로, 사람들이 침팬지만 바라보고 있을 때 많이 알려지지 않은 보노보도 함께 연구했다. 침팬지와 달리 평화와 섹스의 즐거움을 아는 보노보의 생활을 통해 지금껏 알려지지 않은 인간의 본성에 대한 새로운 시각을 제시하였다.

데닛 : 여러분 안녕하셨습니까? '다윈의 서재'의 진행자 데닛입니다. 지난 두 주 연속으로 물리학 책을 소개해드렸는데 어떠셨는지요? 생물학 책보다는 이해하기가 더 어려우셨을 겁니다. 하지만 과학의 만형 격인 물리학을 읽지 않고는 현대의 복잡한 사회를 충분히 이해하기는 힘들 것입니다. 현대 사회는 이미 고도의 물리학적 세계관과 그 성과 위에서 세워졌으니까요.

오늘도 우리는 여전히 '무경계 책장' 앞에서 책을 뒤적거리고 있습니다. 이번 시간에는 간만에 영장류학자를 모셨는데요, 제인 구달 선생의 《인간의 그늘에서》에 이어 영장류학 2탄입니다. 홈페이지 게시판 통계를 보니까 지금까지 넷째 주의 제인 구달 편을 들은 청취자들의 청취 후기가 가장 많았던데요, 그중 상당수가 꼭 이분을 초대해달라고 요청했습니다. 그 주인공은 미국 에모리 대학교의 영장류학자 프란스 드 발_{Frans de Waal(1948~)}입니다. 오늘 그분의 《내 안의 유인원》을 가지고 이야기를 나눠보도록 하겠습니다. 어서 오십시오.

드 발 : 초대해주셔서 감사합니다. 제인 구달의 방송을 저도 들었는데요, 영장류학자가 또 초대되리라고는 예상하지 못했습니다. 그분이면 충분하니까요.

데닛 : 콧수염이 참 멋지네요. 구달 선생이 칭찬을 많이 하더군요. 신세대 영장류학자 중에서 가장 독특한 연구자라고 하시면서요.

드 발 : 그동안 서재에 초대하신 분들의 면면을 보니 제가 감히 낄 자리가 아니라고 생각했습니다. 영광입니다. 구달 선생이 저를 독특하다고 하신 것은, 아마 제가 침팬지와 보노보를 함께 연구한 유일한 사람이어서 일겁니다.

데닛 : 맞아요. 우선 보노보 얘기부터 해봅시다. 흔히 보노보를 '우리의 잊혀진 사촌'이라고도 하던데요, 대체 이놈들이 침팬지하고는 어떻게 다르죠?

드 발 : 보노보는 대략 250만 년 전 쯤에 침팬지와의 공통 조상에서 갈라져 나온 대형 유인원입니다. 덩치가 좀 작다고 해서 한때 '피그미 침팬지'라 불리기도 했지만 지금은 침팬지와 다른 종이라는 사실이 밝혀졌죠. 그런데 재밌는 것은 이 두 종의 행동 양식이 그야말로 극과 극이라는 사실입니다.

데닛 : 저도 처음에 이 둘을 봤을 때는 한참 동안 동일한 종인 줄 알았어요. 비슷하게 생겼거든요. 보노보는 앞가르마가 좀 더 선명하고 눈망울이 우수에 젖었다고 할까요. 아무튼 크게 다르지 않아요. 그런데 행동이 얼마나 다르기에 '극과 극'이라는 표현을 씁니까?

드 발 : 예전에 이 서재에 구달 선생이 방문했을 때에는 주로 침팬지 사회의 밝은 면만을 언급하셨던 것 같아요. 그런데 침팬지 사회는 대체로 위계 서열이 엄격한 수컷 중심 사회입니다. 다툼과 폭력도 일상화되어 있고, 인간적 관점으로 용인되기 힘든 유아 살해나 집단 폭력도 종종 일어나지요. 말하자면 권력과 폭력의 맛을 아는 종이라고 할 수 있습니다. 하지만 보노보는 거의 정반대입니다. 암컷 중심으로 사회가 이뤄져 있고, 긴장과 충돌이 발생해도 폭력으로 사태를 해결하지 않습니다.

데닛 : 그럼 뭘로 해결하나요?

드 발 : 바로 '섹스'죠. 가령 암컷은 자신의 아기들이 수컷들에게 배척당하지 않게 하려고 어떤 수컷과도 섹스를 합니다. 물론 먹이를 얻기 위해서도 섹스를 하지요. 그런데 더 놀라운 일은 이

섹스는 다 자란 수컷과 암컷 사이에서만 벌어지는 행동이 아니라는 사실입니다. 수컷과 수컷, 암컷과 암컷, 늙은 수컷과 어린 암컷, 어린 수컷과 늙은 암컷…… 섹스에 나이와 성별을 가리지 않습니다. 심지어 신이 인간에게만 준 체위라 하여 '선교사 체위missionary position'라는 별칭이 붙은 정상위도 그들에게는 똑같이 '정상위'예요. 그들은 인간이 상상할 수 있는 모든 체위뿐만 아니라 상상할 수 없는 체위까지도 소화한답니다. 하하.

무리에 문제가 발생했을 때 보노보가 취하는 해결 방법은 섹스다. 남녀노소를 가리지 않는 섹스를 통해 보노보는 갈등을 해결하고, 공동체의 평화를 유지한다.

데닛 : 아, 이제야 알 것 같아요. BBC 〈동물의 세계〉에서 보노보를 볼 수 없었던 이유가 있었군요. 온가족이 함께 보는 그런 프로에 '19금' 딱지가 붙어야 할 보노보 영상을 보여줄 수가 없었던 거죠. 하하.

드 발 : 보노보의 삶을 있는 그대로 카메라에 담는다면 딱 포르노 수준이죠. 사실 보노보에 대한 연구가 그동안 지지부진했던 것도 이런 금기 때문이기도 합니다. 저는 《내 안의 유인원》에서

폭력과 권력의 맛을 아는 침팬지와 평화와 섹스의 즐거움을 아는 보노보 모두가 우리 인간 속에 있다는 사실을 부각시키려 했습니다. 그동안 영장류학자들이 인간 본성을 논할 때 인간과 침팬지를 주로 비교하는 선에서 끝내다 보니 인간의 이기심, 권력욕, 폭력 등만 크게 부각되었죠. 하지만 우리 인간에게는 평화에 대한 갈망, 협력, 사랑과 섹스 등과 같이 밝고 아름다운 측면도 있습니다. 저는 우리의 잊혀진 사촌종인 보노보에 대한 연구가 그런 측면들의 기원과 진화에 대해 새로운 이해를 제공할 거라 믿습니다.

데닛 : 이 책이 독자들의 특별한 선택을 받는 이유가 바로 그 점일 겁니다. 침팬지, 보노보, 그리고 인간, 이 삼자의 행동을 권력, 공격성, 섹스, 사랑, 협력, 그리고 도덕성 측면에서 비교했을 뿐만 아니라, 세 종이 어떤 생태적 환경 속에서 각자의 진화 경로를 밟아왔는지도 살피고 있거든요. 이를 통해 동물행동학자들이 빠지기 쉬운 '은유적 설명'을 넘어서려고 했던 것 같아요. 그렇지 않아도 옛날에 읽어보고 큰 감명을 받았던 데즈먼드 모리스의 《털 없는 원숭이》를 어젯밤에 잠시 다시 훑어봤는데, 선생의 책을 읽고 나서 그런지 수준 차이가 확 느껴지더군요. 하기야 그 책에는 보노보에 대한 언급조차 없었어요.

드 발 : 다윈도 보노보를 직접 본 적이 없었어요. 보노보는 환경에 매우 민감한 유인원이라 현재는 멸종위기 종으로 분류되어 있어요. 아프리카에서도 50년 전쯤에야 그 정체가 분명히 드러

난 종이지요. 각국을 대표하는 동물원 중에서도 보노보가 없는 데가 꽤 많습니다. 그만큼 키우기도 힘들어요.

데닛 : 그래서 선생이 보노보를 자주 '잊혀진 존재'라고 하는 것이군요.

드 발 : 네. 보노보에 대한 연구는 아주 최근에 이루어졌습니다. 그러니 영장류의 관점에서 인간을 논했던 그 이전의 논의들은 전부 다 다시 쓰여야 하겠죠. 이건 단지 과학의 문제만은 아닌 것 같아요. 다윈도 어딘가에서 다음과 같은 말을 한 적이 있었어요. "개코원숭이를 이해하는 사람은 철학자 존 로크보다 더 많은 형이상학적인 업적을 남기게 될 것이다." 솔직히 저는 침팬지와 보노보를 함께 연구하기 전까지는 그 말의 의미를 정확히 깨닫지 못했어요. 하지만 이젠 저와 같은 영장류학자들이 인간 본성에 대해 그 어떤 철학자들보다 더 심오하고 정확한 이야기를 할 수 있다고 확신합니다.

데닛 : 제 기억으로는 다윈이 1838년에 자신의 비밀 노트notebook M에 적은 문장이에요. 이제 저도 확신이 드네요. 다윈이 살아 있었다면 선생의 책은 분명히 꽂혀 있었을 겁니다. 그렇다면 왜 하필 '무경계 책장'이냐고요? 인간 본성을 영장류학적으로 풀어냈으니까요. 인간 본성에 대한 경계 없는 탐구라 할 수 있겠죠. 그런데 당신 책을 다 읽고 나니, 이상하게 존 그레이의 베스트셀러《화성에서 온 남자, 금성에서 온 여자》가 자꾸 떠올랐어요. 그리고 불현듯《내 안의 유인원》에 이런 부제를 달아주고 싶어

졌죠. '화성에서 온 침팬지, 금성에서 온 보노보' 하하.

드 발 : 멋진 부제입니다. 다음에 개정판 낼 때 고민해보겠습니다. 하하.

데닛 : 이제 마무리할 시간입니다.

드 발 : 아, 저에게는 제발 보노보 말로 작별 인사하라고는 하지 말아주세요. 저는 그거 못합니다.

데닛 : 청취자들이 엄청 기대하고 있었을 텐데요. 하하. 여러분, 다음 이 시간에 만나 뵙겠습니다. 감사합니다. 우후~.

내 안의 유인원

프란스 드 발 지음 | 이충호 옮김 | 김영사

침팬지와 보노보를 함께 연구한 유일한 학자 프란스 드 발이 쓴 대중서다. 인간의 마음과 행동을 제대로 이해하기 위해서는 이기적 유전자나 개미 연구로 끝나서는 안 되고, 우리 안에 똬리를 틀고 있는 두 종의 유인원을 살펴봐야 한다는 것이 이 책의 중심 메시지이다. 인간 본성에 대한 아주 힘 있고 간결한 주장이 매우 재밌게 펼쳐진다.

동서양의 차이에 관한 불편한 진실

리처드 니스벳 ◆ 생각의 지도

리처드 니스벳
Richard E. Nisbett

미국의 사회심리학자이자 문화심리학
자이다. 동양인 제자들과 함께 연구하
면서 동서양의 사고 스타일에 큰 차이
가 있다는 사실을 발견해 동서양 사고
구조의 차이를 실증적으로 연구한《생
각의 지도》를 펴냈고, 지능지수가 환
경에 따라 달라진다는《인텔리전스》를
펴냈다.

데닛 : 안녕하세요. 철학자 대니얼 데닛입니다. 완독은 잘 하고
계시는지요? 게시판을 보니 지난주에 소개된《내 안의 유인원》
을 재밌게 읽고 있다는 분들이 많더군요. 서점에서도 이 책에
대한 주문이 폭증했다는 후문입니다. 오늘도 흥미로운 책을 한
권 소개해드리려고 합니다. 몇 주 째 우리는 '무경계 책장'에 머
물고 있는데요, 이번 주에는 심리학자의 책을 가지고 나왔습니

다. 미국 미시건 대학교의 사회심리학자 리처드 니스벳Richard E. Nisbett(1941~) 교수가 쓴 《생각의 지도》입니다. 2003년에 출간된 이 책에서 그는 동양인과 서양인의 사고방식이 구체적으로 어떻게 다른지를 실증적으로 보여주는데요, 문화 차이를 깊이 있게 이해할 수 있는 새로운 길을 열어주었다는 평가를 받고 있습니다. 니스벳 교수를 스튜디오에 모시겠습니다.

어서 오세요. 오늘은 차를 한 잔 나누면서 이야기를 시작해볼까요? 커피, 얼그레이, 홍차, 재스민, 뭐 이런 것들이 있는데요 무엇을 하시겠습니까?

니스벳 : 반갑습니다. 음, 차는 아무거나 주십시오.

데닛 : 네? 아무거나라뇨? 그런 것은 없는데요.

니스벳 : 하하! 선생님은 역시 서양인이시군요.

데닛 : 그건 또 무슨 말씀이신지요?

니스벳 : 제 제자이며 동료이기도 한 서울대학교 심리학과 최인철 교수의 최근 연구에 따르면, 한국인은 식당에 가서 메뉴를 고를 때 '아무거나' 달라는 경우가 많다고 합니다. 개인의 독립적 선택을 강조하는 서양 문화권에서는 상상이 안 되는 광경이죠. 더 재밌는 것은 그런 한국인의 심리를 활용해 어떤 식당에는 메뉴 중에 아예 '아무거나'라는 것도 있다는군요.

데닛 : 정말요? 재밌네요. 저도 아시아에서 온 사람들을 만나면 생각의 차이를 종종 느끼곤 했지만, 그런 차이에 대한 실증적인 연구는 선생의 책 이전에는 보지 못했습니다. 하지만 솔직히 말

하면 이 책의 첫 장을 넘길 때까지만 해도 좀 불편했어요. 저는 문화적 차이보다는 문화의 보편성을 주장하는 사람이거든요. 인간의 '인지 과정'이 동서양 문화권에 따라 다르다는 결론이 여전히 불편한 건 사실이에요.

니스벳 : 글쎄요. 제가 선생의 반대편에 서 있다고는 생각하지 않습니다. 오히려 저는 보편성 논의를 전제한 상태에서 시작해요. 인간의 진화 과정에서, 그리고 문명의 역사 속에서 모든 인간에게 장착된 인지 특성들, 대표적으로 언어 습득력 같은 것들은 문화에 상관없는 보편적 메커니즘이죠. 하지만 저는 그것만으로 인간의 사고 구조를 다 이해할 수는 없다고 생각합니다.

데닛 : 일단 좋습니다. 구체적인 실험 결과를 갖고 얘기해보죠.

니스벳 : 네. 미국과 중국 아이들에게 소, 닭, 풀을 보여주고 이 중 두 개를 하나로 묶어보라고 해봤어요. 그랬더니 중국 아이는 주로 소와 풀을, 미국 아이는 소와 닭을 묶더군요. 중국 아이는 소가 풀을 먹는다는 관계적 이유 때문에, 미국 아이는 소와 닭이 동식물 분류상 같은 동물에 해당한다는 범주적 이유 때문에 그런 선택을 한 겁니다. 관계를 중시하는 동양인의 사고방식은 물속 장면을 보여준 애니메이션 실험에서도 확인됐어요. 일본 학생은 물고기보다는 물속 배경을, 미국 학생은 물고기 자체를 더 잘 기억했죠. 동양인은 주변 환경에 기초하여 개별 사물을 기억하는 관계적 사고를 하는 반면, 서양인은 배경과 개별 사물을 분리해서 생각합니다.

이 셋 중에서 둘을 묶어보라고 한다면
어떻게 하겠는가? 니스벳의 연구에 따르면,
동양은 소와 풀을, 서양은 소와 닭을 연결한다.

데닛 : 전체론적 사고와 분석적 사고의 차이로군요. 아주 새로운 얘기는 아닌 것 같은데요.

니스벳 : 한 20년 전쯤에 미국 아이오와 대학교에서 중국계 학생이 지도교수에 불만을 품고 교수와 학생들에게 총기를 난사한 뒤 자살한 충격적 사건이 있었어요. 미국인은 이 범죄의 원인을 학생의 사악한 본성 탓으로 돌렸지만 중국인들은 그 학생의 주변 관계, 총기 구입이 쉬웠던 상황들을 언급하며 '상황론'을 들고 나왔지요. 동양인은 서양인보다 맥락을 훨씬 더 중시합니다.

데닛 : 그러고 보니 동양인은 문화적으로 모두 '공자'의 후예들이랄 수 있겠네요. 유교는 개인의 개성보다 공동체 속의 관계를 중시하는 전통이 있죠. 그런 전통이 요즘처럼 문화들이 서로 융합되는 사회에서도 인간의 사고 과정 속에서 여전히 꿈틀대고 있다는 사실이 놀랍습니다.

니스벳 : 의학 전통도 문화의 차이를 반영합니다. 허리가 삐끗해서 동양의 침술을 경험해본 서양인이라면 다 느꼈을 거예요. 서양 의학은 병든 '부분'을 고치거나 도려내는 수술을 먼저 떠올

리는 반면, 동양 의학은 몸의 전체 균형을 되찾아 질병을 치유하려 하죠. 부분과 전체, 개인과 집단, 분석과 관계, 본성과 상황, 추상성과 실용성 등은 서양과 동양의 사고방식을 구분하는 키워드입니다.

데닛 : 솔직히 고개가 끄덕여지는 해석이긴 합니다만 뭐랄까, 문화 간 생각의 차이를 입증한 이 연구가 '정치적으로 올바른' 얘기처럼 들리지 않아요. 예컨대 선생의 연구 결과가 맞다면 다음과 같은 결론도 가능하잖아요. 분석력과 개성적 사고에 상대적으로 능한 서양인들이 경쟁과 독창성을 강조하는 현대 사회에 더 적합하다, 적어도 우리가 몸담고 있는 과학계에서는 동양인들이 불리하다, 뭐 이런 결론 말입니다. 이건 좀 위험한데요.

니스벳 : 다른 건 다른 거죠. 하지만 서양인이 추상적 사고와 분석 능력에 상대적으로 뛰어나 과학적 탐구에 유리하다고 할 수는 있겠지만, 동양인이 능한 실용적 사고와 관계적 사고로는 사회적 갈등들을 새로운 방식으로 해소할 수 있지 않겠습니까? 그리고 저는 동서양의 문화가 서로 충돌하거나 한쪽으로(서양 자본주의 문화) 흡수·통합되는 쪽으로 가고 있다고 보지 않습니다. 오히려 융합되는 흐름을 보이죠. 서양인이 점점 더 동양의 문화를 찾고, 동양인이 서양의 경쟁적이고 개성적인 지배 문화에 점점 더 익숙해지고 있는 상황 아닌가요?

데닛 : 아, 이제야 저도 명확해지는 것 같아요. 지난 몇 주 동안 선생의 책을 '무경계 책장'에 포함시키라는 요구가 게시판에 많

이 올라왔거든요. 제가 '경계'에 대한 고정관념이 있었나 봅니다. 지금 보니까, 그 독자들의 의도는 선생이 동서양의 '경계'에 대한 사회심리학적 탐구를 통해 인간 사고 과정을 좀 더 명확히 보여줬다는 뜻으로도 해석될 수 있겠어요. 독자들이 저보다 더 현명합니다. 고맙습니다. 차 더 드릴까요More tea?

니스벳 : 중국에서는 이 상황에서 '더 마시겠어요Drink more?'라고 말하죠. 서양은 범주를 타나내는 명사를, 동양은 관계를 나타내는 동사를 더 빨리 배우고 강조한답니다.

데닛 : 센스가 장난이 아니시네요. 하하. 오늘은 동서양의 인지 차이를 연구한 니스벳 선생과 대담을 나눴습니다. 경청해주셔서 감사합니다. 다음 주에 뵙겠습니다.

생각의 지도

리처드 니스벳 지음 | 최인철 옮김 | 김영사

이 책은 동양과 서양의 사고 스타일에 큰 차이가 있다는 사실을 발견한 저자가 자신의 연구 결과들을 대중적으로 집대성한 책이다. 저자에 따르면, 서양은 고대 그리스의 전통을 따라 개인, 분석, 추상적 사고에 익숙하고, 동양은 유교 전통을 따라 집단, 관계, 실용적 사고에 능하다. 동서양 사고 구조의 차이에 대한 최초의 실증적 연구서다.

제3의 지식인 문화를 위하여

존 브록만 ◆ 과학의 최전선에서 인문학을 만나다

존 브록만
John Brockman

과학자와 사상가들의 모임인 엣지 재단의 회장이고, 웹사이트 엣지(edge. org)의 편집자 겸 발행인이며, 국제 도서 저작권 에이전시인 브록만 사의 설립자다. '지식의 지휘자', '지식의 전도사', '지식계 브로커'라고 불릴 정도로 세상에서 가장 영향력이 큰 편집자로 꼽힌다.

데닛 : 여러분 안녕하십니까? '다윈의 서재'를 진행하고 있는 철학자 데닛입니다. 오늘은 '무경계 책장'의 마지막 시간입니다. 오늘 초대 손님은 여러 가지 의미로 좀 특별합니다. 그는 물리학 박사이긴 하지만 지금까지 이 서재를 빛내주었던 특급 과학자 반열에 있는 사람도 아니고, 과학 분야의 베스트셀러를 쓰는 일급 저자도 아닙니다. 하지만 그는 그런 초특급 과학자와 저자

들을 '거느리고' 있는 도서 저작권 에이전시의 대표입니다. 존 브록만John Brockman(1941-)을 모시겠습니다.

어서 오십시오. 저희가 무경계 책장의 대미를 장식한 인물로 선생을 선정했습니다.

브록만 : 혹시 실수로 저를 부르신 것은 아니신가요? 제가 여기 낄 자리는 정말 아닌 것 같은데요. 저야 '다윈의 서재'를 처음부터 '본방 사수'해온 열혈 팬이지만, 도킨스를 비롯한 제 고객들이 초대 손님으로 나오는 프로그램이라 모니터링 차원에서도 잘 보고 있었습니다. 그런데 제가 이렇게 초대될 줄은 정말 몰랐습니다.

데닛 : 이제 와서 하는 얘기지만 처음엔 《두 문화》를 쓴 C. P. 스노를 모실까 했어요. 과학자이자 소설가인 그가 딱 50년 전에 그 책을 통해 인문학과 자연과학의 소통 불능 상태를 개탄하지 않았습니까? '무경계 책장'은 두 문화 사이의 장벽을 허물자는 취지의 방송이니 딱 적합한 책이었죠.

브록만 : 그 책은 제 인생을 바꾼 책이기도 합니다. 그런데 왜 저를 부르셨는지요?

데닛 : 스노는 문제를 제기했다면 당신은 그 문제를 해결하려고 노력한 사람이라고 판단했습니다. 선생이 예전에 쓴 〈제3의 문화〉라는 글도 흥미롭게 읽어보았어요. 인문적 소양으로 무장한 탁월한 과학자들이 자신의 작업과 저술을 통해 물질, 우주, 생명뿐 아니라 인간의 존재와 삶에 대해 이야기할 수 있도록 융합의

마당을 마련해주고 있더군요. 오늘 책의 제목처럼 '과학의 최전선에서 인문학을 만나는 경험'이겠죠. 그런데 대체 그 많은 초특급 저자들을 어떻게 다 불러 모았답니까? 심리학자 스티븐 핑커, 지리학자 다이아몬드, 인공지능학자 민스키, 물리학자 스몰린…… 물론 저는 별거 아닙니다만. 정말 초호화 군단입니다.

브록만 : 그들에게 멍석을 깔아드린 것뿐이에요. 사실, 1980년대 초에 제 주변의 여러 과학자와 경험주의 사상가 들을 중심으로 작은 모임을 꾸린 적이 있었어요. '리얼리티 클럽reality club'은 그때 우리들이 여러 장소를 전전하면서 만든 비공식 모임의 이름이었습니다. 그러다가 1988년에 '엣지'(www.edge.org)라는 웹사이트 포럼을 개설하고 '엣지 재단The Edge Foundation'이라는 비영리재단을 만들기에 이르렀죠. 저는 이 포럼과 재단의 일을 하면서 세상을 선도할 만한 책을 기획하고 전 세계 출판사에 중계해주는 역할을 하고 있습니다.

데닛 : 말하자면 '지식 브로커'인 셈이네요. 물론 좋은 의미로 말씀드리는 겁니다. 저도 거의 매주 엣지를 방문해서 새로운 지식의 흐름을 배우고 갑니다. 저는 지금 그 주인장을 인터뷰하고 있는 거죠. 그런데 엣지의 대문에 이런 글귀가 적혀 있더군요. "우리의 모토는 지식의 최전선으로 찾아가 가장 복잡하고 정치한 정신들을 찾아내고, 그들을 한 방에 몰아넣어 그들이 자기 자신에게 묻고 있는 질문들을 서로에게 퍼붓게 만드는 것이다."

브록만 : 네, 맞습니다. 그게 제3의 문화를 추구하는 우리의 철학

입니다. 지식에 대한 경계 없는 탐구를 즐기는 사람들의 놀이터를 만들고 싶은 거죠. 그런데 현대 사회에서 이 경계를 무너뜨리는 무기가 바로 과학입니다. 이런 의미에서 엣지는 하나의 집단이라기보다는 하나의 관점이라 해야 할 것 같아요.

지식의 최전선에서 경계를 넘나드는 존 브록만은 다양한
분야의 학자들을 연결하는 '지식의 브로커'라 불린다.
왼쪽부터 인지철학자 대니얼 데닛, 인류학자 나폴레옹 샤농,
생물학자 데이비드 헤이그, 심리학자 스티븐 핑커,
영장류학자 리처드 랭엄 그리고 편집자 존 브록만이다.

데닛 : 음. '집단이 아니라 관점'이라는 표현이 인상적입니다만, 제3의 문화를 얘기하면서 과학적 관점을 강조하다 보면 두 문화 간의 골이 더 깊어지는 일이 벌어지지 않을까 살짝 걱정도 됩니다. 전통적인 인문학자는 당신을 싫어할 것 같아요.

브록만 : 저는 지금 인문학을 생물학이나 물리학으로 환원시키려는 게 아닙니다. 다만 예술과 문학, 역사, 정치학 등 인문학의

전 분야가 이제 과학을 진지하게 받아들여야 할 때라고 말하는 중입니다. 예술, 철학, 문학은 인간 마음의 산물이고 인간의 마음은 뇌의 산물이죠. 그리고 인간의 뇌는 유전체에 의해 조직되고 진화해왔습니다. 과학에 입각한 인문주의는 이런 사실들을 자신의 지적 작업에 진지하게 반영해야 합니다.

데닛 : 물론 저도 공감합니다. 시공간에 대해 논의하면서 아인슈타인의 상대성 이론을 빼놓거나 인간의 정신에 대해 말하면서 진화론을 언급하지 않는다면, 그것이 아무리 정교하고 현란한 인문학적 논의일지라도 가치가 없는 것이겠죠. 그래서 저도 인문학은 적어도 현대 과학의 성과들과 일관적이어야 한다고 믿습니다. 그런데 과학에 무지하거나 과학을 무시한 인문학도 문제지만, 인문학적 상상력이 전혀 없는 과학도 문제 아닙니까? 스노가 셰익스피어도 모르는 과학자들이 많다고 개탄했는데 지금도 상황은 크게 달라지지 않았거든요.

브록만 : 불행히도 그건 사실입니다. 제가 엣지 포럼과 재단을 만든 이유가 바로 인문적 소양이 있는 과학자와 과학에 귀 기울이는 인문학자 간의 만남을 주선하기 위한 것이었어요.

데닛 : 엣지를 보고 있으면 꼭 프랑스 지식인들의 '살롱'이 연상됩니다. 술과 음악이 없다는 것만 빼고요. 하하. 사실 저는 선생이 다윈의 조부가 조직한 '만월회Lunar society'를 벤치마킹한 줄 알았어요. 당시 그 모임은 다윈의 친조부인 에라스무스 다윈과 외조부인 조사이어 웨지우드 등이 주축이 되지 않았습니까? 과

학자, 소설가, 정치사상가 등이 달이 찰 때마다 모여 자연과 인간, 사회와 정치를 논하던 모임이었죠. 당시를 생각해보면 정말 대단한 라인업이었어요.

브록만 : 잘 보셨어요. 엣지는 오늘의 살롱이고 만월회입니다.

데닛 : 어쨌든 선생은 현대 지식인 사회의 가장 영향력 있는 허브 중의 하나에요. 지난번에 소개된 바라바시의 네트워크 이론에 따르면 말이죠. 아니, 어쩌면 선생은 제3의 문화를 이끄는 드림팀의 구단주인지도 모르죠. 하하. 오늘은 '무경계 책장'의 마지막 편으로 브록만을 만나봤습니다. 《다윈의 서재》는 다음 주부터 새로운 책장으로 여러분을 안내해드리겠습니다. 경청해주셔서 감사합니다. 안녕히 계십시오.

과학의 최전선에서 인문학을 만나다

존 브록만 엮음 | 안인희 옮김 | 소소

현존하는 최고의 지식 기획자이자 편집자인 존 브록만은 이 책에서 인간, 기계, 우주를 연구하는 당대 최고의 석학 22인의 입을 통해 과학의 최전선에서 인문이 어떻게 만날 수 있는지를 보여주었다. 그리고 이런 제3의 문화를 '새로운 인문주의'라 부르자고 하였다.

4

배후의 책

Behind

케인즈의 부활 뒤에 숨겨진 과학

조지 애커로프 · 로버트 쉴러 ◆ 야성적 충동

조지 애커로프
George A. Akerlof

미국의 경제학자로 1970년 '레몬이론'
이라는 논문을 통해 '정보 비대칭 이
론'을 제시하여 행동경제학의 초석을
다졌다. 경제학이 사회 문제에 무관심
한 데 맞선 사회적 경제학자로 평가받
는다. 캘리포니아 주립대학교 버클리
의 경제학과 교수이며, 2001년 노벨
경제학상을 받았다.

데닛 : '다윈의 서재' 청취자 여러분, 안녕하십니까? 진행을 맡
고 있는 철학자 대니얼 데닛입니다. 이번 주부터 3주 동안 경제
· 경영의 배후에 있는 과학서를 소개해드리겠습니다. 이런 식
의 분류는 그간 한 번도 해본 적이 없는 특이한 방식입니다만,
인간의 행동에 대한 과학적 이해가 바탕이 되어야만 올바른 경
영과 정책을 펼칠 수 있다는 취지에서 시도해보았습니다. 그래

서 몇 달 전부터 홈페이지를 통해 이런 취지를 설명해드리고 책을 추천해주십사 부탁을 드렸는데요, 드디어 오늘 독자들이 선택한 책 세 권을 공개하게 되었습니다. 투표 결과, '배후의Behind 책장'에는《야성적 충동》,《아웃라이어》,《넛지》,《블링크》등이 상위에 올라왔습니다. 오늘 이 시간에는 그중에서《야성적 충동》을 선정했습니다. 초대 손님은 이 책의 공저자인 캘리포니아 주립대학교의 조지 애커로프George Akerlof(1940~) 교수입니다. 어서 오십시오. 반갑습니다. 경제학자를 초대하기는 처음이네요.

애커로프 : 아 그렇습니까? 그럼 더욱 영광입니다.

데닛 : 예일 대학교 경제학과의 로버트 쉴러 교수와 함께 출간하신《야성적 충동》을 아주 흥미롭게 읽었습니다. 'Animal Spirit'이라는 제목을 처음 봤을 때는 동물학이나 심리학, 어쩌면 정신의학과 관련된 책일 거라 짐작했었죠. 그런데 그게 경제학자 존 메이너드 케인즈 선생이 썼던 중요한 용어더군요. 제가 좀 무식해요. 하하.

애커로프 : 별 말씀을요. 정말 무식한 사람들은 따로 있습니다. 현대 경제학자들 중에서 이 용어 자체와 그것의 진짜 의미를 모르는 사람들이 적지 않습니다. 케인즈는 1936년에《고용, 이자 및 화폐에 관한 일반이론》이라는 기념비적인 책을 썼지요. 그는 거기서 인간의 비경제적 동기와 비합리적 행동이 경제 활동에 매우 중요한 영향을 미친다고 주장했습니다. 다시 말해 인간이 합리적이고 이기적 존재라는 시장주의 경제학의 대전제에

큰 문제점이 있다는 지적이었죠. '야성적 충동'은 인간의 비합리적 본성을 가리키기 위해 사용한 용어입니다. 심리적 요인이야말로 경제 활동의 원동력이라는 얘기죠.

인간이 합리적 동물이라는 것은 신화에 불과하다.
가끔은 도저히 이해할 수 없는 충동적인 행동을 한다.

데닛 : '보이지 않는 손'을 이야기한 애덤 스미스가 아주 섭섭하겠습니다. 그는 인간이 이익을 극대화하는 합리적 존재라고 하지 않았습니까? 그러고 보니, 얼마 전에 《뉴스위크》에서 발표한 세계 100대 명저 목록에 《고용, 이자 및 화폐에 관한 일반이론》은 끼어 있어도 스미스의 《국부론》은 없더군요. 신자유주의의 거대한 흐름을 역행하며 케인즈가 다시 떠오르고 있는 느낌입니다.

애커로프 : 낙관적이시네요. 저와 쉴러는 케인즈의 야성적 충동 개념을 바탕으로 최근 6년간 진행된 세계 경제의 흐름을 분석해

보았지요. 결론은, 거시 경제에 내포된 불완전성, 비일관성, 불확실성 등을 이해하려면 인간의 심리와 행동에 대한 올바른 이해가 선행되어야 한다는 것이었습니다. 케인즈는 1930년대에 일어난 대공황이 인간의 경제적 동기와 합리적 행동에서 온 것이 아니라 비관과 낙관을 넘나드는 인간의 변화무쌍한 심리에서 기인했다고 설명했죠.

데닛 : 듣고 보니 요즘 크게 주목받고 있는 '행동경제학'이 케인즈에서 시작된 것 같기도 하네요. 저희가 경제 · 경영 배후의 과학서 첫 책으로 《야성적 충동》을 선택한 이유도 그와 관련이 있습니다. 이제 경제학도 인간 본성에 대한 과학적 이해로부터 자유로울 수 없다는 얘기를 하고 싶었어요. 선생과 같은 주류 경제학자가 바로 그 점을 지적하고 있는 것이 인상적이었습니다. 책에서 야성적 충동이 자신감, 공정성, 부패와 악의, 화폐 착각, 이야기와 관련된다고 하셨는데요, 조금 자세히 말씀해주세요.

애커로프 : 공정성에 대해 예를 들어보죠. 폭설이 내린 후 철물점에서 눈삽의 가격을 5달러 인상했다고 해봅시다. 공정한 일일까요, 아닐까요? 기존 경제학에 따르면 수요와 공급의 법칙이 있기 때문에 이 질문 자체가 무의미합니다. 하지만 이 질문에 대한 피험자들의 대답은 달랐습니다. 82퍼센트가 불공정하다고 답했죠. 철물점이 추가적인 노력이나 비용 처리 없이 고객들의 불운을 이용해 가격을 올렸다는 생각 때문이죠. 개인적인 손해를 보면서까지 무임승차자를 처벌하는 행동도 비슷한 경우

죠. 이런 예들은 공정성에 대한 고려가 합리적인 경제적 동기보다 강하게 작용할 수 있음을 보여줍니다.

데닛 : 몇 년 전에 《사이언스》에서 읽었는데, 인간뿐만 아니라 원숭이들도 불공정한 처사에 '항의'를 한다던데, 그렇다면 공정성의 뿌리는 꽤 깊다고 할 수 있겠어요.

애커로프 : 맞습니다. 한편 '야성적 충동'은 우리가 만든 이야기와도 연관되어 있어요. 부동산이나 주식에 대한 책을 한번 들춰 보세요. 대개 이런 식입니다. "토지는 한정되어 있으니 땅을 구입하면 손해 볼 일은 없다." "아무개가 어떤 주식을 구입했는데 얼마 후에 대박이 났다." 그런데 문제는 우리의 경제 활동이 그런 식의 이야기들에 적지 않은 영향을 받는다는 사실입니다. 이야기가 퍼지기 시작하면 마치 전염병처럼 걷잡을 수 없이 번지게 되죠.

공정성이 침해되었다고 느꼈을 때 그것에 '저항'하는 것은 인간만이 아니다. 원숭이도 불공정한 처사에 '항의'할 줄 안다. 공정성에 대한 감각은 진화적으로 매우 뿌리가 깊은 본능이다.

데닛 : 이른바 증권가의 '찌라시' 같은 것이 주가 변동을 좌지우지하는 상황 말입니까?

애커로프 : 네. 기존 경제학자의 분석이 무력해지는 대목이지요. 사람들은 뒷소문이나 이야기 등에 심리적으로 아주 민감합니다. 심리학적 연구에 따르면 주어지는 정보의 형태가 어떤가에 따라 기억 능력이 달라집니다. 가령 이야기 형태로 주어진 정보는 쉽게 저장될 뿐만 아니라 다른 이들에게도 아주 효과적으로 전달되지요.

데닛 : 그렇군요. 예컨대 《로미오와 줄리엣》 같은 이야기에 등장하는 인물들의 이름은 다 알지 못해도 그 이야기 구조는 전부 기억하는 것을 보면 정말 그런 것 같군요. 그러니까 매력적인 이야기에 끌린 나머지 합리적인 방식으로 경제 활동을 하지 못하는 것이 바로 인간이라는 얘기군요.

애커로프 : 친구가 땅을 사서 큰 재미를 봤다는 이야기를 듣고 지갑을 터는 게 우리 아닙니까?

데닛 : 다윈도 중년에 그런 이야기에 솔깃해 철도 주식을 샀다가 쪽박을 찬 일이 있었어요. 물론 워낙 부유했기 때문에 말 그대로 쪽박을 찬 것은 아니지만요.

애커로프 : 최근 전 세계를 공포와 두려움으로 몰아넣은 서브프라임모기지 사태는 부패와 악의의 영향력을 보여주지요. 이 사태는 이익에 눈 먼 대출업체들이 초기의 낮은 이자를 강조하고 나중의 높은 이자는 숨기는 방식으로 대출자들을 현혹한 부패 사건 아니겠습니까? 여기서 '보이지 않는 손'은 아무 일도 못했습니다.

데닛 : 이제 '보이는 손'이 필요하다는 말씀이로군요. 케인즈의 부활 뒤에는 인간에 대한 과학이 있다는 말씀처럼 들리기도 합니다. 오늘은 여기서 마무리를 하겠습니다. 귀한 시간 내주셔서 감사합니다. 다음 주에는 '다윈의 서재' 최초로 야외에서 여러분을 만나 뵙겠습니다. 다음 주의 책은 말콤 글래드웰의 《아웃라이어》입니다.

야성적 충동

조지 애커로프 · 로버트 쉴러 지음 | 김태훈 옮김 | 랜덤하우스코리아

정보의 비대칭성이 시장경제에 미치는 심리적 오류를 밝힌 애커로프와 거품경제의 몰락을 예언했던 쉴러가 케인즈의 부활을 역설한 화제작이다. 이들은 케인즈의 '야성적 충동' 개념이 지난 한 세기 동안의 거시경제 현상을 가장 잘 설명한다고 주장한다. 고삐 풀린 시장지상주의에 일침을 가하면서 정부의 적절한 개입을 부르는 문제작이다.

가문의 영광은 어떻게 만들어지는가?

말콤 글래드웰 ◆ 아웃라이어

말콤 글래드웰
Malcolm Gladwell

캐나다 출신의 경제 저널리스트다. 대
학에서 역사를 전공했으나 《워싱턴 포
스트》, 《뉴요커》에서 경제부 기자를
지냈다. 이후 인간의 판단에 대한 현대
심리학의 성과들을 흡인력 있는 구성
과 이야기로 풀어내 수천만의 독자들
을 사로잡았다. 현대 경영 사상의 대가
로 꼽힌다.

데닛 : 청취자 여러분, 안녕하십니까? 오늘 '다윈의 서재'는 매우
특별한 곳에서 진행됩니다. 지난주의 《야성적 충동》에 이어 오
늘도 '배후의 책장'을 살펴볼 것입니다만, 지난주에 예고해드린
대로 저희 프로그램 최초로 야외에서 진행합니다. 매번 스튜디
오에 앉아만 있다가 이렇게 탁 트인 야외로 나오니 기분도 아주
상쾌하네요. 오늘은 주간지 《뉴요커》의 간판 저널리스트 말콤

글래드웰Malcolm T. Gladwell(1963~)을 이곳에서 만나 이야기를 나누겠습니다. 그는 최고의 베스트셀러인《아웃라이어》의 저자입니다. 여기가 어디냐고요? 아이작 뉴턴, 찰스 다윈이 묻혀 있는 영국 런던의 웨스트민스터 사원입니다.

안녕하세요. 요즘 너무 잘 나가시는 것 같아요. 모시기 정말 어려웠습니다. 하하. 어서 오세요.

글래드웰 : 출연 부탁을 받고 보스턴의 NPR 스튜디오로 가면 되냐고 했더니, 여기로 오라고 하더군요. 마침 제가 이번 주에 런던에 출장을 와 있어서 여기까지 오는 데는 문제가 없었습니다. 그런데 우리가 왜 여기에 와 있는 거죠?

데닛 : 바람 좀 쐬려고요. '다윈의 서재' 때문에 15주 동안 갇혀 지냈더니 좀이 쑤셔서 못 견디겠더군요. 하하. 제작진을 꼬셨습니다. 글래드웰 선생도 오는데 런던에 가자고요.

글래드웰 : 아, 네. 그런데 왜 이곳 사원에서 방송을 해야 하는지를 아직 이해하지 못했어요.

데닛 : 사실, 제가 여기에 온 것은 다 선생 때문입니다.《아웃라이어》는 성공한 사람들에 대한 진실을 이야기하잖아요. 여기 빼곡히 자리한 묘비들을 보세요. 영국에서 가장 성공한 문인, 과학자, 예술가, 정치인 들이 다 여기 묻혀 있지요.

글래드웰 : 맞아요. 다 아웃라이어들이지요. 오다 보니 헨델, 워즈워드, 디킨스의 묘비가 보이더군요. 그리고 지금 근대 과학의 아버지 아이작 뉴턴 경의 무덤 앞에서 대화를 나누고 있고요.

데닛 : 대체 '아웃라이어'는 어떤 사람들입니까?

글래드웰 : 행동과 사고방식이 평범한 수준을 넘어서는 사람들을 말합니다.

데닛 : 그렇다면 소위 천재나 영재와는 어떻게 다릅니까?

글래드웰 : 좋은 질문입니다. 흔히들 성공한 사람은 그럴 만한 특성이 그 개인에게 있다고 전제합니다. 즉 머리가 너무 좋다거나 남들보다 더 열심히 노력해 정상에 서게 되었다는 식이죠. 저는 이 뻔한 '성공 스토리'를 뒤집기 위해 이 책을 썼어요. 가령 사례 연구를 통해 밝혀진 바, 신동이 아웃라이어가 된 경우는 정말 흔치 않습니다.

데닛 : 그럼 결론부터 얘기해보세요. 대체 어떤 이들이 아웃라이어가 된단 말입니까?

글래드웰 : 개인적 특성(지능, 재능, 신체적 특성)만으로는 아웃라이어의 성공을 제대로 설명할 수 없지요. 우리는 무에서 유를 창조하지 않습니다. 부모나 후견인으로부터 뭔가를 빚지기도 하고, 아주 드문 특별한 기회를 잡기도 하며, 문화적 유산을 물려받아 재능을 더욱 발전시키기도 합니다. 그러니 성공한 사람들이 어떤 종류의 사람들이냐고 묻는 것만으로는 충분치 않습니다. 그들이 어떤 환경 속에서 자라왔느냐를 봐야 하는 거죠.

데닛 : 언뜻 듣기에는 성공에 대해 별로 새로운 얘기 같지는 않은데요? '성공 = 재능 + 여건'은 이미 공식 아니던가요?

글래드웰 : 물론 큰 틀에서 보면 저도 그 공식이 맞다는 것을 다

시 한 번 입증해주고 있는 셈입니다. 하지만 성공의 '기회'를 제공받은 사람들이 결국 성공한다는 사실을 심리학적 기반에서 수많은 사례들을 통해 보여주는 것은 또 다른 문제이지요. 저는 바로 그런 작업을 했다고 생각합니다.

데닛 : 맞아요. 캐나다 프로 아이스하키 선수의 생년월일, 빌 게이츠의 10대 시절, 비틀스의 함부르크 시절에 관한 이야기는 무척 그럴듯하더군요. 그런 이야기에 빨려들어 논스톱으로 두 시간 만에 다 읽었어요. 어쩌나 흥미롭던지.

글래드웰 : 고맙습니다. 제가 태어난 캐나다는 아이스하키에 미친 나라에요. 거기서 프로선수라 하면 정말 아웃라이어지요. 그런데 우연히 그들의 생일을 조사하다 보니 1, 2, 3월생이 월등히 많은 거예요. 뒤로 갈수록 드물었어요. 우연의 일치일 수는 없었어요. 비밀은, 캐나다가 1월 1일을 기준으로 나이를 헤아리고 그에 맞춰 하키 클래스를 짠다는 데 있었습니다. 동년배 클래스에서 연초에 태어난 아이들은 덩치도 크고 운동 능력도 더 발달했고 말귀도 더 잘 알아듣죠. 그러다 보니 연초에 태어난 아이들이 더 유리하게 되고 또 그런 아이들만 선발해서 훈련을 시키니 나중에 프로팀에 들어가는 아웃라이어들도 자연스레 연초생이 많았던 겁니다.

데닛 : 만일 10대의 빌 게이츠에게 학부모회가 컴퓨터 공유 터미널을 사주지 않았더라면, 그리고 비틀스에게 함부르크의 허름한 연주 공간(스트립 클럽)이 없었다면, 그들은 선생이 말한 '1만

시간의 법칙(하루 3시간씩 10년을 하면 도가 튼다는 것)'을 실현한 아웃라이어가 되지 못했을 것이라는 말이죠?

글래드웰 : 네, 그들이 성공할 수 있었던 건 그러한 특별한 기회와 계속되는 놀라운 행운, 그리고 엄청난 노력 때문이었습니다.

성공하는 사람에겐 남다른 재능과 특별한 기회, 계속되는 놀라운 행운이 있었다. 하지만 '1만 시간의 법칙'을 따를 만큼의 노력이 없었다면 이 모든 것은 무용지물이 되었을 것이다.

데닛 : 사실, 그 이야기는 다윈의 인생에 너무 잘 들어맞는 얘기여서 읽다가 깜짝 놀랐어요. 그에게 비글호 항해가 없었다면 어떻게 되었겠어요? 그런데 원래 그는 비글호를 탈 사람이 아니었어요. 갑자기 대타로 타게 된 거죠. 4년 10개월간의 비글호 항해는, 말하자면 비틀스의 함부르크 시절이라고 할 수 있겠죠. 또 그가 '따개비'라는 미물을 무려 8년간 연구했잖아요. 하루에 3시간 이상은 거기에 투자했으니 그도 그 분야에서 아웃라이어가된 셈이죠. 그는 여기 앞에 누워 있는 뉴턴 같은 천재는 분명 아

니었어요. 열여덟 살 때 의대를 중퇴하고 돌아온 그에게 아버지가 "가문의 수치가 될 것 같아 걱정이다"라고 할 정도였잖아요. 하지만 자연에 대한 호기심과 열정은 선생이 말한 그 1만 시간을 채우고도 남았죠.

글래드웰 : 맞아요. 다윈이야말로 진정한 아웃라이어입니다. 그렇게 될 때까지 수많은 기회와 도움이 있었듯이, 우리 자녀들에게도 그런 것들을 제공하려고 노력해야 합니다.

데닛 : 좋은 말씀입니다. 어쨌든 저는 이 책에 '성공의 생태학'이라는 부제를 달아주고 싶어요. '아웃라이어'라는 나무들이 자란 숲에 관한 이야기니까요. 오늘은 '다윈의 서재' 방송 사상 처음으로 야외에서 진행을 했습니다. 글래드웰 선생, 감사합니다. 지금까지 아웃라이어들이 즐비하게 누워 있는 런던의 웨스트민스터 사원에서 전해드렸습니다. 다음 주에 스튜디오에서 뵙겠습니다. 감사합니다.

아웃라이어
말콤 글래드웰 지음 | 노정태 옮김 | 김영사

저자 글래드웰은 저널리스트 세계의 미다스의 손이다. 이 책에서 그는 심리학의 대중화가 어디까지 갈 수 있고 얼마나 매력적인지를 또 한 번 품격 있게 보여주었다. 이 책은 빌 게이츠, 빌 조이, 비틀스, 플롬처럼 대표적인 아웃라이어의 인생을 분석함으로써 성공의 요인이 내부뿐만 아니라 외부로부터 온다는 사실을 역설하고 있다.

소변기의 파리
스티커가 변화시킨 풍경

리처드 탈러 · 캐스 선스타인 ◆ 넛지

리처드 탈러
Richard H. Thaler

미국의 경제학자로 행동경제학을 체
계화시켜 학문적으로 확립했다. 행동
경제학을 경제학계에 알리는 데 기여
했으며, 저서 《넛지》에서 명령이 아닌
부드러운 개입인 '넛지'의 개념을 소개
했다. 현재 '넛지'를 정치권에서 활용
하는 데 애를 쓰고 있다.

안녕하십니까? '다윈의 서재' 진행을 맡은 철학자 데닛입니다.
지난주 야외 방송이 나간 후에 게시판에 난리가 났습니다. 웨
스트민스터 사원에서 진행을 한 것이 신선했다는 평이 많았습
니다. 계속 좋은 장소를 바꿔가면서 하면 어떻겠느냐는 제안들
도 있었고, 심지어 구체적인 장소를 추천하신 분도 있었는데요,
별식은 가끔 먹어야 별식인 거 아니겠습니까? 남은 일정 동안

가끔씩만 별식을 먹도록 하겠습니다. 오늘은 '배후의 책장' 마지막 시간으로, 미국 시카고 대학교 경영대학원의 리처드 탈러 Richard H. Thaler(1945~) 교수와 하버드 대학교 법학대학원의 캐스 선스타인 교수가 쓴 《넛지》를 소개하려 합니다. 저희가 두 분을 모두 초대했지만 선스타인은 사정이 있어서 참석을 못했습니다.

탈러 선생, 어서 오세요. 선스타인 선생도 같이 왔으면 좋았을 텐데요.

탈러 : 글쎄 말입니다. 그 친구는 지금 오바마 정부의 규제정보국을 책임지고 있는데요, 시간을 낼 수가 없었나 봐요. 청취자께 죄송하다고 전해달랍니다.

데닛 : 이제까지 저희가 초대한 손님들 중에서 두 분은 현실 정치의 가장 가까이에서 일하는 분들입니다. 역시 오바마 정부가 요즘 바쁜가 봅니다.

탈러 : 전 국가적인 '넛지 정책'을 만드느라 아주 바쁜 것이니 기쁜 일이죠.

데닛 : 여태까지 '다윈의 서재'를 방문하신 저자들의 공통점이 뭔지 아시나요? 참신한 단어(들)를 잘 찾아내거나 잘 조합해낸다는 거예요. 첫 손님인 윌슨의 '통섭'에서부터 지난주 글래드웰의 '아웃라이어'까지, 맞춤형 단어들을 어찌 그리도 잘 발굴하는지. 당신들의 '넛지nudge'도 딱 그거죠. 그런데 대체 넛지가 무슨 뜻인가요?

탈러 : 원래 '팔꿈치로 슬쩍 옆구리를 찌르다'라는 뜻인데요, 행

동경제학에서는 '타인의 똑똑한 선택을 유도하는 부드러운 개입'이라는 의미로 확장되었죠. 암스테르담 스키폴 공항의 남자 화장실 소변기 중앙에는 파리 한 마리가 그려져 있어요. 이게 남자의 승리욕을 자극하나 봅니다. 이 표적을 맞히려다 보니 소변기 밖으로 튀는 소변량이 80퍼센트나 줄었다는군요. 이게 바로 넛지입니다. 금지나 명령이 아닌 부드러운 개입!

데닛 : 그거 참 기발한 발상이네요. 예전에는 "한 발 앞으로"와 같은 명령조 문구였다가 최근에는 "성숙한 시민은 머문 자리도 아름답습니다"와 같이 부드러워지긴 했는데, 그게 어디 문구가 아름답다고 잘 지켜질 일인가요? 소변기에 파리 그림이라니 정말 참신해요. 설마 거기에 "파리를 조준하시오"라는 문구는 없었겠죠. 하하.

때로는 다그치는 것이 아니라 긍정적인 자극을 조금만 주어도 충분하다.

탈러 : 이런 넛지들은 전문 용어로 '자유주의적 개입주의'라 불립니다. 인간의 본성을 이용해 부드럽게 간섭하지만 여전히 개

인에게 선택의 자유를 준다는 뜻이죠. 가령 학교 주변 도로에 "속도를 줄이시오"라고 명령하는 것은 넛지가 아니지만, 과속 방지턱을 만들어놓는 것은 넛지입니다. 자기 차를 망가뜨리고 싶은 운전자는 없잖아요.

데닛 : 지난번에 소개된 존 메이너드 케인스의 간섭주의와 밀턴 프리드먼의 자유주의 경제학 사이에서 흥미로운 줄타기를 하는 것 같군요. 하지만 '자유주의적 개입주의'라는 표현보다는 '넛지'가 100배 낫습니다. 전문가들이 어려운 전문용어를 만들고 자기들끼리만 자폐적으로 쓰는 것이 일반적임을 생각해보면 '넛지' 같은 용어를 만드는 것 자체가 하나의 넛지 아닙니까? 부드러운 개입! 하하.

탈러 : 멋진 넛지를 날리시네요. 그런데 그런 부드러운 개입이 있으려면 인간 자체를 잘 알아야 해요. 그래야 똑똑한 선택을 하도록 유도할 수 있지 않겠습니까?

데닛 : 맞는 말씀입니다. 그게 바로 저희가 선생을 부른 이유예요. 2002년 노벨 경제학상을 받은 미국 프린스턴 대학교의 인지심리학자 대니얼 카너먼이 수상 소감으로 했던 말이 생각납니다. 노벨 경제학상을 받은 그가 정작 경제학 과목은 하나도 들은 적이 없다는 거였어요. 대신 경제학에 대해 아는 모든 것은 '아무개'에게 배웠다고 하더군요. 그땐 그 아무개가 누군지 잘 몰랐는데, 알고 보니 탈러 선생이더군요.

탈러 : 에이, 카너먼 선생은 겸손하기까지 하니 정말 누가 이기

겠습니까? 하하. 사실, 1970년대 후반에 저는 1년간 우연히 미국 스탠퍼드 대학교에 그와 함께 있게 되었어요. 그때 카너먼과 단짝으로 늘 공동 연구를 진행해온 아모스 트버스키 박사도 함께 있었지요. 그때 그 두 분과의 만남이 오히려 제 학문적 인생을 바꿔놓았습니다. 흔히들 제가 행동경제학을 창시했다고들 하는데, 정말 그렇다면 제 뒤에는 그 두 분이 있다고 해야 할 거예요. 제가 아는 모든 심리학은 그들로부터 배운 겁니다.

데닛 : 이것 참 아름다운 광경이네요. 카너먼은 자기 같은 심리학자가 노벨 경제학상을 받은 것은 경제학과 심리학의 통합을 주도한 당신과 당신 주변의 젊은 학자들 때문이라고 하던데요.

넛지는 행동을 변화시키는 부드러운 개입을 뜻한다. '속도를 줄이시오'라는 명령이 아니라 '아찔한 그림' 한 장으로 자동차의 속도를 줄일 수 있다.

탈러 : 감사할 뿐이죠. 하지만 제 책을 읽어보셔서 아실 거예요. 넛지 논의의 이론적 틀은 그들의 '발견법 및 편향' 연구입니다. 그 연구를 통해 우리는 인간이 얼마나 '체계적으로' 인지적인 실수를 범하는지를 깨닫게 되었죠. '가용성 발견법'의 예를 들어보죠. 이건 관련 사례들이 얼마나 쉽게 떠오르느냐(가용하냐)를 토대로 리스크의 경중을 판단하는 겁니다. 요즘 신종 플루가 대유행인데요, 현재 그것이 여느 독감보다 치사율이 더 높지 않은데도 연일 뉴스에서 사망 소식을 방송하고 학교가 휴교도 하고 그러니까 훨씬 더 위험한 것으로 판단한다는 거죠. 이는 '가용성 편향'으로서 실제로는 잘못된 판단이죠.

데닛 : 하지만 신종 플루가 정말 위험한 거라면, 그런 편향을 잘 이용해서 국민 보건을 지키는 게 바로 넛지 아닙니까?

탈러 : 역시 빠르십니다. 방송에서 건강을 위해 손을 씻으라고 아무리 '명령'해봤자 별로 꿈쩍하지 않아요. 대신 신종 플루로 인한 사망 사례를 자세히 방송해보세요. 다른 말은 할 필요도 없습니다. 틀림없이 엄청난 효과가 있을 거예요. 하지만 이런 부드러운 간섭도 지나치면 국민을 잘못된 공포에 빠뜨리기도 하죠.

데닛 : 맞아요. 그러니 우리는 '선을 위한 넛지nudge for good'를 해야 해요.

탈러 : '정치공작' 같은 나쁜 넛지는 절대 안 됩니다. 좋은 넛지는 예술에 가깝지요.

데닛 : 카너먼과 트버스키의 심리학 연구가 넛지를 가능하게 한

다는 사실이 인상적이네요. 그나저나 그 둘은 끝장 토론 뒤에 동전 던지기로 논문 저자 이름의 표기 순서(카너먼과 트버스키, 또는 트버스키와 카너먼)를 정했다던데, 당신과 선스타인은 어떻게 했나요?

탈러 : 동전 던지기를 여러 번 하면 할수록 앞면과 뒷면이 1 대 1로 공평하게 나온다는 사실 아시죠? 그들은 그걸 이용해 넛지한 거예요. 저희는요? 비밀입니다. 하하.

데닛 : 하하. 넛지는 참 착한 개념인 것 같습니다. 오늘은 이만 줄이도록 하겠습니다. 경청해주셔서 감사합니다. 다음 주부터는 과학자의 전기들을 만나보겠습니다. 안녕히 계십시오.

넛지
리처드 탈러 · 캐스 선스타인 지음 | 안진환 옮김 | 리더스북

넛지란 '똑똑한 선택을 유도하는 부드러운 개입'을 의미한다. 이는 인간의 보편적 심리를 이용하여 강요나 금지 없이 사람들의 행동에 의미 있는 변화를 준다는 뜻이다. 넛지는 최근 몇 년 사이에 보수와 진보, 개인과 단체를 막론하고 그들이 추구해야 할 제3의 대안적 정책 기조로 부각되기 시작했다.

5

내밀한 책

Private

눈에 보이는 것은 거짓이다

아서 밀러 ◆ 아인슈타인, 피카소

아서 밀러
Arthur I. Miller

영국 런던유니버시티칼리지 과학사
· 과학철학 교수로 현대 물리학의 역
사뿐만 아니라 천재들에 관한 연구에
도 권위자이다. 특히 19-20세기 과학
기술의 역사와 철학, 인지과학, 과학적
창조성, 예술(주로 미술)과 과학의 관
계에 관한 책을 쓰고 강의를 한다.

데닛 : 한 주간 안녕하셨습니까? '다윈의 서재'를 진행하고 있는
철학자 데닛입니다. 저희는 지난 3주 동안 주로 경제 · 경영서를
소개했지만, 그런 소개의 목적은 그 배후에 과학이 있다는 것
을 알리는 것이었습니다. 이번 주부터 '다윈의 서재' 마지막 방
송까지 4주 동안 과학자들의 삶에 대해 함께 이야기를 나눠보
려 합니다. 말하자면, '과학자 전기 베스트'라고 할 수 있겠지요.

'내밀한 책장'에 꽂혀 있는 책들이라고 할 수도 있을 것입니다. 오늘은 그 첫 시간인데요, 저희는 지금 뉴욕의 현대미술관에 와 있습니다. 정확히 말씀드리면, 피카소의 대표작인 〈아비뇽의 처녀들〉 앞에 서 있습니다. 초대 손님인 아서 밀러Arthur Miller 교수는 영국에서 날아오셨고요. 그는 런던 유니버시티 칼리지의 교수로 현대 물리학의 역사뿐만 아니라 천재들에 관한 연구에도 권위자이십니다. 그의 《아인슈타인, 피카소》가 오늘의 테마 북입니다. 어서 오십시오.

밀러 : 초대해주셔서 감사합니다. 여기로 부르신 걸 보니까 그림을 좋아하시나 봐요.

데닛 : 사실, 제 아내가 미술비평을 전공해서 전 세계의 미술관과 박물관은 많이 다녀봤습니다. 유럽에도 좋은 데가 많이 있긴 하지만 최고 작품들만큼은 뉴욕에 많이 있어서 가끔 이곳에 옵니다. 그리고 오늘의 주인공 중 한 분이 피카소잖아요. 선생이 책의 절반을 그의 삶과 작품에 대해 할애하고 있지 않습니까?

밀러 : 네, 그렇습니다. 지금 우리 앞에 걸려 있는 〈아비뇽의 처녀들〉은 그의 천재성을 잘 보여주는 작품이지요.

데닛 : 오늘은 현대를 만든 두 천재에 대해 이야기를 나눠보려 합니다.

밀러 : 그런데 왜 스위스 취리히의 연방 특허청이 아니고 여긴가요? 아인슈타인이 섭섭해 하시겠네요. 하하.

데닛 : 사실은 저희도 잠깐 고민은 했어요. 1905년의 연방 특허

청은 시간과 공간 개념에 혁명을 일으킨 특수상대성 이론이 나온 곳이었으니까요. 하지만 비주얼한 측면에서 어디 피카소의 1907년 대작과 비교가 되겠습니까? 하하. 그런데 선생의 책은 전기이긴 한데, 특이하게도 두 사람의 인생을 비교하는 식이네요.

밀러 : '비교 전기'라고 합니다. 저울의 양쪽 끝에 두 천재의 삶을 올려놓고 비교·분석하는 형식이지요. 저는 현대 과학과 현대 미술의 두 아이콘, 아인슈타인과 피카소를 저울질했습니다. 그들은 결코 만난 적도 없고 서로 다른 분야에서 활동했지만 우연이라고 하기엔 너무나 많은 공통점이 있었지요.

데닛 : 19세기의 천재, 다윈은 완전 노력형이었습니다. 8년씩이나 따개비를 연구하고 20년에 걸쳐《종의 기원》을 썼을 정도니까요. 하여간 천재들을 보면 주눅이 든다니까요.

밀러 : 물론 노력하지 않았던 천재는 없었어요. 창의성은 번득임만도 아니고 광기는 더더욱 아닙니다. 뉴턴, 다윈, 아인슈타인, 피카소 모두 열심히 노력했던 위인들이었지요. 그중에서 아인슈타인과 피카소는 누가 뭐래도 현대를 만든 천재입니다. 모두가 눈에 보이는 것에 집착할 때, 그들은 눈에 보이는 것은 거짓이라 여겼어요. 아인슈타인은 지각에 의존하는 실증 실험의 한계를 넘어서는 이른바 '사고 실험'을 본격적으로 과학에 도입했지요. 이는 상대성 이론으로 이어졌고, 결국 과학계는 시간과 공간에 대한 기존의 직관을 송두리째 뒤엎는 혁명을 겪게 됩니다. 한편 피카소는 한 지점에서 대상을 보는 원근법을 무시하고 동

아인슈타인, 피카소

시에 여러 시점들을 반영하는 특이한 그림을 그리기 시작했죠.
4차원 입체를 2차원에 화폭에 그리려했던 거죠. 우리 앞에 있는
이 작품을 '입체주의'의 걸작이라고 하는 것은 그런 이유 때문
입니다.

〈아비뇽의 처녀들〉
—
피카소는 시간을 포함한 4차원의
세계를 2차원의 화폭 위에 올리려 했고,
아인슈타인은 물리의 영역에 시간의
개념을 넣어 상대성 이론을 완성했다.

데닛 : 그런데 두 천재를 묶는 또 다른 공통 요소가 있습니까?
밀러 : 놀랍게도 중요한 요소들이 많이 닮았어요. 우선 프랑스의
과학자로서 《과학과 가설》이라는 책을 쓴 앙리 푸앵카레의 영
향을 들 수 있어요. 피카소는 푸앵카레의 4차원 공간 개념에 큰
영감을 받았고, 아인슈타인은 시간과 동시성에 대한 통찰을 그
에게서 얻었지요. 푸앵카레는 두 천재의 창의성을 이끈 공통 원
인인 셈입니다. 또한 두 천재 주위에는 늘 토론을 즐기는 사람
들이 있었어요. 피카소에게는 문인들 중심의 '피카소 패거리'가,
아인슈타인에게는 과학자 중심의 '올림피아 아카데미'라는 집
단이 있었죠.

데닛 : 여자들과의 관계도 흥미롭던데요. 아인슈타인의 상대성 이론 뒤에는 '밀레바'라는 여성과의 사랑이, 피카소의 〈아비뇽의 아가씨들〉 뒤에는 '페르낭드'라는 여성과의 정열적인 관계가 있더군요. 수컷의 화려한 깃털이 짝짓기를 위해 진화한 형질이듯, 남자들의 창의성 뒤에도 짝짓기 문제가 개입되는 경우들이 많습니다. 이게 바로 다윈이 제시한 성선택 이론이에요. 그런데 이 두 여성은 곧 냉대를 당하더군요. 그것도 유사했어요.

밀러 : 하지만 이 책의 요지가 단지 그들의 삶이 유사하다는 것만은 아닙니다. 저는 두 천재가 창의성을 발휘하는 과정을 자세하게 보여주고 싶었지요. 창조의 순간에는 학문 사이의 경계가 해체되었습니다. 대신 미학이 최고의 자리를 차지하더군요. 피카소의 걸작들 뒤에는 수학적 사고와 과학 정신이 자리하고 있었습니다. 그는 새로운 미술을 위해 기하학적 형태로의 환원을 모색했고, 사진 실험을 계속하며 시간과 공간의 동시성 문제에 천착했어요. 한편 아인슈타인은 당시 전자기 이론의 비일관성, 빛의 성질에 관한 이질적 견해 등을 견딜 수 없어 했어요. 왜냐하면 그런 비일관성과 비대칭성은 그가 보기에 전혀 아름답지 않은 거였거든요. 그는 자연세계의 진짜 법칙은 단순할 거라 믿었어요. 미니멀리즘의 신봉자였죠.

데닛 : 그러니까 미학적 직관을 중시한 과학자 아인슈타인과 과학 정신을 앞세운 화가 피카소에겐 학문 간의 경계란 무의미하다는 얘기네요. 평소에 제가 하고 싶었던 말을 역사적으로 입증

해주셨네요. 이렇게 고마울 수가. 그런데 어떻게 하면 창의적인 사람이 되는지도 좀 가르쳐주세요.

밀러 : 어느 저널리스트가 피카소에게 똑같은 질문을 던졌어요. 그의 대답은, "나는 잘 모른다. 안다 해도 알려주지 않을 거다." 였지요. 그런데 저는 책 말미에 제3자의 입장에서 그 비밀을 살짝 공개했어요. 한번 읽어보세요. 하하.

데닛 : 책을 꼭 읽게 만드시는군요. 두 천재의 삶과 창의성이 매우 궁금해집니다. 오늘은 《아인슈타인, 피카소》의 저자를 만나보았습니다. 다음 시간에는 파란만장한 노벨 생리의학상 수상자의 삶을 읽어보도록 하겠습니다. 지금까지 뉴욕 현대미술관에서 전해드렸습니다. 감사합니다.

아인슈타인, 피카소 : 현대를 만든 두 천재
아서 밀러 지음 | 정영목 옮김 | 작가정신

아서 밀러 교수가 현대 과학의 상징인 아인슈타인과 현대 미술의 아이콘인 피카소의 삶을 파헤쳤다. 둘의 인생은 신기할 정도로 공통적이다. 보이지 않은 세계에 대한 추구, 여인과의 사랑, 사교 집단, 엄청난 집중력 등이 그것이다. 저자가 이 책을 통해 건네는 메시지는, 그들이 경계 없는 탐구를 통해 세상을 바꾼 창의성을 획득하게 되었다는 사실일 것이다.

옥수수가 내게 말을 걸 때

이블린 폭스 켈러 ◆ 생명의 느낌

이블린 폭스 켈러
Evelyn Fox Keller

미국의 과학사학자, 과학철학자이자
페미니즘 운동가이다. 물리학과 생물
학의 교차점, 현대 생물학의 역사와 철
학, 여성과 과학의 관계 등 다양한 분
야를 연구했다. 특히 '여성과 과학'이
라는 주제를 학문의 영역으로 정립시
킨 대표적 인물이다.

데닛 : 안녕하십니까? 데닛입니다. 오늘은 '내밀한 책장' 그 두
번째 시간입니다. 지난주에 이어 오늘도 과학자 전기를 쓴 저자
를 만나보실 텐데요, 이 시간에는 미국의 대표적인 여성 과학철
학자이자 과학사학자인 이블린 폭스 켈러Evelyn Fox Keller(1936~)를
초대했습니다. 그녀는 옥수수 유전학자로 노벨상을 받은 바버
라 매클린톡Barbara McClintock(1902~1992)의 생애를 연구했습니다.

켈러의 《생명의 느낌》이 오늘의 테마북입니다. 어서 오십시오.

켈러 : 초대해주셔서 감사합니다. 수많은 과학자 중에서 바버라 매클린톡을 선택하신 것도 놀랍고, 그녀에 대한 저의 전기를 '다윈의 서재'에 꽂아주신 것도 감사하고요.

데닛 : 사실, 책 선정을 할 때 저희 제작진 중에서도 바버라 매클린톡을 아는 사람들이 많지 않았어요. 그처럼 많이 알려진 과학자는 아닙니다. 하지만 다윈이 살아 있었다면 꼭 만나보고 싶어하셨을 분이라고 저는 확신했습니다. 궁금해하는 청취자들을 위해 이제 선생이 잘 소개해주십시오.

켈러 : 네. 최선을 다해 보겠습니다. 그녀는 1948년에 제창한 '점핑 유전자' 이론으로 1983년에 노벨 생리의학상을 받은 미국의 대표적 유전학자에요. 노벨(과학)상의 역사상 첫 여성 단독 수상자였습니다. 그녀는 한 옥수수에 다른 색깔을 띤 낱알들이 발생하는 현상을 연구했었죠. 일종의 변이현상으로 이해될 수 있었지만, 그 메커니즘에 대해서는 알려진 것이 전혀 없었어요. 이에 대해 매클린톡은 유전자들이 본래 있던 염색체에서 다른 염색체로 위치를 이동할 수 있다는 대담한 가설을 세웠고, 자리를 바꾸는 이 유전자를 '트랜스포존' 또는 '점핑 유전자'라 불렀습니다.

데닛 : 1948년이면 왓슨과 크릭이 DNA의 이중나선 구조를 규명하기도 전인데, 참 대단하네요.

켈러 : 오히려 당시 과학자들은 유전자가 고정되어 있다고 믿었

기 때문에 점핑 유전자 이론은 완전히 무시당했죠. DNA 구조 해명은 사태를 더 악화시켰습니다. 하지만 매클린톡은 그 이후로 40년 간 옥수수의 유전 연구에만 매달려 결국 1980년대에 빛을 보게 됩니다. 1970년대부터 박테리아, 초파리, 식물, 동물 등에서 트랜스포존이 실제로 발견되기 시작했거든요. 20년이나 앞선 발견이었으니 대단한 것은 맞습니다만, 바꿔 얘기하면 너무 뒤늦게 인정을 받은 경우죠.

데닛 : 그 얘길 더 했으면 해요. 왜 그렇게 무시당했습니까? 혹시 여자여서요?

켈러 : 물론입니다. 그녀는 당시 최고의 유전학 실험실의 일원으로 훌륭한 연구들을 수행했지만 단지 여성이라는 이유만으로 남자 동료들은 다 잡는 대학 교수 자리를 끝내 얻지 못했지요. 그나마 콜드스프링하버 연구소에 정착하게 된 것이 다행이었죠. 이 정도의 것들은 1940~50년대 여성 과학자라면 누구나 겪는 차별이었다고 할 수 있으니까, 오히려 그녀가 특별했던 이유를 설명하진 못합니다.

데닛 : 그렇다면 어떤 면에서 특별했나요?

켈러 : 매클린톡은 자연을 대하는 태도와 방법론에 있어서 남다른 면이 있었습니다. 우선, 교감을 통한 생명의 느낌을 중요시 했습니다. 40년 동안 옥수수만 연구한 그녀가 제게 이러더군요. "옥수수라는 식물에 대해 정말 많은 것을 배웠지요. 그래서 옥수수에 관련된 일은 보기만 해도 즉시 읽을 수 있어요. 싹이 나

서 자라는 과정을 빠짐없이 관찰해야만 나는 정말로 안다는 느낌이 들었어요. 밭에다 심은 옥수수는 모두 그랬어요. 정말로 친밀한 감정이 생겼지요."

"단지 그대가 여자라는 이유만으로" 여성에 대한 차별이 일상화된 시절, 매클린톡은 뛰어난 연구 성과에도 그 흔한(?) 대학 교수가 되지 못했다.

데닛 : 연구 대상에 대한 감정적 몰입을 이야기하는 것 같군요. 자연을 연구하는 학자들은 누구나 한번쯤 비슷한 경험을 하는 것 같아요. 침팬지를 40년간 연구한 구달 선생도 비슷한 이야기를 한 적이 있어요.

켈러 : 대가들은 역시 통하나 보네요. 그녀도 언젠가 이렇게 말했죠. "풀밭을 밟고 지나갈 때면 자꾸 미안한 마음이 들곤 해요. 발밑에서 풀들이 아프다고 아우성을 치거든요." 그녀에게 옥수수는 저 바깥의 객체가 아니라 그녀와 하나가 되어 소통하고 있는 일체였어요. 연구 대상과의 일체감을 느끼지 못한 상태에서 그것을 조각내 부분만을 이해하는 것은 온전한 과학이 아니라고도 했지요.

데닛 : 그러고 보니 그녀의 노벨상 수상 연설이 떠오르네요. 자신이 궁금해했던 문제에 대해 옥수수가 해답을 알려준 덕분에 이미 충분한 보상을 받았다면서, "연구하면서 기쁨을 다 누린 사람에게 상까지 주는 것은 공평하지 않습니다"라고 했잖아요. 사실, 이런 태도는 서양 전통에서는 드물지 않습니까?

켈러 : 바로 보셨어요. 그녀의 과학 방법론과 태도는 동양의 노장사상과 더 잘 어울리는 것 같아요. 실제로 그녀는 티베트 승려의 수행법에 큰 영향을 받기도 했어요.

데닛 : 서양식 과학의 한계를 극복하기 위해 동양 전통의 지혜를 찾는 움직임을 저도 알고는 있습니다. 하지만 제가 보기에 매클린톡은 다른 과학자들처럼 자연 속의 규칙을 발견하려고 애썼지만, 그것을 위해 오직 실험과 논리에만 의존하지는 않았다는 면에서 차이가 있는 것 같아요. 그녀에게는 생명에 대한 느낌 또는 일체감이라는 남다른 '식스 센스'가 있었던 것 아닐까요? 그런 식스 센스는 어떻게 길러지는 걸까요?

켈러 : 그녀의 대답은 "늘 충분한 시간을 갖고 관찰하라"는 것이지요. 말하자면, '느림의 과학'을 추구하라는 것이겠죠. 요즘 과학계를 보세요. 그야말로 논문 전쟁 아닙니까? 그녀 말대로 시장판이고 투기장이죠. 하지만 그녀가 그 옛날, 세포 내 유전자들의 '관계'를 포착할 수 있었던 것은 생명의 느낌에 충실한 느림의 과학 때문이었죠. 과학을 꼭 요즘 같은 방식으로 해야 하는가에 대한 진지한 고민이 필요한 시점입니다.

데닛 : 좋은 말씀입니다. 다윈이 이 전기를 읽었다면 바로 그녀의 이런 태도를 마음에 들어 했을 겁니다. 그가 자연선택 이론을 20년간 숙성시켰다는 사실은 잘 알려져 있죠. 월리스의 편지가 없었다면 어쩌면 10년은 더 끼고 있었을지 모를 일이죠. 그리고 죽기 2년 전에 마지막으로 낸 책이 지렁이에 관한 책 아닙니까? 그는 생애의 마지막까지 연구하고 또 연구했어요. 느리지만 늘 충분한 시간을 가지고 천천히 나아갔어요.

켈러 : 요즘 같으면 학계에서 벌써 도태되었을 거예요. 하하.

데닛 : 그러게요. 여하튼 오늘 매클린톡의 인생을 통해 중요한 깨달음을 얻은 시간이었던 것 같습니다. 감사합니다. 다음 주에는 전설적인 물리학자를 만나볼 차례입니다. 기대하셔도 좋습니다.

생명의 느낌

이블린 폭스 켈러 지음 | 김재희 옮김 | 양문

DNA의 구조도 발견되기 이전, 미국의 옥수수 유전학자 매클린톡은 점핑 유전자 이론이라는 매우 색다른 생각을 학계에 발표한다. 그 이론은 당시 과학적 상식으로는 터무니없는 것처럼 인식되어 곧 사장되었다. 과학철학자인 켈러가 매클린톡의 업적과 생애를 추적했다. 과학에서 여성/남성, 서양/동양, 그리고 중심/주변의 차이를 진지하게 고민하게 한다.

재미가 없는데 노벨상이 무슨 소용인가?

리처드 파인만 지음 ◆ 파인만!

리처드 파인만
Richard P. Feynman

미국의 물리학자로 20세기 최고의 물리학자라고 할 수는 없을지라도 최고의 이야기꾼임은 분명하다. 1965년 양자역학에 대한 공헌으로 노벨물리학상을 받았다. 어려운 과학을 보통 사람의 언어로 풀어내는 데 탁월한 실력을 발휘했다.

데닛 : 한여름 밤입니다. 청취자 여러분, 한 주 동안 별고 없으셨지요? 오늘 저는 미국 캘리포니아 공과대학의 한 대형 강의실에 와 있습니다. '한여름 밤의 과학 강연'을 듣기 위해 온 수백 명의 청중들과 함께 있습니다. 보이시지요? 오늘은 이렇게 초대 손님의 강연을 먼저 들은 후, 그를 따로 만나서 대담을 하려고 합니다. 이 분은 양자전기역학 이론을 개발한 공로로 노벨 물리

학상을(1965년) 수상한 이 대학 물리학과의 리처드 파인만Richard Feynman 교수입니다. 강의가 막 시작되는 것 같습니다. 저희는 열심히 듣고 다시 오겠습니다.

··· 1시간 30분 후 ···

데닛 : 파인만 선생, 강연 잘 들었습니다. 물리학에는 문외한인 저도 어느새 양자의 기묘한 세계를 조금은 이해할 수 있을 것 같아요.

파인만 : 성공이네요. 사실, 교과서의 공식적인 양자 역학은 저도 이해하기 어렵답니다. 그래서 언제부턴가 제 식대로 이해하고 가르치고 있죠. 하하.

데닛 : 수식 하나 쓰지 않고도 이렇게 훌륭한 물리학 강연을 할 수 있다는 사실이 참 놀라울 따름입니다. 이런 명강의를 놓칠 수 없어서 보스턴에서 여기까지 날아온 것 아닙니까?

파인만 : 선생이 '다윈의 서재' 녹화를 위해 여기 온다는 소식을 듣고 처음엔 좀 긴장을 했었어요. 하지만 저는 한번 시작하면 몰입하는 스타일이에요. 설명에 집중하면 다른 것은 아무것도 생각나지 않거든요. 제가 대학원 시절에 어쩌다 세미나를 하게 되었는데, 지도교수가 폰 노이만(컴퓨터 이론의 아버지), 볼프강 파울리(1945년 노벨 물리학상 수상자) 등과 같은 대가들을 다 초대한 거예요. 이거 큰일 났다 싶었는데, 설상가상으로 아인슈타인

도 납신다는 겁니다. 얼굴이 새파랗게 질리긴 했지만 막상 발표를 시작하니까 앞에 누가 앉아 있는지 보이지도 않더군요.

데닛 : 저도 책에서 그 에피소드가 참 인상적이었어요. 대체 그런 담력은 어디서 배운 겁니까?

파인만 : 아버지는 늘 권위에 굴종하지 말라고 말씀하셨어요. 어려서부터 그런 걸 배워서 그런지, 권위와 격식 같은 것은 체질적으로 딱 질색이에요. 남이 그런 행세를 하면 되레 놀려주고 싶어서 못 견딜 지경입니다. 제 삶에서 가장 곤혹스러웠던 순간은, 스웨덴 왕실의 격식을 참고 견디지 않으면 노벨상을 받을 수 없었다는 점이었어요. 이것 때문에 노벨상을 받을까 말까 정말 많이 고민했습니다. 노벨상을 탔다고 해서 권위를 조롱하던 평생의 습관이 하루아침에 달라질 수 있겠습니까?

데닛 : 정말 그 얼마 안 되는 격식이 그렇게도 힘들던가요? 노벨상에 목메는 과학자들이 한둘이 아닌데요, 과학자의 최고 영예를 그런 식으로 생각하는 선생이 정말 특이하군요.

파인만 : 사실, 노벨상 수상자 발표가 있는 11월에는 이름 꽤나 있는 과학자들이 긴장을 합니다. 제 경우에는 새벽 3시에 전화벨이 울렸죠. 노벨상 수상자로 선정되었다고 알리면 제가 기뻐할까봐 그 새벽에 전화를 했다고 하더군요. 하지만 저는 "지금 자고 있으니까 아침에 다시 전화해주세요"라며 끊고는 그냥 자려 했어요. 계속 울려대는 전화 소리에 결국 그러지 못했죠. 솔직히 노벨상에 별다른 감흥이 없었습니다. 다른 사람들이 제 연

구 결과를 받아들이고 활용하는 것만으로도 저는 이미 충분한 상을 받았다고 생각했거든요. 그거면 되는 것 아닌가요?

데닛 : 아휴, 속이 다 후련하네요. 요즘에는 심지어 연구를 하다 보니 노벨상을 받는 게 아니라 되레 노벨상을 목표로 연구하고 지원하는 풍토가 대세인 것 같아요. 과학기술을 지원하는 정책도 노벨상에 대한 집착이 너무 심하죠. 옛날에는 이러지 않았어요. 선생처럼 노벨상을 좀 우습게 여기는 과학자들도 많이 나왔으면 좋겠어요.

파인만 : 뭐, 상금은 좋더군요. 조그만 별장을 하나 샀죠. 하하. 저는 사람을 움직이게 하는 것은 세 가지가 있다고 생각해요. 재미, 의미, 그리고 돈이죠. 제 경우, 그중에 제일은 '재미'였습니다. 어느 날 저는 맹세를 했죠. 재미없는 일은 평생 안 하겠다고요. 요즘 사람들을 보면 주로 돈에, 그리고 '노벨상 수상의 영광'과 같은 의미에 너무 집착하며 사는 것 같아요.

데닛 : 그러면, 선생은 오늘 같은 강연도 다 재미 때문에 하는 건가요? 이 책의 어딘가에서 그랬죠? 선생은 노벨 물리학상보다 물리학을 훌륭히 가르친 공로로 받은 '물리교육상'을 더 가치 있게 여긴다고요.

파인만 : 사실이에요. 대가들끼리 자신들만 아는 용어로 고준담론을 펼치는 것은 전혀 어렵지 않습니다. 하지만 물리학을 일상 언어로 보통 사람들에게 말하는 것은 정말 어려워요. 여기서는 거장의 권위 따위는 아무짝에도 쓸모없습니다. 오직 문외한인

그들을 충분히 이해시킬 만큼 '진짜로' 알고 있는지가 관건입니다. 일상 언어로 설명할 수 없다면 아무리 대가라 해도 진정으로 이해하지 못한 경우입니다.

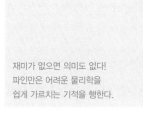
재미가 없으면 의미도 없다!
파인만은 어려운 물리학을
쉽게 가르치는 기적을 행한다.

데닛 : 다윈도 소통을 위해 엄청나게 노력했습니다. 심지어 런던의 일일 노동자들도 《종의 기원》을 읽을 수 있도록, 책값도 보급판 가격으로 낮췄습니다. 《종의 기원》을 가리켜 세상을 바꾼 '과학책'이라고 하는데, 거기엔 수식이 하나도 없죠. 그리고 당시에 누구나 관심이 있었던 비둘기와 개의 육종 이야기로 책을 시작했어요. 복잡한 논의도 더러 있긴 하지만 중심 논리는 아주 간명했습니다. 오죽하면 그의 절친 헉슬리가 《종의 기원》 원고를 처음 읽어보고는 이런 말을 했겠습니까? "바보 같이 왜 난 이렇게 간단한 것을 먼저 생각해내지 못했을까!" 오늘 그가 여기 있다면 당신과 밤이 새도록 이야기꽃을 피울 것 같군요.

파인만 : 저도 일반인들을 상대로 수많은 강연들을 했고 책도 많이 냈었는데요, 복잡한 현대 물리학을 쉽게 가르치기란 쉬운 일

이 아니죠. 하지만 정말 재미있었어요.

데닛 : 특급 물리학자 중에서 선생처럼 책을 많이 낸 사람도 드물걸요? 저는 그중에서 세 권짜리 《물리학 강의》를 최고로 칩니다. 지식이 아니라 통찰을 얻을 수 있는 책이죠.

파인만 : 아 그 '빨간책'(표지가 빨간 색으로 되어 있음)이요? 학부 학생들을 위한 기초물리학 강의였는데요, 재미 그 자체였죠. 전 정말 재미없으면 안 한다니까요. 하하.

데닛 : 오늘은 특히 매우 유쾌한 대담이었습니다. 여기서 마무리를 지어야 하는 게 아쉽네요. 파인만 선생, 감사합니다. 청취자 여러분, 이제 '다윈의 서재'가 마지막 방송만을 남겨두었습니다. 다음 주에 만나 뵙겠습니다.

파인만!

리처드 파인만 지음 | 랠프 레이턴 엮음
김희봉 · 홍승우 옮김 | 사이언스북스

20세기 최고의 물리학자이자 최고의 이야기꾼인 리처드 파인만의 자서전 같은 책이다. 여기서 그는 자신의 어린 시절, 학창 시절, 때로는 문제가 되기도 했던 '맨해튼 프로젝트' 참여 과정, 그리고 사랑과 이별의 과정에서 겪었던 기발하고 유쾌하고 때로는 감동적인 일화들을 풀어놓았다.

다윈이 20년간 자신의 이론을
발표하지 않은 이유

에이드리언 데스먼드 · 제임스 무어 ◆ 다윈 평전

제임스 무어
James Moore

영국의 과학사학자로 영국 개방대학
교 과학기술사 교수이다. 1970년대부
터 에이드리언 데스먼드와 함께 다윈
의 평전을 준비하는 과정에서 많은 다
윈 관련 논문과 저서를 발표했다.《다
윈 평전》외에도 다윈에 관한 책만 여
러 권 썼다.

데닛 : 청취자 여러분, 안녕하십니까? '다윈의 서재'를 진행하고
있는 철학자 대니얼 데닛입니다. 지난 4월에 시작한 본 프로그
램이 이번 시간을 마지막으로 대단원의 막을 내리게 되었습니
다. 그동안 '다윈의 서재'에는 총 20명의 쟁쟁한 저자들이 다녀
가셨고, 우리는 그들과 함께 총 21권의 책을 함께 읽을 수 있었
습니다. 이 스튜디오에서만이 아니라 사원, 미술관, 강당에서도

진행되었지요. 우리는 오늘, 런던의 남동쪽에 위치한 다운Downe 이라는 도시의 한 저택에 들어와 있습니다. 다윈은 1842년에 런 던에서 이곳으로 온 이후로 요양을 위해 잠시 비웠던 적을 빼고 는 줄곧 여기서 지냈습니다. 우리는 '다윈의 서재' 마지막 방송 을 진짜 다윈의 서재에서 진행하고 있는 중입니다. 제 뒤에 책 장들이 보이시지요? 컴퓨터그래픽이 절대 아닙니다. 오늘은 마 지막 방송답게 다윈의 일대기를 쓴 역사가를 여기에 초대하여 다윈을 추억하는 시간을 가지도록 하겠습니다.《다윈 평전》의 공저자인 제임스 무어James Moore 교수(영국 개방대학 과학사)를 모 시겠습니다. 어서 오세요. 반갑습니다.

다윈의 서재

무어 : '다윈의 서재' 최종회에 이렇게 출연하게 될 줄은 정말 상 상도 못했습니다. 저는《다윈 평전》의 자료 수집을 위해 여기에 세 번 정도 들렀는데요, 이런 방송이 가능한 곳일지는 몰랐습니

다. 여하튼 영광입니다.

데닛 : 선생은 진화론의 역사를 공부하셨고 다윈 전문가이시니까, 우리가 다윈에 대해 궁금한 것은 모두 대답해주실 수 있으시겠죠?

무어 : 제가 오랫동안 다윈의 일생을 연구했기 때문에 다른 분들보다 더 많이 아는 것은 사실일 겁니다. 물론 다 알 수는 없죠.

데닛 : 저희가 홈페이지 게시판을 통해 "다윈에게 물어보세요"라는 항목을 만들었습니다. 거기 올라온 질문들 중에서 가장 중요하다고 생각되는 몇 개를 추려서 선생께 여쭤볼게요. 오늘은 다윈을 대신하여 답변하시는 날입니다. 가장 많이 올라온 질문부터 하죠. "다윈은 왜 20년 동안 자신의 자연선택 이론을 발표하지 않았는가?"입니다.

무어 : 그 질문이 나올 줄 알았습니다. 다윈은 《종의 기원》이 출간되기 20년 전쯤인 1838년에부터 이미 그 이론을 마음속에 품고 있었죠. 그는 자신의 비밀 노트에 종들이 분기하는 그림을 그려보고는 생명의 나무 개념에 대해 감을 잡기 시작합니다. 하지만 어찌된 일인지 이후로 20년 동안이나 자신의 생각을 논문이나 책으로 정리해서 발표하지 않았어요. 요즘 과학자들의 관행으로 보면 이해하기 힘든 일이죠. 가령, DNA의 이중나선 구조를 발견한 왓슨과 크릭도 경쟁 팀들보다 한 발이라도 앞서기위해 온갖 술수를 다 썼잖습니까? 과학에서는 누가 제일 먼저했느냐가 목숨만큼이나 중요한데요, 다윈은 그 혁명적 이론을

20년 동안이나 품고 있었단 말입니다. 왜 그러셨을까요?

데닛 : 그게 저의 질문이었답니다.

무어 : 우선 치열한 경쟁이 일상화된 요즘 시대의 눈으로 보면 이 지체 현상이 참 특이해 보입니다. 하지만 '출판하지 못하면 죽는다publish or perish'와 같은 문화가 과학계에서 보편화된 건 한 세기도 채 안 됩니다. 19세기 초 중반에는 다윈처럼 서두르지 않고 느긋하게 이론을 숙성시키는 사람들이 적지 않았어요. 전문가 이상의 실력을 갖췄지만 단지 취미로 과학을 하는 사람들도 많았고요.

데닛 : 그러니까, 우선권에 대해 별로 신경 쓰지 않았다는 말씀인가요? 정말인가요? 다윈과 똑같은 이론을 제안한 앨프리드 러셀 월리스의 편지를 받은 것이 엄청난 자극이 되어 부랴부랴 《종의 기원》의 출간을 준비하게 된 에피소드는 꽤 유명하지 않습니까? 신경을 좀 쓴 것 같은데요.

무어 : 다윈도 사람인데 왜 '최초'라는 타이틀에 욕심이 없었겠습니까? 사실, 월리스의 편지는 그에게 엄청난 좌절이었죠. 지난 20년 동안 숙성시켜 온 자신의 이론을 요약해서 표현한 듯 너무 명쾌했거든요.

데닛 : 누군가 "2등은 영원히 기억해주지 않는다"고 그러던데, 월리스는 엄격히 말하면 2등이 아니라 공동 일등이었어요.

무어 : 맞아요. 그의 편지를 받고 깊은 좌절에 빠져 있던 다윈에게 후커와 라이엘 같은 지인들이 묘안을 제시했죠. 월리스와 함

께 공동으로 논문을 발표하라고요. 물론 그들은 다윈이 그 이전부터 자연선택 이론을 숙성시키고 있었다는 것을 개인적으로 잘 아는 막역한 친구들이었습니다. 그렇기 때문에 공식적으로는 공동 일등이 맞는 겁니다.

데닛 : 월리스의 반응이 궁금해요.

무어 : "내가 존경해마지 않는 다윈 선생과 공동으로 논문을 발표하다니, 이건 가문의 영광이다"라고 했어요. 진짜로요. 다른 사람 같았으면, 난리가 났겠죠. 다윈이 내 아이디어를 훔쳐갔다면서요. 하하. 월리스는 대단한 인격의 소유자였어요.

데닛 : 다윈도 그런 월리스를 끝까지 잘 챙겨주었잖아요.

무어 : 그래서 사람들은 그 둘의 관계를 '태양과 달'의 관계라고 말하기도 합니다. 어쨌든 다시 원래 질문으로 되돌아가봅시다. 다윈이 20년간 자신의 이론을 발표하지 않은 이유가 무엇이냐는 거잖습니까? 저희는 그가 쓴 편지, 공책, 비밀 공책, 초고, 주석 등을 찾아내 분석을 해봤습니다. 역사가들의 싸움은 어떤 기록archive을 봤느냐로 결판나는데, 그런 면에서 다윈은 참 고마운 분이에요. 거의 모든 기록을 고스란히 남겼거든요. 특히 편지는 1만 4500통이나 됩니다. 아마 실제로는 평생 수만 통은 썼을 겁니다. 한 2000명 정도와 편지로 교류를 했던 것 같아요.

데닛 : 전자메일이 있었다면, 하루에 수십 통은 썼겠네요. 하하.

무어 : 1844년 어느 날, 후배 식물학자 후커에게 보낸 편지에서 이런 고백을 하더군요. "나는 종이 불변하지 않는다는 사실을

확신하오(마치 살인을 자백하는 것 같구려)." 이런 것들을 보고 저희는 다음과 같은 의심들을 해봤습니다. '시골에 칩거하면서 비밀 공책에 불온한 생각을 적어갔지만, 파장이 두려워 20년 동안이나 발표를 미룬 것은 아닐까?' '자신의 이론이 국교회를 공격하던 급진파에 의해 악용되고, 무신론자로 취급당할까 봐 몸을 사렸던 것은 아닐까?' 저희는 《다윈 평전》에서, 급진주의자로 몰려 사회적 지위와 안락한 가족, 그리고 물려받은 풍부한 유산을 잃을까 고뇌하고 있는 한 혁명가의 사회적 초상을 그리고 싶었어요.

데닛 : 저도 선생의 그런 역사 서술이 매우 인상 깊었습니다. 그런데 솔직히 의심스러운 부분도 있었어요. 다윈이 정말 이러한 '이중생활'(내적으로는 필사적으로 진화론을 사수했지만 두려움 때문에 겉으로는 발표를 꺼린)을 했을까요? 가령, '살인을 자백하는 심정'이라는 표현은 진지한 고백이라기보다는 후배에게 한 농담 같은 것일 수도 있지 않을까요? 사실, 종이 변한다는 생각 자체가 파문당할 정도의 아이디어는 아니었잖아요. 얼마 전에 온라인 다윈 전집 프로젝트를 책임지고 있는 역사학자 반 아와히John van Wyhe의 글을 읽은 적이 있는데요, 다윈은 1858년 이전에도 자기 이론의 축약본을 출간하려고 열심히 노력했다고 합니다. 그런데 결정적으로 비글호 항해기를 업데이트하고 따개비에 대한 연구에 매달린 나머지 자연선택 이론에 천착하지 못했다고 하더군요. 이게 출간이 늦어지게 된 진짜 이유라는 거에요.

다윈의 서재

무어 : 글쎄요. 저희는 다윈이 너무 고민하다가 20년 동안이나 이론을 숨겼다고 해석하고 싶습니다. 역사는 아카이브를 어떻게 해석하는가의 문제이지요.

데닛 : 물론 그렇지요. 하지만 '숨겼다'라는 표현이 좀 강하게 느껴지는 건 사실이에요. 고뇌한 것도 맞고 20년 늦은 것도 맞지만, 그렇다고 일부러 숨긴 것은 아닐 수 있잖아요.

무어 : 저희가 당시 다윈의 심리 상태를 완벽하게 이해한다는 것은 불가능한 일이니까 그 누구도 이 부분에 대해서는 확실하게 답할 수 없다고 봅니다. 다만 저희는 만일 그에게 숨기려는 의도가 없었다면 이해가 불가능한 노트, 일기, 편지 들이 많다는 주장을 하고 있는 겁니다.

데닛 : 네. 잘 알겠습니다. 어쨌든《다윈 평전》은 지금까지 제가 읽어본 다윈 전기들 중에서 가장 풍성한 내용을 담고 있어요. 한 명의 위대한 과학자가 등장하게 된 사회적 맥락을 자세히 드러내줌으로써 복잡다단한 사회 속에서 고뇌하는 지식인의 모습이 어떤 것인가를 사실적으로 잘 그려주고 있거든요. 일반인들도 다윈에게서 정감을 느낄 것 같아요. '다윈도 결국 나와 같은 인간이었구나' 하고요.

무어 : 이게 다 다윈이 메모지 한 장 버리지 않고 보관해둔 덕분이에요.

데닛 : 그래서 다윈이 편집증 증세가 있었을 거라는 사람이 있는 거겠죠. 하하.

무어 : 그 꼼꼼한 기록들을 들추며 다윈을 재구성하는 동안 저희들은 참 행복했답니다.

데닛 : 네. 좋습니다. 이쯤에서 '다윈의 서재' 전체를 마무리하기로 하지요. 아참, 잊을 뻔했습니다. 제가 이 서재의 책들을 훑어보다가 깜짝 놀랄 사실 하나를 발견했었지요. 다윈이 왜 멘델 유전학 대신 엉성하고 틀린 유전 이론을 받아들였는지 아세요?

무어 : 그거야 멘델과 그의 완두콩 유전학에 대해서 모르고 있었기 때문이지요.

데닛 : 바로 그것에 대한 이야기예요. 왜 모르고 있었을까요?

무어 : 멘델 논문을 읽지 않아서 그런 거 아닌가요? 멘델 논문이 수록된 논문집에서 앞뒤로 있는 다른 논문들은 읽었는데 그 논문만 안 읽었더군요.

데닛 : (표정이 어두워지며) 그건 어떻게 알았어요?

무어 : 그건 다윈 전문가들에게는 이미 잘 알려진 사실입니다. 몇 년 전에 이 서재에 꽂혀 있는 그 논문집을 제 눈으로 확인한 적도 있어요.

데닛 : 아, 네. 그러시군요. 저는 혹시나 저만 그 사실을 발견한 줄 알고 우쭐했었는데, 역시나 제가 늦게 안 사실이었군요. 역사학자들은 참 꼼꼼하시네요.

무어 : 역사학자는 디테일에 강한 사람들이죠. 하하.

데닛 : 그렇군요. 어쨌든 '다윈의 서재' 마지막을 이렇게 진짜 다윈의 서재에서 그의 인생을 논하며 끝낼 수 있다는 것은 평생

잊지 못할 경험이 될 것 같습니다. 청취자 여러분, 지난 스물한 주 동안 어떠셨나요? 책은 많이 읽으셨나요? 완독하신 분들을 위한 행사는 따로 계획하고 있는 거 아시지요? 향후에 홈페이지 공지 사항을 참고해주십시오. 아, 그리고 '다윈의 서재에는 대체 몇 권의 책이 꽂혀 있을까?'라는 퀴즈 아시죠? 정답은 "1480권"이라고 하네요. 이걸 다 세어본 연구자가 있나봅니다. 그리고 이 중에서 다윈은 730권 정도에 꽤 자세한 메모들을 남겼다고 합니다. 몇 년 후면 이 책들과 그 속의 메모들이 디지털화되어 누구나 온라인으로 볼 수 있게 된다는군요. 이 프로젝트를 진행하는 연구자들은 다윈이 자연세계뿐만 아니라 책을 통해서도 엄청난 지식을 얻었다는 데 확신하고 있습니다. 이곳이야말로 세상을 바꾼 서재로군요. 그동안 경청해주시고 성원해주신 여러분, 대단히 감사합니다. 이제 '다윈의 서재' 문을 닫겠습니다. 대니얼 데닛이었습니다. 안녕히 계십시오.

다윈 평전
에이드리언 데스먼드·제임스 무어 지음 | 김명주 옮김 | 뿌리와이파리

다윈은 국내에서 가장 저평가된 과학자이자 사상가다. 이 책은 저명한 다윈 연구자들이 일차 사료들을 바탕으로 쓴 방대한 분량의 다윈 평전이다. 이 책에 그려진 다윈이 진짜 다윈의 모습이냐에 관한 논쟁은 있지만, 이 평전은 다윈의 일생과 진화론의 탄생에 얽힌 수많은 진실을 담고 있다. 그의 업적을 깎아내리는 이들의 오해를 불식시킬 수 있을 것이다.

"장 교수님, SBS 나경수 피디입니다. 그간 별고 없으셨지요?"

2009년 11월 말 어느 날, 저녁 약속을 위해 연구실 문을 막 나서는데 전화벨이 울렸다.

"오랜만이네요. 나 피디님, 잘 지내셨죠? 어쩐 일이세요?"

예전에 나경수 피디가 담당하고 있는 북토크 프로그램에 전문가 패널로 초대를 받아 두어 번 출연을 한 적이 있었다. 그 후로 우리는 가끔씩 연락을 하고 지내는 사이가 되었다.

"축하합니다. 교수님의 《다윈의 식탁》이 12월 마지막 주 테마북으로 선정되었습니다. 이번에는 패널이 아니라 저자로 출연해주셔야겠습니다."

이건 분명 반갑고 기뻐해야 할 일이지만, 주인공으로 방송에 출연을 해야 한다니 큰 부담이었다.

"고맙습니다. 그런데 나 피디님이 저와 친해서 절 추천하신 것 아니에요? 그건 내부 거래인데……. 하하."

나 피디가 수화기 너머로 껄껄 웃는다.

"무슨 소리를요. 하루는 제 동료가 교수님의 《다윈의 식탁》을 너무 재밌게 읽었다고 그러대요. 어떻게 독자를 그렇게 들었다 놨다 할 수 있냐며 씩씩대더군요. 에필로그를 읽다가 그만 집어던질 뻔했다면서요. 그래도 자신이 스포일러는 될 수 없다며 끝까지 왜 그러는지는 얘기 안 해줬어요. 하하. 덕분에 궁금해져서 저도 열심히 읽어보았지요."

나는 "아, 네……"라고 할 수밖에 없었다. 당시 《다윈의 식탁》을 읽은 독자들이 그런 반응을 보이는 경우가 있다는 것을 나도 알고 있었기 때문이다.

"결국 그 친구가 강력 추천했어요. 저는 제청만 했죠.."

나는 감사하다는 말씀을 전하며 출연을 약속했고, 12월 말 쟁쟁한 패널들과 함께 녹화를 무사히 마쳤다. 녹화가 잘 되었는지, 스태프들의 표정이 어둡지 않았다. 이어진 뒤풀이에서 나 피디가 갑작스럽게 질문했다.

"장 교수님, 오늘 고생 많으셨어요. 그런데 혹시 미국 공영라디오 들어보셨나요?"

뜬금없는 질문이었지만 나는 고개를 끄덕였다.

"네, 그럼요. 제가 미국에 있을 때는 매일 틀어놓고 지낼 정도였어요. 요즘은 가끔씩만 인터넷으로 들어요. 뉴스도 있지만 특히 지식인들이 좋아할 만한 프로가 많거든요."

나 피디는 내 말을 기다렸다는 듯이 말한다.

"혹시 올해 방송된 '다윈의 서재'라는 프로 들어보셨어요? 데닛 교수가 진행하는 도서 프로그램이었는데 큰 화제가 되었다고 하더라고요. 아 맞다. 데닛이 교수님의 지도교수셨죠?"

나는 나 피디를 보고 웃으며 말했다.

"그걸 제가 놓쳤겠습니까? 저의 선생님이 진행자인 것도 있었지만, 어디서 그렇게 화려한 출연자를 한꺼번에 만날 수 있겠어요."

2009년 3월부터 진행된 미국 공영라디오의 '다윈의 서재'는 한마디로 대박이었다. 이 프로그램은 그해 라디오 아카데미상 Radio Academy Awards의 최고 스피치best speech 부문에서 대상을 받았고, 거기서 소개된 책 중에는 방송 후 한 주 동안 아마존 서점의 베스트셀러 목록에 단숨에 오른 책도 여럿 있었다. 라디오 프로그램이 이렇게 성공적일 수 있었던 이유는 무엇이었을까? 초호화 출연진뿐만은 아니다. 군더더기 없이 책의 중심 주제로 빠르게 파고드는 돌직구 스타일의 진행과 내용도 한몫을 했을 것이다. 게다가 신간이 아니라 문제작을 중심으로 책을 선정한 것도 넓은 독자층을 얻게 된 요인이었다.

나 피디가 맞장구를 친다.

"역시 들으셨군요. 그와 비슷한 걸 저희도 해보고 싶어요. 사실 며칠 전에, 새 프로그램의 로드맵을 짜보는 기획회의를 했어요. 우리는 상황이 다르니 '다윈의 서재'와 똑같은 형식은 어렵겠지만, 창의적으로 변형시켜보려고요. 사실, 저희는 장 교수님을 진행자가 아니라 북토크 강연자로 모시고 새로운 프로그램을 만들면 어떨까 고민하고 있습니다. 교수님의 서재에 꽂힌 책들 중에서 주요 도서 30~40권 정도를 고르셔서 매주 한두 권씩 15분 정도의 짤막한 강연을 해주시는 방식이에요. 독자들이 핵심을 놓치지 않도록 말이에요. 어떠세요?"

갑작스런 제안에 적잖이 당황스러웠다. 하지만 내가 사랑한 책들을 공중파 TV를 통해 다른 사람들과 공유한다고 생각하니 묘한 매력이 느껴졌다.

"음, 매주 녹화라 부담스럽긴 한데, 좋은 책을 알린다는 공익적 취지도 있으니 진지하게 고민해보겠습니다. 대신 당장은 힘들어요. 시간을 두고 철저히 준비를 한 후에 시작할 수 있으면 좋겠어요. 몸무게는 5킬로그램은 줄여야겠고…… 큰일이네요. 뱃살은 금방 안 빠지는데……."

나 피디가 허허 웃는다.

"저희가 몸무게를 대신 빼드릴 수는 없지만, 코너 제목은 교수님의 이름을 따서 지어드릴게요. 준비가 되시는 대로 제게 연락을 주세요. 기다리고 있겠습니다."

제2부

장대익의
서재

안녕하세요. 서울대학교 자유전공학부에서 학생들을 가르치고 있는 장대익입니다. 진화와 철학을 공부하고 있습니다. 사실 이렇게 책을 소개하는 방송 프로그램에 출연하게 되리라고는 상상조차 못했습니다. 아마 저의 어머니가 이 방송을 보고 계시다면 세상에 참 별일 다 있구나, 하실 겁니다. 저는 어렸을 때 책과는 거리가 아주 먼 아이였습니다. 밖에 나가 친구들과 노는 것이 가장 좋았고, 책을 읽기 시작하면 5분을 못 버텼습니다. 중학교 시절까지 책을 끝까지 읽은 경우가 손에 꼽을 정도였지요. 방학 숙제로 독후감이 있었는데 누이가 대신 써준 적도 여러 번 있었습니다. 게다가 그 당시 남자 아이들이 좋아할 만한 만화도 그다지 좋아하지 않았어요. 텍스트를 읽는 것 자체에 별로 흥미가 없었던 것 같아요.

하지만 저에게도 변화가 생겼습니다. 선생님을 잘 만난 경우 이지요. 고등학교 때 제가 존경하던 국어 선생님, 영어 선생님이 계셨는데 그분들이 수업 시간에 훌륭한 작가와 책을 많이 소개 해주셨어요. 거기서 큰 영향을 받았습니다. 글을 통해 사람의 마음을 움직인다는 것이 매우 멋진 일이라는 생각을 처음으로 하게 되었지요. 학교에는 조그마한 도서관이 있었고 사서 선생님도 계셨는데, 방과 후에 잠시라도 들려 이런 저런 책을 훑어보던 기억이 납니다. 가령 함석헌 선생님의 《뜻으로 본 한국역사》 같은 책은 몇 번이고 대출했었지요. 비록 당시에는 독서력이 부족해 끝까지 읽지는 못했습니다.

대학은 공대를 다니긴 했지만 저는 주로 종교와 철학에 관한 책들을 꽤 읽었습니다. 그러던 제가 전공을 바꿔 대학원에서 과학철학과 과학사, 그리고 진화론을 공부했는데요, 그때부터 책은 제 일상의 밥과 같은 존재로 변했습니다. 수면제에서 밥으로의 진화라 할 수 있죠. 책을 늘 끼고 살았고 좋은 책을 구입하는 게 가장 큰 욕망이었습니다. 그러니 책 읽기가 힘드신 분들이 여기 계시다면 절대 실망하거나 포기하지 마십시오. 적어도 저의 변화를 보시면 희망을 가지실 분들이 많을 겁니다. 다 때가 있는 것 아닐까요?

앞으로 장장 17주 동안 제가 여러분을 매주 저의 서재에 초대하려고 합니다. 저 혼자 읽기 아까운 중요한 책들을 매주 두 권 정도씩 소개해드리려 해요. 고백하자면, 며칠 전에야 책 선정 작업을 끝냈습니다. 책 고르기가 여간 힘든 게 아니더군요. 마치 책들이 "제발 저를 선택해주세요"라고 유혹하는 것 같았어요. 사실 제게 서재는 늘 그런 유혹의 장소입니다. 리처드 도킨스의 용어를 빌어 표현하자면, 저의 서재는 '밈meme들의 아우성', 또는 '밈들의 전쟁터'라고 할 수 있을 겁니다(여기서 '밈'은 문화 전달자입니다). 즉, 장대익의 마음을 사로잡으려는 단어들, 문장들이 서로 치열한 생존 투쟁을 벌이고 있는 공간, 그곳이 바로 저의 서재입니다.

오늘 이 시간에 이 전투의 승자들을 살짝 공개하겠습니다. 앞으로 제가 소개할 책들을 다음과 같이 다섯 개의 책장에 분류하여 꽂아보았습니다.

1 인간과 자연

북토크 1 ― 내 인생을 바꾼 과학책

북토크 2 ― 우리의 마음은 아직도 수렵 · 채집중?

북토크 3 ― 섹스와 음식, 우리를 인간으로 만든 것들

북토크 4 ― 과학은 의식의 문제를 해결할 수 있을까?

2 생명과 우주

북토크 5 ― 지구는 어떤 행성인가?

북토크 6 ― 생명은 어떻게 진화했는가?

어떠신지요? 책장이 마음에 드십니까? 문학 책장은 왜 없냐고요? 예술 책장은 어디 있냐고요? 문학과 예술은 저도 사랑하지만 그 분야에 중요한 책을 소개해드릴 만한 전문성은 제게 없습니다. 전통적인 의미에서 인문사회 쪽 책들도 거의 없지요?

그쪽 관련 책들에 대한 소개는 상대적으로 책으로나 방송으로 많이 나와 있습니다. 제가 이번 프로그램을 통해서 소개하고 싶은 책들은 주로 과학 도서들입니다. 그리고 제 목표 중 하나는 과학 관련 책들에 대한 여러분의 편견을, 혹시라도 있다면, 깨려는 것입니다.

여러분은 작년 한 해 동안 과학책을 몇 권 정도 읽으셨나요? 과학책은 대체 왜 읽으시는지요? 아마 대부분의 분들이 지적 호기심, 즉 우주와 자연에 대해 알고자 하는 욕망 때문에 책을 펼치실 겁니다. 물론 저도 마찬가지입니다. 과학책에는 그 욕망을 채우기에 적합한 새로운 정보들이 가득하지요. 하지만 과학서에는 유익한 정보만 들어 있지 않습니다. 제가 이번 프로그램을 위해 제 서재에서 들고 나온 책들은 거의 전부 과학 관련 도서이지만, 그 책들은 우리 삶의 모든 영역에 대해 이야기합니다. 호기심도 채워주지만 호기심 너머에 있는, 세상 모든 것에 대한 '과학적 통찰'을 던져주는 책들입니다. 그래서 저의 미션은 여러분들이 이 프로그램을 통해 과학책이 지식과 정보만이 아닌 문화와 사상에 관한 책이라는 사실을 자연스럽게 느낄 수 있게끔 하는 일입니다. 이런 의미에서 제 서재의 책들은 무늬는 과학서이지만 내용은 인문서인 것들이 많습니다.

비밀을 하나 말씀드릴까요? 제가 이런 큰 기획에 동참하게 된 결정적인 이유는 담당 피디께서 저에게 책을 마음대로 선정해도 된다고 했기 때문이었습니다. 죄송한 말씀입니다만, 기존의 도서 프로그램들은 대개 구성상의 균형을 위한답시고 과학책을 구색 맞추기 정도로 갖다 씁니다. 어디 도서 프로그램뿐이겠습니까? 오히려 대부분의 독자들이 과학책을 옵션 정도로 여기고 있기 때문에 도서 프로그램이 그런 생각들을 반영한 것이겠지요. 과학책을 이런 식으로 소비하는 행위는 과학의 존재감에 대한 심각한 저평가로 이어집니다. 그리고 그 저평가는 현대 사회에 대한 난독증을 유발합니다(과학기술이 없는 현대 사회를 상상할 수 있으신가요?). 다시 이 장애는 과학서에 대한 난독증으로 이어집니다. 출구가 없는 악순환이지요.

그래서 저는 제작진을 설득했습니다. 과학책을 인문의 중심에 놓는 새로운 도서 프로그램을 해보자고 말입니다. 오늘 이 시간에 제가 여기에 서 있을 수 있는 것은 놀랍게도 그 제안이 받아들여졌기 때문입니다. 이제 여러분을 저의 서재로 안내하겠습니다.

◆

1

인간과 자연

Human & Nature

내 인생을 바꾼 과학책

북토크 1

종의 기원 ◆ 세상을 바꾼 책

우선 첫 시간이니 제 인생에 커다란 영향을 준 과학책부터 소개해드릴까 합니다. 2009년은 찰스 다윈Charles Robert Darwin(1809~1882) 탄생 200주년이자《종의 기원》출간 150년을 맞는 뜻 깊은 해였습니다. 그래서 여러 종류의 행사들이 전 세계적으로 진행되어 다윈과《종의 기원》을 기념했죠. 어쩌다가 저도 국내의 진화론 전문가 축에 끼다 보니 여기저기서 벌어진 강연과 행사 등에 참여하게 되었는데요, 그때마다 다윈과 진화론을 제대로 알리는 일이 그리 녹록치 않다는 사실을 느끼게 되었습니다. 여기에는 여러 가지 이유가 있겠지만, 무엇보다 진화에 대한 대중들의 오해가 큰 것 같습니다. 이번 시간에는 제 생각과 인생을 바꾼 진화론 관련 서적을 소개할까 합니다.

우선, 방청객 분들 중에《종의 기원》을 직접 읽어보신 분 있나요? 손 들어보시겠어요? 역시 없네요. 시청자 분들은 어떤가요? 아마 별로 없는 것으로 압니다. 제가 만나본 사람들 대략 백 명 중 한 명 정도가 읽어보려고 시도는 했으나 결국 실패했다고 하더군요. 물론 저처럼 진화론을 연구하는 학자들에게도《종의 기원》은 쉬운 책이 아닙니다. 게다가 지금까지 출판된 번역본은 문장이 매끄럽지 않은데, 이것 또한 가독성을 떨어뜨리는 요인이지요.

하지만,《종의 기원》은 당대 최고의 베스트셀러 중 하나였고, 오늘날에도 여전히 수많은 독자들을 흥분시키는 최고의 과학 고전 중 하나임은 틀림없습니다. 실제로 다윈은 6판을 찍으면서 출판사 사장에게 "런던의 일일 노동자들도 사서 볼 수 있도록 책값을 내리자"고 제안했을 정도로, 당대에《종의 기원》은 대중성도 확보한 책이었습니다.

그런데 문제는 지금의 독자들입니다. 실제로《종의 기원》을 읽어보려고 책장을 넘겼던 독자들은 몇 쪽을 넘기다 이내 실망하곤 했을 것입니다. 세상을 바꾼 과학책이기에, 그리고 그런 과학서들 중에서도 한번 도전해볼 만한 책이기에 책장을 넘겨보았겠지만, 육종사 또는 원예사나 관심 있어 할 법한 내용으로 가득 차 있는 것을 보고 의아해했을 것입니다. '어째서 이런 것

들이 인류의 지성사를 뒤흔든 책의 주요 내용이란 말인가?' 하
면서 말이죠.

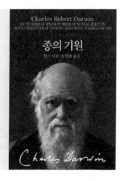

종의 기원
찰스 다윈 지음 | 송철용 옮김 | 동서문화동판
—
19세기 영국 사회와 문화에 대한 배경지식을
조금만 갖춘다면 〈종의 기원〉이 가진 풍부한
문화적 의미도 파악할 수 있다.

그렇습니다. 하지만 19세기 영국 사회와 문화에 대한 한 움큼
의 배경지식만 있어도 그 의아함과 지루함은 쉽게 사라질 수 있
을 것이라 생각합니다. 다윈이《종의 기원》초반부에서 비둘기
사육사, 개 육종사 들의 입을 빌려 변이에 관해 얘기했던 것은
그만한 문화적 배경이 있었기 때문입니다. 당시 영국 사회에서
는 육종이나 애완동물 품평회가 대유행이었습니다. 그래서 인
공선택으로 만들어진 변이들에 대해 그야말로 누구나 관심이
있었던 시대였죠. 이런 사실을 배경에 깔고 다윈은 자연선택에
의한 진화를 다음과 같이 설명합니다. "육종사들은 선택적 교배
를 통해 몇 세대 만에도 자신들이 원하는 동물들을 만들어낼 수
있는데, '하물며' 자연은 그 엄청난 세월 동안 이토록 정교하고
다양한 동식물들을 만들어낼 수 없겠는가?" 이 위대한 유비 ―

저는 이것을 '세상에서 가장 아름다운 하물며'라고 합니다만 — 는 당대의 유행과 문화를 사려 깊게 활용한 경우라 볼 수 있습니다. 이런 배경을 잘 이해한다면 적어도《종의 기원》전반부를 읽으면서 조는 일은 없겠죠?

그럼에도 불구하고 다윈과 진화론을 이해하기 위해 원전을 직접 읽는 사람은 극소수일 것입니다. 그렇다면 다윈의 후예들이 쓴 저서 중에서 진화론의 정수를 잘 소개한 책들은 어떤 것이 있을까 궁금하시죠? 저는 진화론을 소개할 때마다 다음의 세 권을 강력히 추천합니다.《눈먼 시계공》,《이기적 유전자》, 그리고《생명, 그 경이로움에 대하여》입니다. 처음 두 권은 영국의 동물행동학자 리처드 도킨스의 저작이고, 마지막 한 권은 도킨스의 라이벌로 미국의 고생물학자였던 스티븐 제이 굴드의 저서입니다.

눈먼 시계공 ◆ 자연선택은 힘이 세다

흔히들 다윈의 《종의 기원》이 출간된 이후에 그의 자연선택 이론은 과학계에서 승승장구했을 것이라고 생각합니다. 하지만 실제로는 그렇지 않았습니다. 다윈의 '자연선택에 의한 진화'란 생존과 번식에 차이를 불러일으키는 변이들이 존재하고, 그 변이들 중 일부가 다음 세대에 대물림 될 때, 집단의 구성이 이후에 달라지는 현상을 뜻합니다. 사람들은 곧바로 의심하기 시작했습니다. '고작 이런 기계적 과정이 어떻게 자연계의 변화를 다 설명할 수 있겠나?' 심지어 말년에 다윈 자신도 용불용설을 받아들이면서 스스로 뒷걸음질을 치기까지 했습니다. 자연선택 이론은 집단 유전학이 꽃을 핀 1940년대에 와서야 과학계에 완전히 받아들여지게 됩니다. 리처드 도킨스는 《눈먼 시계공》에서 다윈보다 더 자연선택의 힘을 강조하며 다윈주의의 전통을 계승했습니다. 그는 자연선택을 이 '눈먼 시계공'에 비유했습니다. 왜 그랬을까요?

아직도 많은 분들이 반문합니다. '자연선택'이라는 기계적인 메커니즘을 통해 어떻게 자연계에 가득한 복잡함과 정교함이 다 설명될 수 있느냐고 말이죠. 의심이 가는 분들은 《눈먼 시계공》을 꼭 읽어보십시오. 그러면 자연선택 과정이 무작위적 변이 생성을 추려내는 누적적이고 창조적인 과정이라는 것을 알게 될 겁니다. 개인적으로 이 책은 제 인생을 바꿔놓은 책입니다. 그 어떤 확신과 확실함도 없었던 대학원 초기 시절, 저는 이 책을 읽고 진화론에 매료되었고 진화가 실제 일어난 자연현상임을 확신할 수 있었지요. 그 이후에 다윈의 《종의 기원》을 읽어보았지만, 솔직히 제게는 도킨스의 《눈먼 시계공》이 자연선택 이론을 가장 설득력 있게 설명한 최고의 진화론 서적으로 남아 있습니다. 유전자의 관점에서 세상을 보게 만든 《이기적 유전자》의 충격은 그다음이었지요. 《눈먼 시계공》을 이렇게 짧게 언급하는 것은 적절하지 않으니, 여섯 번째 강연 시간에 다시 자세히 다루도록 하겠습니다.

《이기적 유전자》에 대해서는 더 이상 설명이 필요 없을 정도로 많이 알려져 있으니 짧게만 언급하겠습니다. 흔히 이 책을 읽고 "그래 맞아. 동물과 인간은 다 이기적인 존재이지. 이 책은 그것을 너무 잘 보여주었어"라는 식으로 정리하는 독자들이 많습니다. 상당히 똑똑한 독자들도 그런 실수를 하지요. 하지만 그것은 명백한 오독입니다. 실제로 이 책의 메시지는 정반대입니다. 왜냐하면 "유전자는 이기적인데 어떻게 이타적인 개체들이 진화할 수 있는지"를 보여준 것이 바로 이 책이 한 일이기 때문이지요.

몸이 건강하려면 편식을 해선 안 된다고 하죠? 지식도 마찬가지입니다. 현대 진화론의 지형도에는 흥미롭게도 양대 산맥이 있습니다. 예컨대 도킨스의 반대편에 굴드라는 산맥이 있다는 말입니다. 우리는 진화에 대한 굴드식의 해석을 읽음으로써 진화론의 또 다른 맛과 영양분을 얻을 수 있습니다. 그중에서도 저에게는 《생명, 그 경이로움에 대하여》가 가장 독특한 맛으로 느껴졌습니다. 자연선택의 메커니즘보다 '우발성contingency'이라는 요소가 생명의 진화에서 더 큰 역할을 했을지 모른다는 생각을 하게 만들었기 때문입니다.

6500만 년 전 쯤에 소행성들이 지구를 들이받은 사건이 있었습니다. 그 당시 지구상에 서식하고 있던 동식물의 관점에서 보면 정말 느닷없는 일이었죠. 이 우발적 사건 때문에 지구상의 생태계는 엄청난 변화를 겪었습니다. 그동안 거의 1억 3000만 년을 호령하던 공룡들이 대멸절하게 되었고, 그에 비하면 보잘 것 없던 포유류와 영장류의 시대가 활짝 열리게 된 것입니다. 자연선택을 통해 오랫동안 아무리 잘 적응을 해온 존재라 하더라도 크고 작은 우발적 사건들 때문에 단번에 훅 갈 수 있는 것이죠. 생명의 진화를 이 시각에서 보게 되면 우발성은 생명이 처한 매우 본질적인 특징인 셈입니다. 굴드는 이 책에서 버지스이판암Burgess Shale에 새겨진 캄브리아기 대폭발Cambrian explosion

에 관해 이야기하면서 생명이 얼마나 우발적인 존재인지를 흥미롭게 보여주고 있습니다.

생명, 그 경이로움에 대하여
스티븐 제이 굴드 지음 | 김동광 옮김 | 경문북스
—
생명은 우발적 존재임을 이보다 더 잘 설명하긴 힘들다.
현재의 생명은 수많은 멸종의 위기를 뚫고 운좋게
살아남은 것들이니 경이로울 수밖에 없지 않은가?

김연아를 보세요. 어떻게 그렇게 멋진 스케이팅과 아름다운 연기를 할 수 있게 되었을까요? 물론 본인의 타고난 재능과 피나는 노력이 뒤에 있었겠지만, 저는 한때 그녀의 라이벌이었던 아사다 마오의 존재가 매우 컸다고 생각합니다. 진화론도 마찬가지입니다. 비록 굴드는 2002년 세상을 떠났기 때문에 지금은 볼 수 없지만 도킨스팀과 굴드팀의 라이벌 관계가 현대 진화론의 맛과 향을 더욱 깊고 그윽하게 만들었다는 사실은 변함이 없습니다(저의《다윈의 식탁》은 그러한 치열한 논쟁을 담은 책입니다).

오늘은 '장대익의 서재' 첫 번째 시간으로 제 인생을 바꾼 과학서 세 권을 소개해보았습니다. 여러분의 인생에 영향을 미친 과학책은 무엇입니까?

우리의 마음은 아직도 수렵 · 채집중?

북토크 2

빈 서판 ◆ 차마 인간이 백지 상태로 태어난다고 말하기 전에

여러분 지난 한 주 잘 지내셨는지요? 오늘은 '장대익의 서재' 두 번째 시간입니다. 자녀 갖기를 망설이고 있는 신혼부부에게 어르신들이 종종 해주시는 말씀이 있습니다. 바로 "제 밥그릇은 타고나니 걱정마라"라는 말이죠. 하지만 이런 회유책보다는 '자식은 부모하기 나름'이라는 주변의 충고가 더 부담스러운가 봅니다. 모두들 아시다시피 우리 사회의 출산율은 세계 최저 수준이지요. 자식들의 교육을 위한답시고 '기러기'도 마다않는 부모들이 과연 어르신들의 '타고남' 발언에 귀 기울일까요? 하지만 부모 맘대로 안 되는 게 또 자식 교육 아니겠습니까? 아무리 좋

은 환경을 조성해줘도 아이가 자신의 계획대로 쉽사리 자라주지 않는다는 사실, 부모가 된 경험이 있으신 분들은 모두 공감하실 겁니다. 이게 바로 부모가 갖게 되는 엄청난 딜레마라는 것을요.

방과 후에 학원 두세 군데는 더 갔다 와야 하루 스케줄이 끝나도록 아이들을 '통제하는' 보통의 가정들을 생각해볼까요? 이것을 보면 우리는 분명 본성nature보다는 양육nurture 쪽에 더 큰 방점을 찍고 사는 것 같습니다. '타고난', '선천적', '본능적'과 같은 단어들은 왠지 구시대적 잔재처럼 들리죠? 특히 지식인들에게는 이런 단어들이 일종의 금언입니다. 왜냐하면 지식인들은 인간의 타고난 본성에 대한 믿음이 온갖 불평등을 정당화해주는 근거라고 보기 때문입니다.

하지만, 이런 생각을 해보시진 않으셨나요? '이런 통념이 과학적으로는 얼마나 설득력이 있을까?'라는 생각 말입니다.

오늘 소개할 책의 주인공은 언어학 분야의 석학이요, 탁월한 진화심리학자로 인정받고 있는 하버드 대학교의 스티븐 핑커Steven Pinker(1954~) 교수입니다. 그는 《빈 서판》, 원문으로는 The Blank Slate라고 하는 책에서 17세기의 철학자 로크 이후로 오늘날까지 맹위를 떨치고 있는 인간 본성에 관한 이른바 '백지' 이론을 본격적으로 비판했습니다. 그는 인지신경학, 행동유전학, 진화심리학이 밝혀낸 놀라운 반대 증거들에도 불구하고 많은 지식인들이 '빈 서판', '고상한 야만인', '기계 속의 유령'이라는 세 가지 독단에 빠져 허우적대고 있다고 진단했습니다. 여기서 '빈 서판'이라는 말은 마음에는 타고난 특성이 없다는 것이고, '고상한 야만인'이라는 말은 인간은 선하게 태어나지만 사회 속에서 타락한다는 것입니다. 그리고 '기계 속의 유령'이라는 것은 우리 각자는 생물학적 제약 없이 자유로운 선택을 할 수 있는 영혼을 지니고 있다는 말입니다.

그가 이 세 가지 독단을 비판하는 요지는 이렇습니다. 우선 지난 반세기 동안 '행동주의behaviorism' — 인간의 마음을 블랙박스로 상정하고 자극과 반응의 관계만으로 이해하려던 사조 — 는 과학의 전 분야에서 축출되었다는 사실입니다. 둘째, 인간의 심성도 수렵·채집기의 진화적 적응 환경에 잘 적응한 것일 뿐 본래 선한 것도 악한 것도 아니라는 사실이 수많은 증거들에 의해 밝혀졌다고 이야기합니다. 마지막으로 그는 최근에 눈부신 발전을 보이고 있는 뇌과학을 언급하면서 이제는 뇌의 작용과 정신 활동을 분리하여 이해하기는 힘들다고 말합니다.

혹시 '빈 서판'이라는 책 제목만 보고 "인간이 백지 상태로 태어난다고 믿는 이가 요즘 어디 있다고 난리야"라며 혀를 끌끌 차는 독자들이 있을지 모르겠습니다. 하지만 여러분이 너그러운 마음으로 몇 쪽만이라도 주의 깊게 읽어보시면 백지 이론을 '실질적'으로 신봉하고 있는 이들이 의외로 상당히 많다는 것을 알게 되실 겁니다. 어쩌면 여러분들 자신이 그런 사람들 중 한 사람일 수 있다는 사실을 발견하고는 깜짝 놀랄지도 모르죠. 핑커 교수는 백지 이론이 여전히 '공식 이론'으로 통한다고 말합니다.

철학과 종교, 세계관과 이념 뒤에는 늘 특정한 인간관이 숨어 있기 마련입니다. 예컨대 서양의 기독교는 인간의 타락한 본성을 이야기하고, 동양의 맹자는 성선설을 전제하고 있습니다. 그런데 언제부턴가 신경과학, 유전학, 진화론과 같은 현대의 과학들도 인간의 본성에 관해 목소리를 높여오고 있습니다. 저자는 이런 목소리가 과거의 우생학과 같은 헛소리와 어떻게 다른지, 또한 좌파의 오해와는 달리 얼마나 급진적일 수 있는지를 설명하며 현대의 지식인들에게 '구더기 무서워 장 못 담그는 일'이 없기를 당부합니다.

빈 서판
스티븐 핑커 지음 | 김한영 옮김 | 사이언스북스
이 책은 선언한다. 인간은 결코 '빈 서판'의 상태로 태어나지 않는다. 인간에게는 타고난 본성이 있다.

제가 이 책을 읽으면서 놀랐던 것은 이 책이 일반 대중서에서는 좀처럼 보기 드물게 치밀한 분석과 설득력 있는 논증, 그리고 깊이 있는 학제 간 연구로 무장돼 있다는 사실이었습니다.

제가 생각하기에 이러한 핑커의 솜씨는 퓰리처상을 두 번씩이나 받은 하버드 대학교의 사회생물학자 윌슨보다 더 세련돼 보일 정도였습니다. 인간 본성에 대한 생물학적 이해가 인간의 가치를 위협한다고 믿는 이들에게 이 책은 당분간 최종 반론서의 역할을 훌륭히 담당할 것이라 봅니다.

오늘의 두 번째 책은《빈 서판》보다 먼저 나온 핑커의 대표작입니다. 한번 상상해보십시오. 만일 촘스키가 다윈을 만났다면 어떤 일이 일어났을까요? 아마 이 책의 저자인 핑커처럼 되었을지도 모릅니다. 핑커는 하버드 대학교 심리학과로 적을 옮기기 전, 그러니까 촘스키의 동료로서 메사추세츠 공과대학(MIT) 교수를 지내던 시절에 진화심리학의 메카인 캘리포니아 대학교(산타바버라 캠퍼스)에서 골수 다윈주의자들과 연구년을 보낸 적이 있었습니다.《마음은 어떻게 작동하는가》는 그때 쓴 책으로, 핑커를 밀리언셀러 저자로 등극시켰습니다.

마음은 어떻게 작동하는가
스티븐 핑커 지음 | 김한영 옮김 | 동녘사이언스
—
심리학에서 드디어 다윈의 목소리가 들리기 시작했다.
그 목소리를 가장 뚜렷하게 알린 진화심리학의 고전이다.

여기서 그는 인간의 주요 인지 과정과 사회적 능력 등이 왜 지금과 같은 기능을 하는가에 대해 진화심리학적으로 탐구하고 있습니다. 그에 따르면 언어, 추론, 수리, 짝짓기 능력 등은 수렵

·채집기에 우리를 옥죄었던 적응 문제들을 해결하게끔 자연선택에 의해 직접적으로 설계된 적응이고, 종교, 예술, 창의성, 유머 등은 다른 적응들의 부산물입니다. 그는 적응과 부산물의 차이를 다음과 같이 쉽게 설명합니다. 사람들은 누구나 딸기 치즈 케이크를 좋아하는데 이것은 치즈 케이크를 좋아하게끔 미각이 진화했기 때문이 아니라, 달고 기름진 음식을 선호하면 생존과 번식에 유리했던 수렵·채집기의 적응 부산물이라는 것입니다. 인간의 마음과 행동에 대한 이러한 진화론적 접근이 지금은 상식으로 자리 잡아가고 있지만, 이 책이 처음 나올 당시만 해도 매우 생소하고 논쟁적인 시각이었습니다.

우리가 찬란한 현대 문명 속에 있지만 사실은 수렵·채집기에 잘 적응된 몸과 마음을 장착한 채 살아가고 있다는 주장은 흥미롭긴 하지만 불편한 견해입니다. 저자는 이런 견해를 바탕으로 진화심리학적 인간관이 기존의 인간 본성론과 얼마나 큰 차이를 보이는지 이야기합니다. 다음과 같은 그의 결론은 본능에 대한 우리의 통념을 깨고 있습니다. "인간과 동물의 차이는 인간이 훨씬 더 많은 본능을 갖고 있다는 점이다." 이 책은 이후에 쏟아져 나오기 시작한 진화심리학 관련 서적들의 플랫폼 같은 기능을 담당했습니다.

양복을 입은 원시인 ◆ 유전자에 새겨진 문명

진화론을 가르치고 연구하며 먹고 사는 저에게 가끔씩 정색을 하며 질문을 던지는 분들이 있습니다. "도대체 요즘 '진화'가 뜨는 이유가 뭡니까?" 사실, 그렇습니다. 어림잡아 한 해 출간되는 과학 신간 도서의 반 이상이 진화를 직접적으로 다루거나 그와 관련된 책이라 해도 과언이 아닐 정도니까요. 심리와 행동을 다루는 책에서도 진화는 약방의 감초처럼 등장합니다. 특히 최근 몇 년 사이에는 '진화심리학'이라는 분야에 걸쳐 있는 책들이 봇물처럼 쏟아져 나오고 있지요. 진화심리학이 사람들의 마음을 이토록 빨리 사로잡게 된 것은 왜 일까요?

양복을 입은 원시인
행크 데이비스 지음 | 김소희 옮김 | 지와사랑
—
양복만 쫙 빼입었을 뿐, 우리는
아직 원시인이나 마찬가지다.

저는 그 이유를 '이제 우리도 먹고살 만해졌기 때문'으로 봅니다. 다소 엉성하긴 하지만, 이것이 저의 첫 번째 대답이지요. 생존 자체가 목표가 되어야 하는 시대의 사람들에게는 자신의 과거에 대한 궁금증은 버거움 그 자체였을 겁니다. 인간의 마음과 행동이 어떻게 진화해왔는지에 대한 관심은, 그래서 기본적으로 지적 사치에 가깝다고 할 수 있지요.

《양복을 입은 원시인》에서 진화심리학자 행크 데이비스Hank Davis는 현대인의 마음이 여전히 수렵 · 채집기의 원시 논리에 붙박여 있다고 이야기합니다. 이 책에서 저자는 현대인의 미신과 비이성, 그리고 종교가 어떤 진화론적 연원을 갖고 있는지를 밝힘으로써, 과학기술이 발전한 오늘날에도 인류 전체가 심하게 앓고 있는 '정신적 지체 현상'에 관해 과학적 통찰을 제공합니다. 현대인은 그저 겁 많은 원시인의 두뇌를 그대로 간직한 채 겉만 번듯한 양복을 입고 있는 우스꽝스런 존재라고 말이죠. 저자는 이 자화상이 미신, 외국인 혐오증, 국수주의, 전쟁, 테러, 종교 갈등의 배후라고 주장합니다. 이 주장에 대해 여러분들은 어떻게 생각하십니까? 과거에 너무 많은 짐을 지운 것 같다는 생각이 들지는 않나요?

인류 진화의 역사를 1년 치 달력으로 표현해봅시다. 침팬지와의 공통 조상에서 갈라져 나온 600만 년 전을 1월 1일 0시라고 한다면, 인류가 가축을 기른 시점은 12월 31일 오전 6시고, 도시가 형성된 것은 같은 날 오후 3시며, 산업혁명은 밤 11시 40분에야 겨우 시작됩니다. 이 사실로 미루어 보건대 인류는 거의 모든 기간을 원시인처럼 수렵·채집을 하며 지냈고, 우리의 유전자와 뇌는 그 환경에 잘 적응하게끔 진화되었습니다. 진화심리학의 이 주장에는 인류의 원시 유전자와 뇌가 지난 몇 만 년 간의 급격한 환경 변화를 따라잡기엔 역부족이라는 전제가 깔려

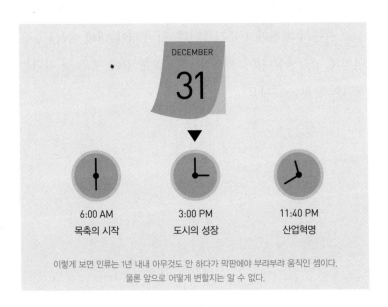

이렇게 보면 인류는 1년 내내 아무것도 안 하다가 막판에야 부랴부랴 움직인 셈이다.
물론 앞으로 어떻게 변할지는 알 수 없다.

있습니다.

그런데 이 전제에 반기를 든 책이 있었으니, 바로 그레고리 코크란Gregory Cochran(1953~)과 헨리 하펜딩Henry Harpending(1944~)이 함께 쓴《1만 년의 폭발》입니다. 일반적으로 인류사에서 문명의 빅뱅에 관해 이야기할 때, 진화론적 고려가 전혀 없는 사람들은 대개 생물학적(유전적) 진화가 멈춘 후 문화가 그 바통을 이어받았다고 생각하는 경향이 있습니다. 그런데 흥미로운 사실은 진화심리학자들도 우리의 유전자와 정신이 수렵·채집기에 맞게 진화한 후 더 이상 큰 변화를 겪은 바 없다고 주장한다는 점입니다. 문명은 그저 수렵·채집기에 적응된 유전자와 정신의 산물이거나 부산물일 뿐, 문명 자체가 유전자와 정신의 진화를 추동할 수 있다고는 생각하지 않으려 하는 것이지요.

하지만 이 책에서 인류학자 코크란과 하펜딩은 1만 년 전 부터 시작된 인류의 문명이 어떻게 인류의 진화에 터보 엔진을 달아줬는지를 역설하고 있습니다. 그들은 인류학적 발견과 유전학적 증거들을 통해 지난 1만 년의 문명 변화가 인류의 정신과 유전자에 준 큰 영향들에 주목했습니다. 특히 인류의 역사에서 농경의 탄생은 모든 것을 바꿔놓았습니다. 가령 인류가 아프리카 밖으로 퍼져나가기 전인 6만 년 전에 인구는 대략 25만 명이었는데, 농경문화가 확산됨으로써 3000년 전쯤에는 약 6000만 명까지 늘어났습니다. 이로 인해 이전에 10만 년에 한 번씩 발생했던 유리한 돌연변이는 400년마다 생길 수 있게 되었지요. 따라서 1만 년으로도 인류의 진화사에 의미 있는 유전적 변화가 생기기엔 충분했었다는 것이 그들의 설명입니다.

저자들은 인류가 소를 기르기 시작하면서 성인이 되어도 젖당을 소화할 수 있게 만드는 유전자가 널리 퍼지게 된 사례, 유럽인이 몰고 간 병원균이 아메리카 문명은 몰락시켰지만 각종 전염병에 단련된 아프리카 문명에겐 무력했다는 사례 등을 통해 역사학과 생물학의 융합도 시도하고 있습니다. 물론 재러드 다이아몬드의 역작《총, 균, 쇠》를 떠올리면, 이런 융합 자체가 그리 낯설지는 않을 것입니다. 하지만 저자들이 강조하는 것은 지난 1만 년 동안 문명에 의해서 생겨난 인류의 유전적 변화입니다. 이들에게 문명은 더 이상 유전자의 결과만이 아니라 원인이기도 합니다. 비유하자면, 진화심리학자들은 문명에 새겨진 유전자를, 이들은 유전자에 새겨진 문명을 이야기하고 있는 것이지요.

1만 년의 폭발
그레고리 코크란·헨리 하펜딩 지음 | 김명주 옮김 | 글항아리
—
진화가 문명을 낳았는가, 문명이 진화를 추동했는가?
이 책은 인류의 문명이 유전적 변화를 이끌었다고 주장한다.

이런 차이에도 불구하고 저는 이 두 권의 책《양복을 입은 원시인》과《1만 년의 폭발》이 과거에 대한 더 풍부한 '사치'를 우리에게 제공한다고 생각합니다. 하지만 그저 사치에만 그치는 것은 아닙니다. 아마 이 책을 다 읽은 독자들은 이런 '사치품'이, 사실은 우리 자신의 현재를 이해하고 현대 사회의 문제를 진단하며 미래의 비전을 세우는 데 얼마나 절박한 '필수품'인지를 깨닫게 될 것입니다. 이것이 바로 진화라는 키워드가 오늘날 널리 회자되고 있는 또 다른 이유입니다. 오늘 우리는 네 권의 책을 통해 인간 본성에 대한 진화심리학적 견해와 그에 대한 흥미로운 반론을 살펴보았습니다. 오늘 강연은 여기까지입니다. 감사합니다.

◆

섹스와 음식, 우리를 인간으로 만든 것들

북토크 3

연애 ◆ 인간의 마음은 수컷 공작의 꼬리다

안녕하세요. '장대익의 서재' 세 번째 시간입니다. 지난주 방송 게시판에 이런 항의가 올라왔습니다. "우리가 뭐 대학생인 줄 아냐. 한 주에 네 권을 소개해주면 우리보고 어쩌라는 거냐! 두 권도 버거우니 제발 천천히 가자." 죄송합니다. 내용을 중심으로 엮다 보니 지난주에는 어쩔 수 없었습니다. 이제부터는 두 권 이하로 하겠습니다. 하하. 그래도 게시판을 보면 매주 소개대로 책장을 채워 가시는 분들이 적지 않은 것 같아서 반갑고 감사하네요.

오늘 내용은 여러분 모두가 좋아하고 즐기는 것들에 대한 이야기입니다. 자, 그럼 첫 번째 주제부터 시작합니다. 혹시 이런 얘기 들어보셨나요? "30세 이전에 과학에 위대한 공헌을 하지 못한 사람은 영원히 하지 못할 것이다." 이 말은 아인슈타인이 한 말인데요, 그가 무심코 던진 이 말에 얼마나 많은 과학자가 좌절했을까요? 몇 해 전 한 일본인 연구자가 이러한 내용과 관련된 흥미로운 연구 결과를 발표했습니다. 그것은 바로 280명의 위대한 남성 과학자들의 일생을 분석한 결과, 65퍼센트가 35세 이전에 자신의 최고 논문을 집필했다는 것입니다. 더욱 흥미로운 것은 결혼을 하고 나면 나이에 상관없이 학문적 성과가 급격히 줄어든다는 내용이었습니다. 반면 미혼 과학자는 나이가 들어도 계속해서 좋은 연구 결과들을 내놓는 경향을 보였습니다. 기혼 과학자에게는 참으로 슬픈 소식이겠지요? 여러분은 왜 이러한 결과가 나왔다고 생각하시나요? 이 연구를 수행한 연구자는 남성 과학자의 창조성이 짝짓기와 관련 있다고 결론지었습니다. 다시 말해, 남성 과학자들이 여성에게 선택받기 위해 기를 쓰고 경쟁을 한 결과 양질의 논문이 탄생했다는 설명이지요. 짝짓기가 창조성의 원천이라니, 여러분들은 동의하십니까?

이 주제와 관련한 좋은 책으로는 짝짓기와 인간 본성의 관계를 본격적으로 탐구한 진화심리학계의 차세대 리더 제프리 밀러Geoffrey Miller(1965~)의 《연애》입니다. 그는 이 책에서 인간 본성의 진화를 제대로 설명하려면 다윈의 자연선택론보다 성선택론이 우선해야 한다고 주장했습니다. 자신의 유전자를 다음 세대로 전달하려면 생존경쟁에서 살아남는 것은 단지 시작일 뿐입니다. 결국 짝짓기에 성공해야 비로소 진화적 과업을 달성할 수 있는 것이지요. 이런 의미에서 유성생식을 시작한 동물들에게 짝짓기는 생존만큼이나 중요하다고 볼 수 있습니다.

연애
제프리 밀러 지음 | 김명주 옮김 | 동녘사이언스
—
인간의 독특한 능력은 성선택을 위한 전략이다.
많은 예술가가 이성을 유혹하기 위해
노래를 부르고 그림을 그렸던 것처럼.

저자는 이런 중요성에도 불구하고 성선택론이 인간 본성의 진화를 논의하는 맥락에서만큼은 그동안 늘 찬밥 신세였다는 사실을 고발합니다. 동물행동학 분야에서 지난 수십 년 동안 가장 활발히 논의된 이론이 다름 아닌 성선택론이었다는 사실에 비춰보면 잘 납득이 가지 않는 말인지도 모르겠습니다. 하지만 실제로, 인간에 관한 한 성선택론은 기껏해야 짝짓기 행동 양상을 설명할 때만 주로 사용되어온 것이 사실입니다.

제프리 밀러는 인간만이 갖고 있다고 여겨지는 음악, 미술, 문학, 자의식, 언어, 유머, 창의적 사상, 종교, 도덕 능력 등 독특한 특성의 진화가 성선택의 직접적인 결과라고 해석하고 있습니다. 즉 이 모든 인간의 독특한 능력이 이성 짝을 유혹하기 위한 전략으로, 최근 250만 년에 걸쳐 진화했다고 주장하고 있는 것이지요. 그에 따르면 성선택이야말로 인간을 인간이게 만든 진정한 추동력이며, 자연선택의 힘은 생존과 크게 관계 없는 인간의 특성들을 설명하는 데 무력할 뿐입니다. 비유적으로 말하자면 인간의 독특한 본성은 수컷 공작의 화려한 꼬리와도 같습니다. 이 꼬리는 생존의 이득과는 거리가 멀며, 어찌 보면 거추장스럽기까지 합니다. 그럼에도 불구하고 암컷에게 선택을 받기 위해 진화되었지요. 이런 맥락에서 그간 "도대체 음악과 문학이 생존에 무슨 상관이 있냐?"고 반문하며 다윈의 손아귀에서 인간을 구출하려 했던 많은 분들께 이 책은 어쩌면 나쁜 소식인지도 모르겠습니다. 이제는 다윈의 왼팔, 성선택론의 팔에 다시 붙들릴 판이니까요.

여러분들은 옛날 연애편지들을 들춰본 적이 있습니까? 읽어보신 분들은 분명히 손발이 오그라들고 닭살이 돋았을 것입니다. 그렇지만 "연애를 하면 누구나 시인이 된다"는 말에 어느새 고개가 끄덕이는 것이 또 우리들이지요. 성선택과 인간 본성의 끈끈한 관계를 본격적으로 탐구한 이 책에 매료될 수밖에 없는 이유가 바로 여기에 있습니다. 도킨스의 《이기적 유전자》가 대낮에 펼쳐진 인간 본성의 진화를 다룬 책이라면, 《연애》는 한편의 '달빛 소나타'라고나 할까요? 인간 본성과 섹스가 어떻게 연관되는지 궁금하신 분들은 이 책을 읽어보십시오.

요리 본능 ◆ 고작 요리 따위가 만든 인간

제가 객관성을 유지해야 하는 상황에서 자주 사용하는 수법인데요, 어떤 외계인 과학자가 지구에 탐사를 나왔다고 상상해봅시다. 그 외계인 과학자는 지구에 살고 있는 생명체의 특성을 연구하여 보고서를 제출해야 하는 임무를 받았습니다. '호모 사피엔스'라는 종에 대한 부분에서 뭐라고 언급할까요? "호모 사피엔스는 침팬지와 가장 가까운 사촌 종들과 여러 측면에서 다른 특성들을 보인다. 첫째 어쩌구 저쩌구……." 이런 식으로 얘기하지 않을까요? 침팬지와 인간의 근본적 차이를 말하는 일은 그리 쉽지 않습니다. 게다가 우리 자신이 인간이니 객관적 탐구가 힘들죠. 그래서 때로는 외계인의 시선이 필요한 것입니다.

40년간 아프리카 탄자니아에서 야생 침팬지를 연구한 제인 구달과 그의 후예들 덕분에 우리는 침팬지에게도 뛰어난 지능, 도구 사용 능력, 그리고 언어 능력이 있다는 사실을 알게 되었습니다. 최근에는 침팬지 집단마다 고유한 '문화'마저 존재한다는 주장이 나올 정도입니다. 예컨대 서아프리카에 서식하는 침팬지들은 견과류를 돌로 내리쳐서 깨먹지만, 똑같이 견과류가 널려 있는 동아프리카의 침팬지들은 그런 짓을 하지 않습니다. 대신 흰개미 무더기에 나뭇가지를 넣어서 훑어 먹지요. 생선회를 먹는 일본의 문화와 스테이크를 먹는 서양의 음식 문화가 서로 다르듯이, 동물의 세계에서도 집단 고유의 음식 문화라는 것이 있을지도 모를 일입니다. 이제 인간 세계에만 문화가 있다고 이야기하는 것도 힘들게 된 것 같지요?

요리 본능
리처드 랭엄 지음 | 조현욱 옮김 | 사이언스북스
—
사냥감을 불에 익혀 먹기 시작하면서 인류의 진화는 가속 페달을 밟았다. 침팬지처럼 생식을 함으로써 에너지를 공급받으려면 우리는 하루 종일 뭔가를 씹고 있어야 한다.

하지만페인간과 침팬지의 차이를 깊이 있게 탐구한 외계인이라면 아마도 뇌의 차이에 주목했을 겁니다. 침팬지의 뇌 용량은 인간의 4분의 1 정도 밖에 안 되기 때문입니다. 그렇다면 600백만 년 전쯤에 공통 조상에서 갈라져 나온 두 사촌 종의 뇌 용량 차이는 대체 무엇에서 비롯된 것일까요?

구달의 발자취를 따라 탄자니아에서 침팬지의 행동을 연구했고, 최근에 하버드 대학교 인간진화생물학 학과를 만든 리처드 랭엄Richard Wrangham(1948~)은《요리 본능》이라는 책에서 '먹을거리'의 차이로 두 종의 근본적인 차이를 설명하고 있습니다. 그는 180만 년 전쯤에 우리의 조상이 불에 고기를 구워먹기 시작하면서 침팬지와 완전히 다른 길로 들어서게 되었다고 주장합니다. 그의 논리는 이렇습니다. 몸을 유지하는 데 드는 최소 에너지를

'날 음식'만으로 충당해야 한다면 여분의 에너지는 생기기 힘듭니다. 소화를 하는 데만도 엄청난 비용과 시간이 들기 때문입니다. 가령 날 음식만 먹는 침팬지는 하루 여섯 시간 동안이나 무언가를 씹고 있어야만 살아갈 수 있습니다. 그런데 인류의 진화 역사에서 어떤 무리가 '화식'을 발명하여 구운 고기를 본격적으로 먹기 시작하면서 운명이 갈라진 것이죠. 날 것을 소화하기 위해 사용했어야 할 에너지와 시간의 일부를 뇌로 보낼 수 있기 때문입니다. 랭엄은 인간이 침팬지에 비해 뇌가 큰 것은 바로 이런 먹을거리의 차이 때문이었다고 설명합니다. 또한 상대적으로 작은 턱과 입, 뭉뚝한 이빨, 그리고 짧은 소화관을 진화시킨 이유도 바로 화식 때문이라고 말합니다.

고작 요리 따위가 인간의 진화 경로를 결정했다니 놀랍지 않나요? 제가 생각하기에 이 책의 핵심 메시지는 우리가 요리 문화를 만들었지만, 그 요리 문화가 다시 우리를 만들었다는 것입니다. 좀 더 나아가면, 이것은 우리가 지금 만들고 있는 어떤 문화가 우리 미래를 결정할 수도 있다는 뜻이기도 합니다. 외계인의 시선이어야 잘 포착될 수 있는 광경이지요. 만일 인간의 독특성에 대해 탐구하는 외계인들이 존재한다면, 그들에게도 이책은 필독서가 아닐까 싶습니다.

오늘은 '장대익의 서재' 세 번째 시간으로 《연애》와 《요리 본능》을 살펴보았습니다. 두 권의 책은 우리가 지금과 같은 큰 뇌를 가진 인간으로 진화하게 된 이유를 섹스와 음식에서 찾았습니다. 그리고 보니 식욕과 성욕은 수면욕과 함께 인간의 기본 욕구로 분류되는군요. 이제는 잠이 우리를 어떻게 진화시켰는지를 연구해서 책을 쓰면 대박이 날 것 같습니다.

경청해주신 여러분, 감사합니다.

과학은 의식의 문제를 해결할 수 있을까?

북토크 4

의식의 수수께끼를 풀다 ◆ 오대수 만두에 대한 과학

안녕하세요? '장대익의 서재' 네 번째 시간입니다. 이 북토크를 시작한 지 벌써 한 달이 지났네요. 오늘은 '인간과 자연' 책장의 마지막 시간입니다. 지금까지 보셨듯이 이 책장의 책들은 세부적으로 서로 다른 목소리를 내고 있긴 합니다만, 공통된 주장이 있습니다. 바로 '인간도 곧 자연'이라는 통찰입니다. 그래서 오늘은 그동안 인간만의 것이라고 여겨져 왔고, 자연과학적 설명으로는 이해될 수 없다고 인식되어온 어떤 것에 관해 이야기해 보려 합니다. 그것은 의식consciousness입니다. 오늘의 저자는 그 의식도 자연과학적 탐구의 대상임을 줄기차게 주장해온 인지철학자입니다.

지구가 멸망하기 직전에 우주선을 타고 탈출할 수 있는 지구인이 단 1000명뿐이라고 해봅시다. 여러분이라면 과연 누구누구를 태우시겠습니까? 만일 저에게 선발 권한이 있다면 당대 최고의 석학들을 먼저 모시자고 할 것입니다. 왜냐하면 그들은 인류의 문명을 다시 꽃피울 레시피를 가진 분들이니까요. 하지만 그들 중에서도 누굴 먼저 태워야 할지 참 고민될 것 같습니다.

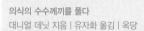
의식의 수수께끼를 풀다
대니얼 데닛 지음 | 유자화 옮김 | 옥당
—
의식은 매우 주관적 느낌처럼 여겨지지만
과학에 의해서 객관적으로 탐구될 수 있는
또 하나의 자연현상일 뿐이다.

이 시대 최고의 독창적 철학자요, 인지과학자라 불리는 터프츠 대학교의 대니얼 데닛Daniel Dennett(1942~) 교수는 저의 스승이기도 한데요. 매년 최고 지식인으로 선정되곤 하는 동물행동학자 도킨스는 그를 향해 자신의 '지적인 영웅'이라며 고개를 숙일 정도로 여러 지식인에게 '넘버원'인 분입니다. 인공지능의 대가인 MIT의 마빈 민스키 교수는 단언컨대 "지구를 대표해 외계인과 지적 대결을 펼칠 사상가를 선발해야 한다면 그여야 한다"고 말합니다.《의식의 수수께끼를 풀다》는 그 지구 대표선수의 대표작입니다.

여기서 재미난 실화 하나 말씀드릴게요. 어떤 철학 교수가 일반인 모임에 가서 자신을 대학 교수라고 소개했습니다. 그러자 주변 사람들이 슬슬 자리를 피하더랍니다. 이번에는 교수 모임에 가서 자신을 철학 교수라고 했습니다. 그랬더니 이번에도 비슷한 상황이 벌어졌어요. 마지막으로 철학 교수 모임에 가보았습니다. 전공 분야를 묻기에 의식에 대해 연구한다고 하자 모두 자리를 뜨더랍니다. 왜 이런 일이 발생했을까요? 이른바 '의식의 문제'는 20세기 철학자와 과학자 사이에서 최고 난제 중 하나로 간주되어왔습니다. 뇌 속 뉴런들의 전기화학적 작용이 의식을 만들어내는 현상, 이 자체가 도통 수수께끼 같기 때문이죠.

의식이란 무엇일까요? 박찬욱 감독의 〈올드보이〉에서 주인공 오대수는 영문도 모른 채 15년간 감금되어 매일 군만두를 먹으며 살았습니다. 이 지겹도록 생생한 군만두의 맛을 기억한 그의 복수극에서도 우리는 철학적 물음을 던질 수 있는데요. 이를테면 '과연 그 맛을 우리도 똑같이 경험할 수 있겠는가?'라고요. 아니면 이런 질문은 어떨까요? '이성의 벌거벗은 몸을 처음 보았을 때의 그 충격적 경험을 다른 이들도 과연 똑같이 가질 수 있을까?' 이러한 질문들은 결국 우리의 의식적 경험에 대한 물음이라 볼 수 있습니다.

그런데 사실 이 책 이전에 학자들은 의식을 본유적이고, 사적이며, 표현할 방법이 없는 '날 감각의 느낌'이라고 생각했고, 그 것에 '감각질qualia'이라는 특별한 별명까지 붙여주었습니다. 즉 의식은 자기 자신만의 생생하고 질적이며 내밀한 1인칭 경험이 어서 제3자가 접근할 수 없다는 것이죠. 이에 따르면 우리는 마음에 대한 과학적 탐구가 불가능해 보이는 한 가지 영역을 허용하지 않을 수 없게 됩니다. 이 예외적인 부분은 3인칭적 관점에서 있는 과학자들에게는 찜찜함 그 자체였던 반면, 철학자들에게는 과학으로 환원될 수 없는 최후의 보루를 찾았다는 안도감 같은 것이었습니다. 이것이 1990년대 초, 그러니까 이 책이 출간될 즈음의 의식 연구의 지형도였지요.

이 책은 이런 기존 견해의 근본적 문제점을 지적하고 의식에 대한 과학적 탐구를 통해 어떠한 새로운 이론이 가능한지를 밝힌 의식 연구의 기념비적 저서라 할 수 있습니다. 그의 주장은 크게 두 가지입니다. 하나는 감각질 같은 것은 없다는 것이고, 다른 하나는 객석 한가운데 앉아 뇌 속에서 일어나는 모든 일을 관찰하고 통제하는 난쟁이(호문쿨루스homunculus) 같은 의식은 존재하지 않는다는 것이죠. 데닛에 따르면, 사람들은 그동안 그가 '데카르트의 극장'이라 부르는 곳에 감각 입력들이 모이고 통합되고 상영되는 내적 자아의 공간이 있다고 믿어왔습니다. 하지만 그는 실제로 뇌에 그런 장소는 없으며, 오히려 의식은 뇌의 정보들이 다양한 메커니즘을 통해 분산적으로 처리되면서 연속적으로 생성되고 편집되는 이야기들의 흐름 같은 것이라고 주장합니다.

그렇다면 왜 우리는 스스로를 단일한 의식을 가진 행위자인 것처럼 느끼는 것일까요? 그것은 뇌에서 수많은 이야기가 병렬적으로 처리되는 과정에서 하나의 이야기로 쏠리기 때문입니다. 이것은 미국 드라마의 제작 과정과 유사한 측면이 있습니다. 무슨 말이냐 하면, 미국 드라마를 제작할 때에는 한 편의 에피소드를 위해 여러 명의 작가들이 각자의 스토리를 만들어 경쟁하는데요, 이 경쟁을 통해 최고의 스토리가 선정되고 나면 다른 모든 작가들까지 합류하여 그것을 세련되게 다듬어 내보내는 겁니다. 누구의 어떤 스토리가 선정될지는 그때마다 다르죠. 통합의 주체는 없고 매번 스토리가 편집되는 것입니다.

자, 이제 의식의 흐름을 쫓아가 봅시다. 사탕을 떠올려볼까요? '달다, 약, 의사, 축구, 김밥, 옆구리, 자두⋯⋯.' 꼬리에 꼬리를 물지만 어디로 뛸지 모르는 이 연상 작용은 통합과는 거리가 멉니다. 이것이 바로 우리 의식의 본질이지요. 그런데 그것이 마치 통합된 사적 느낌으로 인식되는 이유는, 뇌 속의 병렬처리 과정에서 매 순간 편집되는 수많은 원고들의 치열한 경쟁에서 결국 하나의 생생한 스토리만이 남기 때문입니다. 데닛은 이 사실을 알아야만 매우 매력적이지만 심각한 착각에서 벗어날 수 있다고 말합니다. 오대수의 만두 맛 느낌을 제3자는 접근할 수 없는 사적 경험이라고 생각하는 것도 바로 이런 착각 때문입니다.

혹시라도 20년이 지난 이 책을 오늘 다시 읽어야 할 이유가 무엇인지를 묻는 분이 계실지도 모르겠습니다. 그렇다면 저는 최근 전 세계의 지식 시장을 장악하고 있는 뇌과학 열풍의 철학적 진원지가 바로 이 책이기 때문이라고 감히 말씀드리고 싶습니다. 인간의 의식마저도 과학적 탐구의 대상으로 삼으려는 정신이야말로, 그동안 지향성, 지능, 자유의지, 그리고 종교까지도 자연현상으로 탐구해온 그의 일관된 자연주의 철학의 뿌리라고 할 수 있습니다. 그 덕택에 이제 과학적 탐구의 대상에서 제외된 마음의 목록은 점점 얇아지고 있습니다. 35년 전에 출간된 도킨스의《이기적 유전자》가 지금도 베스트셀러 목록에 올라와 있는 것을 이상하게 생각하지 않는다면, 이 책도 그리 될 것이란 사실에 의아해할 이유가 없습니다.《이기적 유전자》가 이타성을 과학으로 설명하려 했다면, 똑같은 일을 이 책은 의식에 대해서 하고 있기 때문이지요.

저는 언젠가 그를 찾아가 그동안 이 책이 준 영향력에 대해 물었던 적이 있습니다. 그의 대답은 간명했고 공정했습니다. "철학자들에게는 경험적 탐구를, 과학자들에게는 의식에 대한 자신의 생각을 표현하도록 독려했지요. 특히 의식의 철학적 문제들이 결코 사소한 것이 아니기 때문에 그걸 해결하기 위해 과학자들에게도 철학자의 도움이 필요하다는 사실을 알게 했지요." 책을 증보하거나 다시 쓰게 된다면 어떤 부분을 고치고 싶은지도 물어보았습니다. 데닛은 다음과 같이 말했습니다. "이 책에서는 다중원고 모형에 대한 대략적 스케치만을 했어요. 틀

릴지도 모르기 때문에 약간 조심스러웠죠. 하지만 그 이후로 이 모형에 잘 들어맞는 수많은 경험적 자료들이 쌓였어요. 그것들을 더 발전시키는 것이 다음 작업이 될 것입니다."

오늘은 단 한 권만 소개해드렸습니다. 그러나 안심하지 마세요. 이 책의 독자는 소설을 열 권 정도 읽을 시간에 잘해야 반절 정도만 소화할 수 있을 것입니다. 다음 시간에 뵙겠습니다. 감사합니다.

2

생명과 우주

Life & Universe

지구는 어떤 행성인가?

북토크 5

콘택트 ◆ 우주에 생명이 우리뿐이라면 그건 공간의 낭비다

"외계 문명이란 어디에도 존재하지 않는단 말인가? 수십억 개
의 세계 모두가 다만 황무지일 뿐, 생명체를 품고 있지 않단 말
인가? 이 외진 한구석 지구에만 지능을 가진 생명체가 살고 있는
것인가? 아무리 생각해 봐도 그것은 수긍할 수 없는 억지였다."

안녕하세요? 장대익입니다. 오늘은 책에서 발췌한 문장으로 시
작해보았습니다. 어떤 감흥이 느껴지나요? 미국 코넬 대학교 천
문학과에서는 '비판적 사고'라는 다소 생뚱맞은 과목을 매년 개
설하는데요. 지금은 이 학교 고학년이라면 누구든 수강할 수

있는 과목이 되었지만, 초기에는 그러니까 1994~96년에는 전혀 그렇지 않았습니다. "수천 년 후에 인간은 어느 행성에서 살게 될지를 과학기술적 측면에서 논하시오"라는 질문 등에 만족할 만한 답을 해야만 겨우 수강 딱지 하나를 얻을 수 있었던 희한한 수업이었지요. 담당 교수는 그럴 듯한 답안을 작성한 스무 명의 학생들을 손수 선발했는데, 수강생은 수십 대 일의 문턱을 넘은 것만으로도 행복해했다고 합니다. 왜냐하면 그 수업은 다름 아닌 칼 세이건이 가르치는 수업이었기 때문입니다.

만일 가장 똑똑한 사람을 대통령으로 뽑자고 했다면, 천문학자 세이건만큼 미국의 대통령을 여러 번 했을 만한 인물도 없을 것입니다. 생전에 그는 미국에서 가장 영향력 있는 지성으로 불리며 많은 이들의 존경을 받았습니다. 천문학계에는 '외계지성체탐사' 프로젝트와 '외계생물학'이라는 분야를 선물했으며, 대중들에게는 친절한 '우주의 대변자'요 똑소리 나는 '과학의 해설자' 역할을 멋지게 수행했죠. 그가 만들고 60여 나라의 6억 명 이상이 시청한 텔레비전 시리즈 〈코스모스〉는 여전히 과학 다큐멘터리 분야의 전설로 남아 있습니다. '과학의 대중화'는 그가 원조라 할 수 있습니다.

1985년에 발표한 《콘택트》는 그런 그가 쓴 공상과학 소설입니다. 지레 짐작으로 "과학자가 쓴 소설이 뭐 그리 대단하겠어?"라고 의심하는 분들이 계실지도 모르겠습니다. 그런 분들께는 우선 1997년 조디 포스터가 주연한 같은 제목의 영화부터

권하고 싶습니다. 영화가 끝나고 "칼Carl을 위하여"라는 자막이
올라가면 과학자에 대한 우리의 편견은 와르르 무너지게 되죠.
과학과 종교, 그리고 인류의 미래를 이렇게 지적이면서도 흥미
진진하게 담아낸 영화의 원작자가 바로《코스모스》의 그 '칼'입
니다.

콘택트
칼 세이건 지음 | 이상원 옮김 | 사이언스북스
—
과학자가 쓴 가장 아름다운 소설이다.
현재 각종 미디어에 출연하여 과학을
해설하는 이들은 모두 그에게 빚이 있다.

　원작《콘택트》에는 과학, 종교, 그리고 그 둘의 관계에 대한
흥미로운 쟁점이 등장인물의 언행과 사건을 통해 자연스럽게
드러납니다. 외계지성체탐사에 헌신한 젊은 여성 천문학자가
어느 날 외계로부터 온 신호를 해독하자 정부는 그 해독된 설계
도대로 직녀성에 갈 수 있는 운반체를 제작합니다. 우여곡절 끝
에 그녀는 그 운반체를 타고 웜홀을 지나 직녀성에 도착하는데,
거기에서 자신의 아버지 모습으로 나타난 외계인을 만나는 놀
라운 경험을 하죠. 하지만 귀환한 그녀에게는 그 명백한 경험을
입증할 수 있는 객관적 증거가 없습니다. 마치 신을 경험한 신

앙인들이 신의 존재를 입증할 수 있는 객관적 증거를 댈 수 없 듯이 말입니다.

영화 〈콘택트〉에서 주인공 엘리(조디 포스터)는 시간이
날 때마다 헤드폰을 쓰고 우주에서 오는 신호를 기다린다.

만일 소설이 이 정도에서 끝났다면 세이건을 아는 독자들은 고개를 갸웃할 것입니다. 그가 누구입니까? 서양의 인격신 개념 이 얼마나 말이 안 되는지, 신의 존재를 입증하는 것이 얼마나 어려운 일인지, 물질로 가득한 이 우주가 신 없이도 얼마나 아 름다운지를 줄기차게 설파해온 이 시대 최고의 회의주의자 아 닙니까? 실제로 그는 직녀성에 다녀온 증거를 확보하려는 주인 공의 노력을 인상적으로 묘사함으로써 과학자의 열정과 호기심 이 얼마나 고귀한 것인지를 역설하고 있습니다.

《만들어진 신》에서 종교를 거침없이 도발하고 있는 생물학자 리처드 도킨스도 이런 측면에서는 세이건의 계승자라 할 수 있습니다. 하지만 《콘택트》는 《만들어진 신》과는 달리 신앙인들에게 찬바람을 쌩쌩 불어넣지는 않습니다. 대신, 혹시 한여름에 거추장스러운 옷을 두껍게 껴입고 있지는 않은지 돌아보게 만들죠. 그래서 《콘택트》의 마지막 장을 덮을 때쯤이면 독자들은 세이건의 분신인 애로웨이 박사를 사랑할 수밖에 없게 되죠. 심지어 신앙인마저도 말입니다.

바이러스 행성 ◆ 바이러스의 시각에서 본 지구와 인간

"지구 생태계가 다 파괴되어 인류가 멸종하기 전에 과학기술을 획기적으로 발전시켜 외계 행성으로 이주해야 한다.""지금도 외계 생명체가 지구에 와 있을지 모른다." 만일 누군가 이런 주장을 진지하게 하고 있다고 해봅시다. 그는 공상과학 소설을 너무 많이 본 사람이거나 약간의 정신 감정이 필요한 사람이라는 소리를 들을 것임이 분명합니다. 그런데 만일 이 말을 초베스트 셀러《시간의 역사》의 저자이며 현존하는 가장 위대한 천체물리학자로 평가받는 스티븐 호킹 박사가 했다면 어떨까요? 그가 요즘 심심치 않게 해외 토픽에 등장하고 있는 이유는 바로 이런 발언들 때문입니다.

그의 주장을 좀 더 진지하게 경청해봅시다. 그러면 이야기가 달라지지요. 특히 외계 지성체를 찾으려는 인류의 시도에 우려를 표명하는 대목에서는 고개가 끄덕여집니다. 그는 '현 시점에서 인류가 외계 생명체를 만난다는 것은 아메리카 원주민이 인플루엔자와 천연두 같은 바이러스를 달고 온 콜럼버스를 만나는 꼴'이라며 인류의 몰살을 걱정하고 있습니다. 어쩌면 호킹은 젊은 시절에 영화 〈안드로메다 스트레인〉(1971)을 보았을지도 모르겠습니다. 외계 바이러스를 지닌 운석이 지구에 떨어지는 바람에 치명적 바이러스가 퍼져 인류가 전멸할 위기에 봉착한다는 줄거리로 되어 있는 영화죠.

미국의 저명한 과학저널리스트 칼 짐머Carl Zimmer(1966~)가 최근에 내놓은《바이러스 행성》은 호킹의 이런 우려를 다시 한 번 상기시키는 책입니다. 저자는 이 책에서 감기 바이러스, 독감 바이러스, 해양 바이러스, 면역결핍 바이러스, 웨스트나일 바이러스, 에볼라 바이러스, 천연두 바이러스 등이 어떻게 발견되었고, 어떤 행동을 보이며, 생태계와 인류에 어떤 영향을 주었는지를 차분하게 이야기하고 있습니다. 그리고 은근히 독자들에게 바이러스의 관점에서 인류와 지구의 역사를 재구성해보라고 제안하지요.

예를 들어, 천연두 바이러스의 관점에서 인류의 역사를 다시 조망해봅시다. 오한과 발열, 끔찍한 통증과 고름, 물집을 선사하는 천연두는 지난 3000년 동안 인류의 건강을 위협한 가장 치명적인 바이러스였습니다. 실제로 천연두는 기원전 430년경에는 아테네로 유입되어 군인의 4분의 1과 수많은 시민들의 생명을 앗아갔고, 1400년에서 1800년 사이 유럽에서만 한 세기마다 5억 명의 목숨을 앗아갔다고 합니다. 1241년에는 아이슬란드에 처음으로 유입되어 섬 주민 7만 명 중 2만 명이 사망했다는 기록도 있지요.《총, 균, 쇠》의 저자 재러드 다이아몬드도 밝혔듯이, 1500년 초에 스페인의 정복자들이 아메리카 원주민들을 몰살시킬 수 있었던 가장 큰 원인은 그들의 금속 무기가 아니었습니다. 역사학자들에 따르면 콜럼버스가 아메리카 대륙에 첫발을 내딛은 지 수십 년도 안 되어 원주민의 90퍼센트 이상이 사망했는데, 이런 떼죽음도 바로 천연두 때문이었습니다.

천연두뿐만이 아닙니다. 피나 정액 같은 특정한 체액을 통해 체내로 들어와 50년 동안 잠복해 있다가 1980년대에야 비로소 그 정체를 드러냈던 인간면역결핍바이러스(HIV)를 통해 걸리는 에이즈는 현대의 가장 무서운 질병 중 하나죠. 물론 지금은 좋은 약이 개발되어 사망률이 많이 낮아졌죠. 실제로 1980년대 이후로 이 바이러스에 감염된 사람들의 수는 6000만 명을 넘었으며 이 중에서 거의 절반이 사망했다고 합니다. 이쯤 되면 바이러스는 인류의 역사에서 절대로 간과할 수 없는 매우 중요한 행위자agent라고 해야 마땅할 것입니다.

바이러스 행성
칼 짐머 지음 | 이한음 옮김 | 위즈덤하우스
—
지구의 주인은 인류가 아니라 어쩌면
'한없이 작고 한없이 위대한' 바이러스일 것이다.

저자는 이 무서운 전염병의 시작에 대해 이야기합니다. HIV 유사 바이러스는 원래 아프리카의 침팬지 집단에 퍼져 있었는데, 사냥꾼들이 침팬지를 잡아먹는 과정에서 감염이 되곤 했습니다. 하지만 사냥꾼들은 자기 동네에서만 살았기 때문에 이 바이러스의 충실한 숙주 역할을 하지 못했죠. 그러다가 1990년대 초부터 오지가 개발되고 도로망이 대도시를 연결하고 많은 사람들이 왕래하기 시작하면서 HIV는 본격적으로 침팬지의 몸에서 점차 벗어나 인간의 몸을 숙주로 삼기 시작하게 됩니다. 그리고 침팬지에 대한 살상력은 줄어든 반면 인간에 대한 공격력은 배가되었죠. 즉 HIV도 수십 종의 다른 바이러스들과 마찬가지로 동물 숙주에서 인간 종으로 진화적 도약을 감행하여 꽤 성공을 거둔 DNA 서열로 등극하게 된 것입니다. 바이러스의 관점에서는 숙주들의 원활하고 광범위한 이동이 자신의 복제본을 더 많이 퍼뜨리려는 '삶의 목표'를 달성하기 위한 가장 중요한 덕목입니다. 그래서 독창적인 유전자 서열을 갖고 있어서 인류를 골탕 먹이는 바이러스는 오지 출신인 경우가 대부분입니다.

저자는 2002년 초겨울에 홍콩과 중국에서 사망자를 내면서 전 세계를 공포로 몰아넣은 중증급성호흡기증후군(SARS)도 비슷한 바이러스라고 말합니다. 그에 따르면, 이 바이러스는 중국의 박쥐에게서 시작해서 동물 시장에서 흔히 거래되는 사향고양이에게로 넘어갔고, 그것이 인류에게까지 도달했습니다. 즉 사스 바이러스도 오지에서 출발하여 대도시로 잠입한 경우였다는 것이죠. 감염자의 10퍼센트가 며칠 이내에 사망할 만큼 무서운 바이러스였지만, 인류는 동물 시장의 사향고양이 거래를 즉각적으로 금지시키고, 감염자들을 신속하게 식별하여 격리함으로써 사망자를 900명 정도에서 그칠 수 있게 잘 막아냈습니다. 최근

245
바이러스 행성

의 전염병 관리 역사에서 이 정도의 선방은 매우 고무적이라고 할 수 있을 것입니다.

그렇다면 어떤 바이러스가 얼마나 많은 인명 피해를 몰고 올지를 예측할 수는 없는 것일까요? 이미 《진화》라는 책을 출간한 저자답게 짐머는 이 책의 곳곳에서 진화론적 논리로 바이러스의 기원과 미래에 대해 답하고 있습니다. 예컨대 사람의 온갖 구멍에서 피를 흘리고 죽게 만드는 치사율 100퍼센트의 에볼라 바이러스에 관해 이야기하면서, 에볼라 유행병이 발생하면 사망자는 수십 명 선에서 끝날 수밖에 없다고 말합니다. 왜냐하면 "사람들을 앓게 하는 능력이 너무나 뛰어난 까닭에 새 숙주를 찾기도 전에 희생자들을 죽이기 때문"이죠. 에볼라가 끔찍한 바이러스이긴 하지만 인류 전체의 입장에서는 오히려 그보다 사망률은 더 낮지만 더 많은 숙주로 퍼질 수 있는 바이러스가 더 치명적일 수 있는 것입니다. 우리가 겨울철에 흔히 감염되는 독감 바이러스가 그런 류일 것입니다. 어쩌면 독감 바이러스를 비롯한 몇몇 흔한 바이러스들은 숙주의 원활한 이동을 위해 자신의 독성을 적당히 조정하는 쪽으로 진화했는지 모릅니다. 최근에도 종종 출현하고 있는 신종 인플루엔자 바이러스 등 신종 바이러스의 확산을 이해하기 위해서도 우리는 이런 진화론적 관점이 필요하다고 생각합니다.

그렇다고 이 책이 바이러스와 인간의 관계에만 초점을 맞춘 것은 아닙니다. 바이러스를 대하는 저자의 스케일은 훨씬 더 큽니다. 그는 인류의 건강을 위협하는 존재로서만이 아니라, 종 사이에서 DNA를 옮겨주고 진화의 새로운 재료를 제공하며, 생물 개체군의 크기를 조절하는 지구 생명체의 주역으로 바이러스를 바라보고 있습니다. 심지어 바이러스가 지구의 바다와 민물, 그리고 토양과 기후에까지 영향을 미치는 사례들을 소개하고 있습니다.

'외계인의 눈'으로 지구라는 행성과 그 속의 생명체를 관찰해 보면 식물의 중요성이 보일 것이고, 곤충이 새롭게 보일 것이며, 세균이 위대해 보일 것입니다. 가령 세균은 언제 어디서나 존재해왔으며 지금도 가장 많지요. 여러분들의 얼굴에도 1000종이나 서식하고 있으니까요. 물론 인간도 이 지구를 한꺼번에 좌지우지할 수 있는 지배 종이기에 눈여겨봐야 하는 존재일 것입니다. 하지만 이 책의 독자들은 지구 리그의 주전 선수를 하나 더 보강해야 할 것입니다. 외계인의 시선에서 보면, 지구는 바이러스가 접수한 행성일지 모릅니다.

오늘은 '장대익의 서재' 다섯 번째 시간으로 《콘택트》와 《바이러스 행성》을 살펴보았습니다. 갑자기 스케일이 커지는 느낌이 들지 않으십니까? 바이러스의 관점을 가져보려니 너무 작아지셨다고요? 하하. 그것이 바로 우주와 생명의 세계인 것 같습니다. 다음 주에 다시 찾아뵙겠습니다. 감사합니다.

◆

생명은 어떻게 진화했는가?

북토크 6

눈먼 시계공 ◆ 동물행동학자가 본 진화

여러분, 안녕하십니까? '장대익의 서재' 여섯 번째 시간입니다. 오늘은 첫 시간에 짧게 소개해드리고 후일을 약속했던《눈먼 시계공》얘기부터 하겠습니다.

　부시맨이 사막을 지나다가 우연히 낯선 물건 하나를 발견했다고 생각해봅시다. 마을에 돌아온 그는 조심스럽게 들고온 그 물건을 추장에게 보여줍니다. 원로들의 비밀회의가 급히 소집되었고 몇 시간이 흐르자 초조하게 결과를 기다리던 이들에게 추장은 그것이 암탉처럼 때를 알려주는 장치일 뿐 위험한 물건이 아니라고 공표했습니다. 모두들 환호성을 지르는 순간, 어디

선가 들려오는 목소리. "그러면 누가 그것을 만들어 우리에게 보냈을까요?" 아마 또 한 번의 심각한 비밀회의가 열렸겠죠? 과연 어떤 결론이 나왔을까요? 영화 〈부시맨〉에서나 나올 법한 가상 사건이긴 하지만, 정교하고 복잡한 기능들로 무장된 생명의 세계를 보고 있노라면 우리도 곧 부시맨이 될 수밖에 없을 겁니다. "도대체 이렇게 복잡한 기능들이 어떻게 해서 생겨났을까?" 하고 감탄하면서 말이죠.

적어도 서양에서는 거의 두 세기 전에 이 물음에 대한 세련된 대답이 마련되어 있었습니다. 뛰어난 신학자이면서 생물학에도 조예가 깊었던 윌리엄 페일리William Paley(1743~1805)는 《자연 신학 Natural Theology》이라는 책에서, 인간의 눈과 같은 복잡한 기관들이 자연적인 과정만으로는 도저히 생겨날 수 없기 때문에 지적인 설계자intelligent designer가 필요하다고 논증했습니다. 이것은 마치 놀라운(?) 기능을 하는 시계를 처음 보고 그것의 창조자 혹은 설계자를 떠올리는 부시맨의 추리와도 동일하지요.

영국 옥스퍼드 대학교의 저명한 동물행동학자이자 과학 대중화의 선봉장인 도킨스는 바로 그 추리가 오류임을 밝히기 위해 이 책을 썼습니다. 그의 핵심 주장은 생물계의 복잡한 기능들이 자연선택을 통해 진화할 수 있기 때문에 지적인 설계자는 필요하지 않다는 것입니다. 그에 의하면 1859년에 《종의 기원》을 출간했던 다윈이야말로 페일리식의 설계 논증을 혁파한 최초의 인물이며, 자신은 그의 발자취를 따라 자연선택의 창조적인 과정을 현대적인 관점에서 쉽게 설명해준 해설가일 뿐이라고 합니다. 그는 과학과 신앙 사이에서 괴로워했던 다윈보다 한 발 더 나아가 다음과 같은 용감한 결론을 내립니다. "우리는 다윈으로 인해 지적으로 충실한 무신론자가 되었다"고 말이죠.

눈먼 시계공
리처드 도킨스 지음 | 이용철 옮김 | 사이언스북스
—
이 책은 두 번의 선택을 강요한다.
진화론이냐, 창조론이냐?
점진론이냐, 단속평형설이냐?

자연선택이 도대체 뭐기에 창조자로서의 신의 자리마저 대신할 수 있단 말일까요? 저자는 자연선택을 시계공에 비유하고 있습니다. 여기까지는 페일리와 똑같습니다. 하지만 그 시계공이 장님이랍니다. 즉 생물의 진화 과정은 시계공이 설계도에 따라 부품들을 조립하듯 진행된 것이 아니라 오히려 설계도도 볼 수 없는 장님이 손을 더듬으며 부속을 이리저리 끼워 맞추는 식으로 진행된다는 것이죠. 저자에 따르면, 자연선택의 결과인 생명체들을 보면 마치 숙련된 시계공이 있어서 그가 설계하고 고안한 것 같은 인상을 주나, 그것은 어디까지나 인상일 뿐입니다. 실제의 자연선택은 앞을 내다보지도 못하고 절차를 계획하지도 않으며 목적을 드러내지도 않는 그런 과정입니다. 혹자는 아직도 고개를 갸우뚱할 것입니다. '그런 눈먼 시계공이 과연 인간의 복잡한 눈 구조를 만들어낼 수 있을까?' 또는 '도플러 효과를 이용해 물체의 위치를 파악하는 박쥐의 반향 위치 결정 능력이 과연 그런 과정으로 진화할 수 있을까?' 하고 말이죠.

이런 의문에 대해 도킨스는 아무렇게나 자판을 두들겨 특정한 문장을 만들 개연성을 실제로 계산해보는 방식으로 답을 하고 있습니다. 이때 중요한 전제들 중 하나는 우연히 맞춘 알파벳은 보존해야 한다는 것입니다. 그는 이런 식의 누적적이고 점진적인 과정이 단지 몇 십 차례만 반복되어도 특정한 뜻이 담긴 문장이 만들어질 수 있음을 매우 설득력 있게 보여주었습니다. 즉 복잡한 기능의 생명체가 진화할 확률은 "마치 고철더미 위에 태풍이 분 후에 보잉 747이 만들어질 확률과 비슷하며 그것은 명백히 0"이라는 창조론자들의 해묵은 비판에 대해, 자연선택에 의한 진화는 결코 그런 식으로 일어나지 않는다고 논박하고 있는 셈이죠. 저자에 의하면 자연선택 과정이 무작위적이라는 주장은 오해일 뿐입니다. 그 과정은 오히려 무작위적인 변이 생성을 추려주는 누적적이고 창조적인 과정입니다. 따라서 저자의 논리대로라면 자연계에 만연해 있는 놀라운 적응 형질들도 충분한 시간만 주어지면 자연선택에 의해 얼마든지 진화가 가능하게 되죠.

이 책의 전반부가 창조론자들에 대한 맞대응이었다면 후반부는 진화론자 진영에서 저자의 반대편에 서 있는 이른바 단속평형론자들에 대한 직접적인 반론으로 채워져 있습니다. 하버드대학교의 고생물학자였던 스티븐 제이 굴드가 바로 대표적인 단속평형론자인데요, 굴드는 저자의 오랜 경쟁자였습니다. 굴드는 대부분의 진화가 도킨스의 생각과는 달리 점진적으로 일어나는 것이 아니라 매우 긴 안정 상태를 거치다 갑작스레 도약하는 식으로 진행된다고 주장해왔습니다. 이에 대해 도킨스는 자신의 점진론이 굴드가 비판하고 있는 "등속진화론"은 아니라고 해명하면서, 마치 다윈주의를 대체할 것처럼 떠드는 굴드의 주장이 허풍에 지나지 않는다고 반박했습니다. 사실 도킨스 진영과 굴드 진영 사이에서 벌어진 논쟁은 정중한 토론과는 거리가 멀었습니다. 날이 선 말을 직설적으로 뱉어내는, 진흙탕 싸움이라고 할 정도였습니다. 아무튼 역사적으로 《눈먼 시계공》은 현대 진화론자들의 편 가르기에 큰 공헌을 한 책입니다.

그러니 이 책의 독자들은 적어도 두 번의 선택을 '강요'받습니다. 창조론이냐 진화론이냐, 도킨스식의 점진론이냐 굴드식의 단속평형설이냐? 《눈먼 시계공》은 이 두 번의 선택에 대해 다윈보다 훨씬 더 다윈 같은 답변을 내놓고 있습니다. 자연선택이 얼마나 강력한 힘인지를 알고 싶은 독자에게 이보다 더 명쾌한 책은 제가 알기론 없습니다.

출판사 편집자들 사이에는 '저자의 첫 책을 잡아라'는 속설이 있습니다. 될성부른 저자의 첫 작품에는 그의 모든 것이 들어 있기 때문이라지요. 처음을 가짐으로써 모든 것을 갖고자 하는 편집자의 욕망과 로망이 담긴 말입니다.

하지만 저자들은 대개 첫 작품에서 모든 것을 다 말하려 하지 않습니다. 그것은 한 번으로 자신의 인생을 다 평가받고 싶지 않아서일 것입니다. 하버드 대학교의 생물학자이며 퓰리처상을 두 번씩이나 받은 에드워드 윌슨의 경우에도 출세작인《사회생물학》은 그의 처녀작이 아니었습니다. 150년 전 세상을 한바탕 뒤흔든 다윈은 어땠을까요? 그의 대표작《종의 기원》은 50세에 펴낸 인생의 열세 번째 책이었습니다.

반면 처녀작이 대표작이자 최고의 흥행작이 된 사례도 없진 않습니다. 1997년에 혜성처럼 등장해 전 세계의 독자들을 마법에 빠뜨린 조앤 K. 롤링의《해리포터》시리즈가 그렇고, 그《해리포터》의 아성을 깨고 독자들을 뱀파이어와의 사랑에 빠뜨린 스테프니 메이어의《트와일라잇》시리즈도 그런 경우입니다. 이제 우리들에게 너무나 친숙해진 옥스퍼드 대학교의 동물행동학자 리처드 도킨스의《이기적 유전자》도 편집자의 로망이 현실이 된 경우입니다.《확장된 표현형》에서 최근의《만들어진 신》에 이르기까지, 도발적 화두를 던졌던 그의 모든 논리가 첫 책

안에 담겨 있기 때문이지요.

방금 언급한 하버드 대학교의 고생물학자이자 지난 30여 년 동안 도킨스와 더불어 현대 진화생물학의 양대 산맥을 형성했던 스티븐 제이 굴드의《다윈 이후》도 꼭 그런 책입니다. 2002년 61세에 암으로 사망할 때까지 그가 세상에 내놓은 총 스물두 권의 저서들을 자세히 보면 모두가 이 첫 책에서 갈라져 나온 가지들이라는 것을 알 수 있습니다. 말하자면 이 책은《풀하우스》,《생명, 그 경이로움에 대하여》,《판다의 엄지》와 같은 그의 대표작들의 공통 조상인 셈입니다.

다윈 이후
스티븐 제이 굴드 지음 | 홍욱희 · 홍동선 옮김 | 사이언스북스
—
서로 물고 뜯는 진흙탕 싸움이 아니라
진정 품격 있는 논쟁을 보고 싶으면
《눈먼 시계공》과 더불어 이 책을 읽어야 한다.

과학을 움직이는 엔진은 논쟁입니다. 현대 진화론이 오늘날 이렇게까지 우리 삶에 깊숙이 들어온 원동력은 진화론자들이 벌인 치열한 공방 때문이라 할 수 있지요. 세심한 독자라면 그 치열한 논쟁의 한 축에 굴드가 서 있다는 사실쯤은 이미 알고 있을 것입니다. 물론 그 반대편에는 최근에 더 왕성하게 활동하고 있는 도킨스가 버티고 있습니다. 굴드의 사망으로 이 둘 간의 라이벌전은 아쉽게 끝나고 말았지만, 도킨스파와 굴드파의 치고받는 싸움은 지금도 계속되고 있습니다. 이것이야말로 진짜 과학 논쟁이지요. '진화론 논쟁'이라고 하면 흔히들 '창조-진화 논쟁'을 떠올리고 거기에 대단한 무언가가 있는 것처럼 떠들지만, 실상은 사이비 논쟁인 경우가 대부분입니다.

30년 전쯤, 현대 진화론 논쟁의 빅 매치에서 도킨스는 《이기적 유전자》(1976)를 굴드는 《다윈 이후》(1977)를 꺼내들었습니다. 다윈 진화론의 배경, 의미, 함의 등을 다룬 철학적·역사적 부분, 그리고 캄브리아기 대번성과 페름기 대멸종을 다룬 고생물학 라운드에서는 굴드의 손이 올라갈 만합니다. 두 책만을 놓고 봤을 때 도발적인 측면에서는 도킨스가 압권이지만, 박식과 재치, 그리고 분석 면에서는 굴드가 분명 한 수 위입니다. 굴드라는 라이벌이 있었기에 도킨스도 자신의 인문사회학적 지식을 격상시키기 위한 노력을 멈추지 않았을 것입니다. '철이 철을 날카롭게 한다'는 말은 이럴 때 어울립니다.

혹시 《다윈 이후》를 집어 들고, "에이, 30년 전에 나온 책이잖아"라며 내려놓는 독자들이 없길 바랍니다. 출간한 지 30년이 지난 지금도 《이기적 유전자》가 독자들을 흥분시키며 과학 교양서의 베스트셀러 목록에 오르고 있듯이, 굴드의 이 책도 충분히 그 자리에 있을 만하기 때문입니다. 만일 외계인 학자가 제게 와서 "굴드의 책 중 단 한 권만을 외계 도서관에 비치할 테니 말해보라"고 한다면, 솔직히 저는 분명 몇 권을 놓고 고민할 것입니다. 하지만 그 외계인이 다시 "도킨스 책 중에는《이기적 유전자》를 가져가기로 했다"고 거든다면, 전 주저하지 않고《다윈 이후》를 추천할 것입니다.

지금까지《눈먼 시계공》과《다윈 이후》에 대해 이야기했는데요, 어떻게 들으셨는지요? 도킨스와 굴드는 지구라는 행성에 어떻게 이런 생명이 번성하게 되었는지를 매우 다른 시각에서 해석하는 사람들입니다. 하지만 이 둘은 지구를 대표하는 진화론자이지요. 진화가 일어났는지에 대해 의심하는 이들이 아니라 어떤 메커니즘에 의한 것인지에 관해 다른 견해를 갖고 있을 뿐입니다. 그러니 '진화론자들 사이에 큰 논쟁이 있으니 진화는 사실이 아니다'라고 오해하시면 절대 안 됩니다. 다음 주에 뵙겠습니다. 감사합니다.

생명을 이해하는 방식에 관하여

북토크 7

이것이 생물학이다 ◆ 생물학은 암기 과목이 아니다

여러분 안녕하십니까? 장대익입니다. '생물학은 암기 과목이다!' 이런 엉뚱한 결론은 대학에서 생물학을 배울 때까지 제 머릿속에 늘 박혀 있던 생각이었습니다. 어찌하다 늦바람이 들어 대학원에 와서 생물학을 다시 공부하게 되면서 이런 생각이 잘못된 편견임을 알게 되었죠. 생물학의 묘미를 맛보면 맛볼수록 '생물학을 왜 그토록 재미없게 공부해야 했을까'라는 아쉬움이 남았습니다.

　어쩌면 이유는 간단했는지도 모르겠습니다. 생물학을 관통하는 가장 중요한 개념인 '진화'를 제대로 소개받지 못했기 때문이죠. 진화에 대한 이해 없이 생물학도가 된다는 말은 양자역학이나 상대성 이론을 염두에 두지 않고 물리학도가 된다는 말과 다를 바 없습니다. 하지만, 안타깝게도 아직까지 수많은 생물학 교재 속에서 진화는 핵심 개념이라기보다는 쉬어가는 코너에 등장하는 흥밋거리로 취급되기 일쑤입니다.

이것이 생물학이다
에른스트 마이어 지음 | 최재천 외 옮김 | 바다출판사
—
잘못된 교과서로 생물을 배우는 학생들에게
생물 과목은 그저 외우면 되는 재미없는
암기과목이다. 물론 이 책을 만나기 전까지.

진화생물학계의 전설 에른스트 마이어Ernst Mayr(1904~2005)의 《이것이 생물학이다》는 진화론의 우아함에 매료되어 생물학에 뛰어든 이들에게 오아시스와도 같은 책일 것입니다. 진화의 개념을 중심으로 기존의 생물학 연구를 재구성했다는 측면에서 매우 중요한 의미를 지니기 때문입니다. 저자는 생물학이 물리학이나 화학과 어떻게 다르며 어떤 의미에서 그들과 똑같은 종류의 좋은 과학인지를 역설하면서 이 책을 시작합니다. 진화론자답게 오랜 진화의 역사를 거쳐 얻어진 유전 프로그램이 존재한다는 사실이 생명 현상의 가장 중요한 특징이라고 말하면서도, 그는 분자생물학, 생리학, 또는 발생생물학 등과 같이 생명 현상의 근접 원인을 다루는 분과들도 결코 덜 중요하진 않다고 주장합니다.

저자가 이 책에서 말하려는 핵심 내용은 생물학에는 세 가지 종류의 의미 있는 물음 — 무엇, 어떻게, 왜 — 이 존재하며, 그 물음에 대해 생물학의 여러 분과들이 서로 유기적인 관계 속에서 각자의 해답을 제시하고 있다는 사실입니다. 가령 분류학은 '무엇'에 대한 대답이고, 분자생물학은 '어떻게'에 대한 대답이며, 진화생물학은 '왜'에 대한 탐구입니다.

이 책이 훌륭하다고 평가받는 또 한 가지 이유는 생물학 대가로서의 면모만이 이 책을 채우고 있진 않기 때문입니다. 생물학 이론의 변화가 위대한 과학사가인 토머스 쿤의 주장처럼 그렇게 혁명적으로 일어나지는 않았다고 반박하는 부분에서, 그리고 기존의 과학철학이 마치 물리학만 과학인 양 물리학만을 주요 소재로 다뤄왔다고 비판하는 대목에서, 우리는 저자의 또 다른 권위를 만나게 됩니다. 하지만 흔히 그렇듯, 대가가 자신이 걸어온 길을 회상하면서 한마디 툭 던지는 식은 아닙니다. 마이어는 생물학사와 생물철학 분야에도 뚜렷한 족적을 남긴 학자이지요. 그리 두껍지 않은 책 한 권에 생물학, 생물학의 역사, 그리고 생물학의 철학이 함께 녹아들어 있다는 사실은 생물학 교재가 어떠해야 하는지를 너무도 명확히 가르쳐줍니다.

혹자는 물리학 중심의 과학사와 과학철학에 대한 마이어의 비판적 태도가 생물학자로서의 열등감 때문이라고 폄하할지도 모르겠습니다. 하지만 저는 이 책의 마지막 장을 덮으면서 생물학이 오랜 편견과 몰이해 때문에 그동안 부당한 대접을 받아왔다는 그의 지적에 다시 한 번 전적으로 공감하게 되었습니다.

다만 이 책에서 딱 한 가지 아쉬운 점이 있는데요, 이는 저자 본인도 고백한 바 있는 것입니다. 무엇이냐 하면, 분자생물학과 신경생물학에 대한 논의가 부족하다는 점입니다. 대표 역자는 이런 약점을 보완하기 위해 멋진 후기를 선사했으니 꼭 참고하시면 좋겠습니다. 생물학뿐만 아니라 생물학과 철학 그리고 역사의 만남에 관심이 있는 이들에게도 꼭 권하고 싶은 책입니다. 생물학은 암기과목이 아닙니다!

섹스의 진화 ◆ 섹스를 비교해보자

다음 책을 소개하겠습니다. 진지한 연애를 해본 사람들이면 대개 한 번쯤은 당혹스러운 경험을 겪었을 것입니다. 자기 남자(여자) 친구의 걸음걸이가 독특하다고 생각하고 있었는데 그 친구의 가족을 만나는 순간 그 독특성에 대한 생각이 당혹감으로 변하는 경험 말입니다. 식구들의 걸음걸이가 다 비슷한 상황인 거죠. 그 순간은, 특이한 외모와 개성, 튀는 말투, 그리고 자신의 파트너가 그동안 보여준 그 유별남의 매력이 순식간에 희석되는 자리이죠. 가족 구성원들이 다들 비슷하잖아요? 하하. 어떻게 보면 그 매력의 뿌리가 통째로 드러나는 순간이라고 해야겠지요.

제게 인간의 본성을 이해하는 데 영장류 연구가 왜 필요한지를 묻는 사람들이 있습니다. 그럴 때마다 위와 같은 이야기를 해줍니다. 인간의 전모를 제대로 이해하려면 인간만을 연구해서는 안 된다고 말입니다. 이성 친구의 전모를 제대로 이해하려면 결국 그 가족을 만나봐야 하듯이 말입니다. 그래야 그(그녀)의 독특함이 정확히 무엇이고 어디에서 비롯되었는지를 비로소 깊이 알게 되는 것이죠. 이해가 깊어지려면 이렇게 비교가 필요합니다. 이것이 바로 '비교 연구comparative study'의 가치입니다.

이 '가족 상면'의 원리는 인간 섹스의 본성을 이해하는 데에도 동일하게 적용됩니다. 재러드 다이아몬드는 《섹스의 진화》

에서 이 원리를 충실히 지켜가며 인간 섹스의 독특함을 탁월하게 해설하고 있습니다. 원래 생리학자로 시작한 다이아몬드가 어떻게 이런 분야에까지 손을 대게 되었는지를 알면 이 책의 권위가 더욱 더 살아납니다. 나이 서른에 이미 생리학 분야에서 탁월한 업적을 남긴 그였지만, 그는 이미 20대 때부터 뉴기니에 사는 새들의 생태와 진화를 취미 수준 이상으로 탐구해온 연구자였습니다. 그러다가 그는 40대에 이르러 환경과 문명의 역사를 본격적으로 탐구하기 시작했습니다. 그래서 최근에는 캘리포니아 대학교 로스앤젤레스 캠퍼스(UCLA)의과대학 생리학과에서 지리학과로 자리를 옮기기도 했죠. 1997년에 퓰리처상을 받은 대작《총, 균, 쇠》를 시작으로 문명의 역사에 관한 학제적 탐구를 진행하고 있으며, 최근에는 그 결과물로서《문명의 붕괴》를 내놓았습니다. 그는 현재 진화, 인류, 문명 등에 대해 가장 비싼 인세를 받고 책을 저술하는 베스트셀러 작가입니다.

다이아몬드가 만난 인류의 가족들은 침팬지, 오랑우탄을 비롯한 영장류에만 한정되지 않습니다. 망치머리박쥐 같은 포유류, 조류인 알락딱새, 여러 곤충에 이르기까지 그는 인간의 섹스를 설명하기 위해서 수많은 동물들의 섹스를 무대에 올려놓고 있지요. 물론 동물의 세계에만 성이 있는 것은 아니지요. 사실 식물의 섹스도 화려하기 그지없습니다만, 그는 자신이 어쩔 수 없이 '동물중심주의'에 빠져 있음을 고백하고 있습니다.

수많은 동물들의 기기묘묘한 짝짓기 행태들을 나열하고 그것이 인간의 짝짓기와 어떤 면에서 닮아 있고 다른지를 밝히는 일은 가족 상견례의 시작과도 같을 것입니다. 저자가 뽑은 인간 섹스의 특이성은 다음과 같습니다. 장기적인 성적 배우자 관계, 부부의 공동 양육, 다른 부부와 가까이 지내는 것, 여성의 배란 신호가 드러나지 않는 것, 여성이 배란기가 아닐 때에도 성관계가 가능하다는 점, 즐거움을 위해 섹스를 하는 것, 여성이 일정 시기에 폐경을 한다는 것……

2장에서는 인간 섹스의 비밀을 밝혀주는 다윈의 성선택 이론을 해설해주고 있습니다. 사실 성선택은 다윈의 자연선택만큼이나 중요한 진화 메커니즘입니다. 왜냐하면 '진화적 성공'이란, 개체가 어떻게든 살아남아서 결국에는 '자손을 남겨야' 하는 것이기 때문이죠. 자손을 남기려면 짝짓기, 즉 섹스가 필요하고 성선택 이론은 왜 이런 짝짓기가 그런 식으로 일어나는지를 설명해주는 메커니즘입니다.

동물원에서 수컷 공작이 펼친 화려하고 긴 깃털을 보신 적이 있습니까? 그렇다면 그 수컷 공작이 육중한 깃털을 펄럭이며 날아가는 모습을 본 적은 있으신가요? 아슬아슬, 떨어질락 말락, 수컷 공작은 말 그대로 겨우겨우 날 수 있습니다. 포식자의 밥이 되기에 안성맞춤이죠. 다윈은 왜 이런 버겁고 사치스럽고, 생존에 전혀 도움이 되지 않는 형질이 동물계에 만연해 있는지를 탐구하다가 바로 성선택 이론을 제시하게 되었습니다. 즉 어떤 형질은 생존에는 불리할 수 있지만 짝짓기에는 꼭 필요하기 때문에 진화할 수 있다는 것 말이죠.

다이아몬드는 3장부터 이런 성선택 이론을 바탕으로 인간 섹스의 특이성을 차례로 설명하고 있습니다. 예컨대 3장에서는 왜 남성은 젖을 먹이지 않는지를, 4장에서는 여성의 배란이 왜 은폐되어 있는지를, 5장에서는 왜 남성이 다른 종의 수컷에 비해 자식 돌보기에 관심이 더 있는지를, 6장에서는 왜 여성들이 갑자기 생식을 멈추는지를, 마지막 7장에서는 섹스어필의 진실을 다루고 있지요.

남성이 유두를 비롯해 수유를 위한 생리 조건을 다 갖추고 있음에도 불구하고 수유를 하지 않는 것은 무엇 때문일까요? 진화의 논리로 볼 때 남성이 수유를 할 만한 이유가 없다는 것이 바로 저자의 설명입니다. 남성의 입장에서는 태어난 자식에게 젖을 물리는 것보다는 다른 일들, 예를 들어 신변 보호나 먹이 공급 등을 하는 편이 더 효과적이라 할 수 있습니다. 또한 양육 투자를 많이 한 여성의 경우에는 자신이 젖을 물리는 편이 번식 성공도를 더욱 높이는 길이지요.

그렇다면 저자는 지금 남성이 수유를 할 수 있음에도 불구하고 해서는 안 된다는 주장을 하고 있는 것일까요? 사실은 오히려 그 반대입니다. 다이아몬드는 남성도 호르몬 주사를 맞는 등 몇 가지 생리적 조치를 취하면 얼마든지 여성처럼 수유를 할 수 있다고 말하면서, 우리 인류가 '진화에 거역하는 선택'을 할 수 있는 유일한 종임을 한편으로 강조하기도 합니다. 하지만 제 생

각에는 남성이 수유를 선택하는 쪽보다는 여성이 수유를 중단
하고 지금처럼 분유 등의 다른 수유 방식을 전면적으로 채택하
는 쪽으로 사회가 변할 것 같습니다. 수유를 위해 호르몬 주사
를 맞을 남편이 누가 있겠습니까?

섹스의 진화

재러드 다이아몬드 지음 | 임지원 옮김 | 사이언스북스

원서의 제목은 《섹스가 즐거운 이유 Why is sex fun》인데,
섹스의 기원과 진화에 대해서만 이야기한다. 외국 독자들은 낚였을 듯.

　이제 여성의 몸으로 시선을 옮겨봅시다. 왜 여성은 배란을 은
폐할까요? 이 물음은 배란을 널리 광고하고 다니는 다른 동물들
을 떠올릴 때 더욱 도드라집니다. 가령 우리와 제일 가까운 사
촌 종인 침팬지만 보더라도 암컷 침팬지는 배란기만 되면 엉덩
이가 선홍색을 띠며 부풀어 오르고 특이한 냄새를 뿜어냅니다.
이 유혹에 수컷들은 암컷을 향해 세레나데를 부르죠. 하지만 인

간 여성들은 자기 자신마저도 배란일이 언제인지를 정확히 모릅니다. 겉으로 드러나는 변화는 더더욱 없죠.

저자는 이런 독특한 현상을 두 가지 가설, 즉 '아빠를 집에'와 '여러 아빠' 가설로 설명합니다. '아빠를 집에' 가설에 따르면, 배란 은폐는 남성들로 하여금 가정에 머무르게 함으로써 자신의 아내가 낳은 아이가 자신의 아이라는 확신을 갖도록 하기 위해 진화했습니다. 반면 '여러 아빠'에 따르면, 배란 은폐는 여성으로 하여금 더 많은 남자들과 자유롭게 성관계를 맺도록 하고 그 결과 남성들이 여성이 낳은 아이가 누구의 아이인지를 정확히 알 수 없도록 하기 위해 진화했습니다. 서로 상반된 이유에서 배란 은폐가 진화했다는 두 가설을 비교 분석하면서, 그는 인간 암컷만이 가진 특성인 배란 은폐의 수수께끼를 한 꺼풀씩 벗겨주고 있습니다.

배란기의 암컷 침팬지는 엉덩이가 부풀어오르고 독특한 냄새를 풍긴다. 반면 인간 여성은 심지어 자신의 배란일마저 모르는 경우도 있다.

그렇다면 여성의 폐경 현상에 대해서는 어떻게 설명하고 있을까요? 저자는 집단을 이루고 사는 인간에게 여성의 폐경은 가족을 돌보고 자식이나 손자의 번식 성공도를 높이기 위해 여성의 몸이 선택한 하나의 진화적 결과라고 설명합니다. 물론 진화의 논리로 보면 이 모든 것은 여성 자신의 번식 성공도를 높이는 길이기도 합니다. 흥미롭게도 저자는 범고래처럼 몸집이 크고 사회를 이루고 사는 포유류 종에게도 암컷 폐경 현상이 나타난다고 이야기합니다. 또 한 번 가족 상면의 원리가 적용되는 대목이죠.

사실 인간의 섹스를 진화론적 관점에서 해설한 책은 국내 출판 시장에서 어렵지 않게 찾을 수 있습니다. 좀 더 정확하게 말하면 최근에 봇물처럼 쏟아져 나오고 있다고 해야 할 겁니다. 그중에서 저명한 과학 저널리스트 매트 리들리Matt Ridley가 쓴 《붉은 여왕》, 성적 질투심에 대한 연구로 유명한 진화심리학자 데이비드 버스David Buss의 《욕망의 진화》, 그리고 성선택 이론을 모든 분야에 적용하고자 하는 제프리 밀러의 《연애》가 읽어 볼 만한 책들인데요. 다이아몬드의 《섹스의 진화》는 이 양서 목록에 추가할 만한 가치가 충분한 책입니다. 이 책은 단지 또 하나의 해설서에서 그치지 않습니다. 유사한 서적들과 《섹스의 진화》를 가족 상면의 원리를 통해 보면, 책의 모든 페이지마다 그 가족 상면의 원리가 충실히 적용되고 있다는 데에 이 책의 독특성이 존재한다고 볼 수 있습니다. 저자는 동물행동학, 영장류학,

인류학, 심지어 분류학과 심리학 등을 총동원하여 동물의 모든 섹스에서 인간 섹스의 제자리가 과연 어디인지를 명확하게 보여주고 있으니까요.

오늘은 《이것이 생물학이다》와 《섹스의 진화》 이 두 권을 살펴보았습니다. 두 책의 공통점은 우선, 진화학계의 원로들이 '생명과 성'이라는 매우 중요한 주제에 대해 최고의 지식과 경험이 녹아 있는 권위 있는 연구 방식을 제시하고 있다는 점일 것입니다. 그래서 저는 이 두 책에서 정보를 넘어선 지혜를 느낍니다. 이 광활한 우주에서 지구라는 행성 속에 존재해온 생명의 특성을 어떻게든 체계적으로 이해하고자 했던 인류의 지혜 말입니다. 다음 주에 뵙겠습니다. 감사합니다.

물리학자가 보는 생명과 법칙

북토크 8

삶과 온생명 ◆ 온생명이란 무엇인가?

안녕하십니까? '장대익의 서재' 여덟 번째 시간입니다. 이 프로그램을 시작한 지 어느덧 두 달이 지났네요. 시간 참 빠르죠? 게시판을 보니 외국 저서만 다루지 말라는 조언이 적지 않았습니다. 그래서 오늘은 한국인 저자가 쓴 책을 한 권 준비했습니다.

바로 물리학자 장회익 교수의 《삶과 온생명》입니다. 저와 이름이 비슷하죠? 그래서 간혹 강연을 가면 제가 너무 젊다고 깜짝 놀라는 분도 계십니다. 제가 아니라 장회익 교수를 초대했어야 하는 모임인 경우죠. 하하. 그런데 선생님은 사실 저의 대학원 지도교수이기도 하셨습니다. 몇 년 전쯤 선생님과 대화를 나누다가 다소 곤란한 질문을 받은 적이 있었습니다. "사람들이 왜 온생명 이론을 이해하는 데 어려움을 겪는다고 생각하나?" 갑작스러운 질문이긴 했으나 저는 평소의 생각을 털어놓았습니다. "선생님의 온생명론을 제대로 이해하려면 기본적인 물리학 지식과 함께 이론생물학적 이해가 동시에 필요한데 그게 어디 쉽겠습니까? 게다가 온생명론이 기존의 논의들과는 다른 각도에서 생명을 이해하려는 새로운 시도이니 오픈 마인드도 있어야 하죠."

아참, 죄송합니다. 우선 온생명 이론에 대한 설명을 해드려야겠네요. '온생명global life'은 저자가 1980년대 후반부터 물리학자의 입장에서 생명론을 연구하면서 제시한 새로운 개념입니다. 쉽게 이야기하면 이렇습니다. 세포나 유기체 모두가 생명이긴 하지만 그것들은 외부로부터 에너지(태양 에너지)를 공급받아 유지될 수밖에 없는 의존적 생명이라고 할 수 있습니다. 저자는 이것을 '낱생명individual life'이라고 했습니다. 반면 태양-지구계처럼 항구적인 자유에너지 원천을 그 안에 품고 있는 자족적 생명을 온생명이라 불렀죠. 이 이론에 따르면, 우리가 흔히 생명체라고 부르는 것들은 온생명이 아니라 낱생명이고, 환경이라 불리는 것들은 '보생명co-life'입니다. 모든 낱생명들은 보생명에 의존하면서 다층적으로 존재합니다. 가령 세포를 1차 낱생명이라고 한다면, 개별 인간은 2차 낱생명, 인간이란 종은 3차 낱생명이지요.

생명에 대한 이런 다층적 인식이 뭐 그리 새롭냐고 반문할 사람도 있을 것입니다. 이에 대해 저자는 물리학적 관점에서 '자족적 생명'이 무엇인가를 탐구하다 보면 온생명에 이를 수밖에 없다고 말합니다. 즉 그동안의 생명론이 전부 낱생명을 탐구의 단위로 했기 때문에 생명의 전모를 파악할 수 없었다는 것이지요. 온생명론에 따르면 인간은 혼자서는 존재할 수 없는 낱생명으로서, 말 그대로 온생명의 중추신경계입니다. 이건 단지 비유가 아닙니다. 저자가 내린 "인간이 온생명의 암 덩어리가 되고 있다"는 진단은, 온생명론의 관점에서는, 비유적인 경고가 아니라 불안한 사실입니다.

삶과 온생명
장회익 지음 | 솔출판사

물리학자인 저자의 생명론은 슈뢰딩거의
《생명이란 무엇인가》와 견줄 수 있을 만큼
깊이가 있다. 슈뢰딩거가 분자 수준으로
내려갔다면, 저자는 태양계를 품을 정도로
높이 올라갔다. 동아시아에서 과학을 한다는
것이 무엇인지를 질문하게 하는 역작이다.

사실, 저자의 독창적인 온생명 개념은 대학 입시에서도 자주 등장할 만큼 일반인들에게도 널리 알려져 있습니다. 하지만 대중들의 관심뿐만 아니라 학계의 관심조차도 대부분 온생명론의 인문사회학적 함의들, 예컨대 환경철학, 윤리, 종교적 함의들에 초점이 맞춰왔습니다. 어쩌면 너무나 자연스러운 결과일 것입니다. 온생명론은 제임스 러브록의 '가이아' 가설이나 프리초프 카프라의 '생명의 그물' 이야기를 훨씬 능가하는 인문사회학적 함의들을 담고 있기 때문이죠.

그러나 역설적이지만 이런 장점은 온생명론의 온전한 이해를 가로막아 온 측면이 있습니다. 그동안 학계 안팎에서 펼쳐졌던 온생명론에 관한 담론은, 그 이론의 자연과학적 측면에 대한 이해와 평가는 제쳐둔 채 특정한 인문사회학적 주장들을 뒷받침하는 데 주로 사용돼왔죠. 물론 그런 작업 자체가 비난받을 이유는 없으며, 오히려 그것이 온생명론을 다양한 독자들에게 적극적으로 알리는 통로로 이용됐다는 측면에서도 꼭 나쁜 것은 아닐 겁니다. 다만 더 많은 열매를 따먹기 위해서는 그 열매에 대한 좀 더 정확한 이해가 필요하다는 제안을 하고 싶은 마음입니다. 예를 들어, 이 책의 주춧돌인 6장 '생명을 어떻게 볼 것인가?'를 명료히 이해하지 않고서 책 전체의 의미와 공헌을 정확히 포착하기란 매우 어렵습니다. 사실 이 책의 열렬한 독자들인 인문사회학자들에게도 이 책은 결코 녹록하지 않습니다.

그렇다면 자연과학자들에게는 어떨까요? 20세기 과학사를 보면 생명의 본질을 탐구하는 물리학자들의 모습이 전혀 낯설지 않습니다. 《생명이란 무엇인가》를 쓴 슈뢰딩거가 그랬고 DNA의 구조를 발견한 왓슨과 크릭도 따져보면 물리학 배경이 있는 사람들이죠. 생명의 본성은 생물학에서만 다룰 내용은 아님니다. 그렇기 때문에 생명 현상 자체에 관심이 있는 그 어떤 분과의 자연과학자들에게도 이 책은 매우 중요한 화두를 던지고 있는 셈입니다.

하지만 온생명론에 관한 자연과학자들의 반응은 인문사회학자들이나 대중들의 그것과는 사뭇 다른 것 같습니다. 동의나 인정도 아니고, 그렇다고 반박도 아니죠. 오히려 무관심에 가까운 반응들입니다. 그들은 저자의 글을 읽어보기도 전에 온생명론이 신과학류의 전일론적 접근일 것이라고 지레 짐작하는 것 같습니다. 그러면서도 역설적이게, "환경철학적 함의들은 수긍할 만한데 과학 이론으로서의 온생명 개념은 잘 모르겠다"고 고개를 갸웃거리죠.

저는 저자의 온생명론이 생명 현상에 관심이 있는 국내의 자연과학자들에게 정당한 평가를 받아야 할 시점에 와 있다고 생각합니다. 논리적 절차만을 따져본다면, 이런 작업이 제대로 수행된 다음에야 인문학자들의 몫이 남지 않을까요?

이와 관련한 흥미로운 사실은, 생명에 대한 저자의 문제의식과 접근 방식 자체가 현대 생물학계의 큰 논란거리 중 하나인 유전자 개념에 대한 그것들과 매우 유사하다는 점입니다. 유전자 홍수 시대를 살고 있는 우리들은 '유전자'가 무엇인가라는 물음쯤에는 쉽게 답할 수 있을 것이라 생각합니다. 하지만 실제로는 현대 생물학자들 사이에서도 유전자의 정의는 난제 중 하나입니다. 그동안 몇 가지 정의들이 논의돼왔으나 아주 최근에는 단백질 합성 절차에 관여하는 DNA 단편과 그 주변의 세포 환경까지를 모두 포함하는 대안적 개념이 나오기까지 했죠. 이 접근법은 생명에 대한 저자의 접근법과 근본적으로 동일하다고 볼 수 있습니다. 단지 논의 대상의 수준만이 다를 뿐이죠.

자연과학적 측면에서 저자의 주장이 모두 참이라고 말하려는 것은 아닙니다. 단지 그의 온생명론을 곱씹어 보지 않은 채 자신들의 탐구 가설들 목록에서 그것을 너무나 빨리 삭제해버리는 일은 없어야 한다는 말을 하고 싶은 것이죠. 온생명론에 대한 자연과학자들의 관심은 자연과학적 연구를 촉진하기 위해서라도 가치 있는 작업이 될 것이기 때문입니다. 이런 맥락에서 온생명론은 참으로 매력적인 이론이 아닐 수 없습니다. 엄청난 인문사회학적 파괴력을 지니면서도 자연과학적 연구 성과로 빚어졌기 때문입니다. 온생명론은 학제적 연구의 진정한 범례입니다.

이 책의 가치에 대해 한 가지만 더 말하고 싶은데요. 단편적인 글들의 모음이라지만 놀랍게도 이 책은 내내 '동아시아인으로서 과학함'이 어떤 것인지를 묻고 답하고 있습니다. 저자는 한 사람의 '동아시아인'으로서, 하지만 서양 과학의 꽃인 '물리학' 전공자로서, 생명과 인간 그리고 자연과 문명에 대한 새로운 이해를 시도하고 있습니다. 이 새로운 이해는 다음과 같이 요약될 수 있을 겁니다. "우리의 전통 학문은 '삶'을 지향하고 생명 현상에 대한 서구 과학의 성과는 '온생명' 이론으로 귀결

되며, 이 둘은 유기적으로 융합되어 있다."

　사실 '동아시아에서 과학함'이란 화두 자체는 대부분의 과학 자들에게 '네모난 원'처럼 성립조차 안 되는 질문으로 받아들여지기 십상입니다. 자연과학자들은 실험실에서 자신의 국적을 따지는 법이 없다고들 하죠. 그래서 그들에게 저자의 정체성 질문은 한갓 노년의 여유로움처럼 느껴질 수도 있을 겁니다. 하지만 저자는 그 어떤 자연과학자보다도 보편학문에 대한 믿음이 강한 사람입니다. 단지 서양의 과학과 동양의 전통학문이 한데 융합된 '더' 보편적인 학문을 위해 '동아시아인으로서의 과학함'이라는 질문을 던지고 있는 것이죠. 최근 몇 년 동안 '동아시아인으로서의 학문함'이라는 주제로 인문사회학계가 술렁였던 경험을 상기할 때 이 주제도 한번 다뤄볼 만하다고 생각합니다.

　이미 오래전에 《과학과 메타과학》으로 국내에 '메타과학'이라는 새로운 유형의 과학철학을 소개한 바 있는 저자는 이 책에서 동양학문과 서양과학, 물리학과 생물학, 과학과 인문학이 한 사람의 물리학자 안에서 얼마나 조화롭게 융합될 수 있는지를 절묘하게 보여줍니다. 이제는 이런 저자의 넘나듦의 미학을 본받아 온생명론과 이 책의 다른 중심 주장들에 대한 입체적이고 공정한 조명을 해볼 시점이 아닐까요?

《삶과 온생명》 이야기가 좀 길었지요? 다음으로 소개해드릴 책은 간단히 언급하도록 하겠습니다. 지금까지 4주간 다루었던 두 번째 책장 '생명과 우주' 편에서 가장 마지막을 장식할 책입니다. 미국의 물리학자, 스티븐 와인버그Steven Weinberg(1933~)의《최종 이론의 꿈》입니다.

지식의 카메라에 망원렌즈를 달고 과학의 역사를 아주 멀리서 보면 두 갈래 길이 보인다고 합니다. 하나는 더 포괄적이고 근본적이며 심지어 궁극적이기까지 한 법칙들을 찾아 떠나는 길이고, 다른 하나는 자신의 영토에서 잘 작동하는 법칙들에 만족하고 그것들을 잘 갈고 다듬는 길이죠.

이 책의 저자는 20세기 중후반 현대 물리학의 역사에서 첫 번째 길의 터를 닦은 전설로 그려지는 인물입니다. 이 책이 세상에 빛을 본 지 비록 20년이나 지났지만 이 고전은 '과학 전쟁'의 포화를 뚫고 지금 한국의 독자들에게도 근본적인 물음을 던지고 있습니다. "과연 소립자에서부터 인간의 의식, 나아가 우주 만물의 작동 원리를 설명하는 궁극 이론이 가능할 것인가? 어떻게 가능한가? 그리고 그런 탐구 자체가 인류 문명의 역사에 어떤 충격을 줄 것인가?" 하는 질문이죠. 진지한 환원주의와 물리학적 통섭의 정수를 경험하고 싶은 사람이라면 반드시 읽어야 할 책입니다.

좀 더 자세히 소개하고 싶지만, 이 책을 번역하고 저자와 인터뷰까지 한 이종필 박사님의 해설보다 잘할 자신이 없기 때문에 이 정도로 하겠습니다. 물리학 지식이 익숙하지 않은 분들은 저처럼 해제와 인터뷰부터 읽어보시면 됩니다.

최종 이론의 꿈
스티븐 와인버그 지음 | 이종필 옮김 | 사이언스북스
—
인류는 과연 자연의 궁극 법칙을 발견할 수 있을까?

오늘은 '우주와 생명' 편을 마무리하면서 물리학자의 책 두 권을 소개해드렸습니다. 언뜻 보면 한 분(장회익)은 생명의 그물 같은 관계를 이야기함으로써 환원주의에 반대하는 듯이 보이고, 다른 한 분(와인버그)은 최종 이론을 꿈꾸는 극단적 환원주의처럼 보입니다. 하지만 자세히 보시면 장회익 교수도 영락없는 환원주의자라는 생각이 듭니다. 생명의 자족적 단위를 찾는다는 것 자체가 환원주의적 발상이라고도 할 수 있기 때문이지요. 물리학자들은 자연법칙에 대한 촉이 생물학자들과는 다릅니다.

3

문화와 역사

Culture & History

동물에게도 문화가 있을까?

북토크 9

원숭이와 초밥 요리사 ◆ 서당개 삼 년이면 풍월을 읊는다

안녕하세요? 장대익입니다. 오늘부터 삼 주 동안 '문화와 역사' 책장을 들여다보겠습니다. 몇 년 전 저는 일본 교토대학 부설 영장류연구소가 있는 이누야마라는 시골에서 영장류 연구를 한 적이 있었습니다. 향후 몇 년 안에 한국에도 번듯한 영장류 연구소를 설립한다는 목표 아래 영장류학의 본산으로 연수를 간 것이었지요. 제가 그곳에 갈 수 있었던 것은 당시 서울대 생명 과학부에 재직 중이었던 최재천 교수 덕분이었습니다. 그는 오래전부터 침팬지의 인지 능력과 행동을 연구할 수 있는 연구소를 만들어야겠다는 꿈을 꾸었습니다. 그러던 중 마침 침팬지 연

구의 석학인 교토대학 영장류연구소의 마쓰자와 교수가 도움을 주겠다고 했습니다. 저는 그 당시 최재천 교수의 실험실에서 인간 팀을 이끌고 있었기 때문에 운 좋게도 침팬지 연구를 맛볼 수 있는 기회를 잡은 것이었지요.

마쓰자와 교수는 방문 첫날부터 저를 이끌고 야외사육장에 데려가 침팬지 열네 마리를 소개해주었습니다. 그때 침팬지들은 마치 '또 새로운 인간 하나가 더 왔구나'라며 시큰둥한 반응을 보였던 것 같아요. "저놈의 이름은 '아키라'인데 1인자 수컷이고, '아유무'의 아빠이죠. '아이'와 '아유무'는 모자 관계이고 '판'과 '팔'은 모녀지간입니다. 아이를 기르는 암컷으로는 '아이', '판', '클로에'가 있죠. '클로에'는 등 쪽에 약간 푸르스름한 털이 있어요. 보세요……." 마쓰자와 교수는 이렇게 침팬지 열네 마리의 특징을 하나하나 소개했습니다. 마쓰자와 교수의 말을 수첩에 받아 적으며 고개를 끄덕이고는 있었지만, 난생 처음으로 침팬지 무리 속에 들어간 저로서는 누가 누구인지 어리둥절할 뿐이었습니다. 그런 기미를 눈치 챘는지 마쓰자와 교수가 한마디 하더군요. "침팬지도 사람처럼 각자 개성이 있답니다. 아마 일주일 안에 열네 마리 전부를 구분할 수 있을 거예요." 그 말에 저는 바짝 긴장하게 되었습니다.

저는 그때부터 열네 마리 침팬지의 사진과 이름, 그리고 관계를 그려놓은 그림을 구해서 틈날 때마다 '공부'를 해야 했습니다. 틀림없이 일주일 후에 시험이 있을 것 같았기 때문이죠.

저는 매일 서너 차례나 있는 실험 세션에 들어가서도 침팬지를 빨리 구분할 수 있는 방법을 찾기 위해 온갖 노력을 다했습니다. 아니나 다를까 닷새가 지난 오후, 나는 마쓰자와 교수의 손에 이끌려 야외 사육장으로 갔습니다. 결과는 어땠을까요?…… 반타작이었습니다. 참담했죠. 그 교수는 마치 예상이라도 한 듯한 표정을 짓더군요. 속으로 '거 봐. 영장류 연구는 그리 만만하지 않아!'라며 저를 약간 비웃었는지도 모릅니다.

어쨌든 저는 그 후로 삼 주가 더 지나서야 침팬지에게도 개성이 있다는 영장류학의 진실을 체득할 수 있었습니다. 예컨대 '판'이라는 암컷은 방문자들을 늘 '더럽게' 맞이했습니다. 방문자는 그녀 앞에서 침 세례를 적어도 한 번은 받아야만 친해질 수 있죠. 함께한 시간이 많아질수록 각 침팬지의 개성은 더 도드라져 보였습니다. 실제로 1년 이상 그곳에 체류하고 있는 연구자들은 그곳의 모든 침팬지의 생김새, 행동 특성, 관계 등을 전부 꿰고 있었습니다. 그들은 그러더군요, 침팬지들 표정만 봐도 그날 실험이 성공할지 말지를 대충 짐작할 수 있다고요.

미국 에모리 대학교 교수이자 《원숭이와 초밥 요리사》의 저자인 프란스 드 발은 침팬지의 개성을 그 누구보다도 잘 알고 있는 저명한 영장류학자입니다. 그는 이미 네덜란드 아넴 동물원의 침팬지 사회를 장기간 관찰하여 《침팬지 폴리틱스》라는 문제작을 펴낸 바 있는 베테랑 연구자이지요. 《침팬지 폴리틱스》에서 그는 침팬지의 시각을 통해 인간 정치 행동의 기원을 다시 생각해볼 것을 주문했습니다.

　그런데《원숭이와 초밥 요리사》에서는 침팬지의 개성을 이야기하는 수준을 넘어 침팬지를 비롯한 여러 동물들의 문화에 관해 논하고 있습니다. 이 책에서 그는 크게 세 가지 물음을 던지고 있는데요. 첫째, '우리 인간은 다른 동물을 어떻게 보는가?' 둘째, '우리는 자기 자신을 어떻게 보는가?' 셋째, '문화의 본질이란 무엇인가?'입니다. 저자는 이 물음에 답하기 위해 오스트리아, 중국, 일본, 핀란드, 네덜란드를 80일간 여행하며 인간과 동물의 행동 연구에 큰 영향을 끼쳤던 몇몇 선구자들(오스트리아의 콘라트 로렌츠, 일본의 이마니시 긴지, 핀란드의 에드바르트 베스터마르크)을 조사하기도 했습니다.

원숭이와 초밥 요리사
프란스 드 발 지음 | 박성규 옮김 | 수희재
—
동물에게도 문화가 있을까? 문화를 인간만의
전유물로 생각하는 인간의 편견을 깨는 책이다.

　첫 번째 물음, 즉 '우리 인간은 다른 동물을 어떻게 보는가?'라는 문제에 관해 저자는 사람들이 동물의 행동을 이해하기 위해 의인화하는 것을 지나치게 두려워한다고 말합니다. 서양에서는 오랫동안 영장류를 접할 기회가 없었고 그 때문에 인간이 유일무이하다는 생각이 조장돼왔죠. '의인화'란 인간의 사고나 감정을 동물에 투영하여 동물을 실제 이상으로 인간다운 존재로 파악하려는 방식인데, 서양에서는 데카르트 이래로 이를 안 좋게 보는 풍토가 지배적이었습니다. 하지만 저자는 우리 인간이 다른 동물과의 깊은 연대감을 갖고 있기 때문에 의인화를 포기하는 것이 쉽지 않을 뿐만 아니라 꼭 바람직한 것도 아니라고 주장하고 있습니다. 의인화는 동물과의 유사성을 발견하기 위한 지적 통로라는 것이죠. 그러면서 그는 모차르트 같은 위대한 작곡가가 찌르레기 같은 작은 애완동물의 '노래'에 탄복했던 사례를 들었습니다.

두 번째 물음은 인간의 정체성에 관한 것입니다. 여러분도 아시다시피 인간론은 동서양에 차이가 있습니다. 서양에서는 다윈 이전과 이후가 뚜렷한 대조를 이룹니다. 플라톤 때부터 지속된 '존재의 대사슬' 관점, 즉 인간을 생물계의 정점에 올려놓는 사다리식 존재론이 다윈 이후에 생명나무의 가지치기식 존재론으로 전환되었지요. 그럼에도 불구하고 서양 연구자들은 여전히 인간 아닌 동물과 인간을 근본적으로 구분하는 오류에 너무 쉽게 빠진다는 것이 저자의 견해입니다. 반면 동양 연구자들, 특히 일본 학자들에게는 이런 이원론이 발견되지 않습니다. 일본 사람들은 서양과는 달리 오래전부터 원숭이와 매우 친숙했습니다. 지금도 일본의 어떤 시골 동네에는 원숭이들이 길거리를 활보하며 인간과 평화롭게 공존하고 있을 정도죠. 저자는 동양의 자연철학이나 불교적 관점이 인간과 동물의 이원론을 배격하기 때문에 일본 같은 나라에서 영장류학이 꽃을 피울 수 있었을 것이라고 진단합니다.

이제 이 책의 핵심 질문, 즉 '동물에도 문화가 있는가?'라는 물음으로 넘어가 봅시다. 이 물음에 대한 생산적인 답을 찾기 위해서 우리는 문화가 무엇인지부터 규정해야 할 것 같은데요. 저자는 '습관과 정보가 유전에 의거하지 않고 사회적 수단에 의해 전파되는 것'을 문화로 정의할 것을 제안하고, 그렇게 하면 수많은 동물들을 문화를 가진 존재로 분류할 수 있다고 말합니다. 자연계에서 문화적 존재의 외연이 넓어지면 그 속에는 침팬지는 말할 것도 없고 원숭이, 심지어 박새까지도 들어올 수 있는 것이죠.

아시다시피 동물은 인간과 같은 수준의 언어나 기호를 갖고 있지 않습니다. 하지만 새로운 기술, 음식의 선호, 의사소통을 위한 발음과 제스처 등의 습관은 비유전적으로 전달할 수 있습니다. '이모'라는 짧은꼬리원숭이의 사례를 보겠습니다. 1953년 9월 일본의 고지마 섬에 서식하고 있던 이 원숭이가 고구마를 들고 숲에서 바다로 흘러들어가는 작은 시내로 가는 장면이 목격됐는데요, '이모'는 물속에서 고구마를 비벼댄 후 흙이 떨어지자 그것을 먹기 시작했습니다. 이 참신한 행동은 그 후 석 달이 지나는 동안 두 마리의 친구들과 '이모'의 엄마에게로 전파됐습니다. 5년 후, 고구마 씻기는 대다수 원숭이의 일상이 되었죠.

또 한 번의 문화적 혁신이 1956년에 '이모'를 통해 발생합니다. 그것은 바로 모래사장에 뿌려진 밀을 한 줌 주워 가까운 물에 던진 후 모래를 가라앉혀 밀을 분리해 먹는 것이었습니다. 놀랍지 않습니까? 지금은 고지마 섬의 거의 모든 원숭이들이 아무리 더러운 고구마와 밀이라도 깨끗이 씻어 먹을 수 있는 방법을 터득했다고 합니다. 드 발은 이런 습관의 전파가 바로 동물 문화의 사례들이라고 역설합니다. 고개를 갸우뚱하는 독자들에게 마치 '찢어진 청바지를 입고 거리를 활보하는 아이들이 점점 늘어가는 인간의 패션 문화와 무엇이 다르단 말인가?'라고 반문하는 듯이 말이죠.

흙과 모래가 묻은 고구마를 씻어먹기 시작한 18개월 된 짧은꼬리원숭이 '이모'는 원숭이계의 스티브 잡스같은 존재다. 그가 죽은 후에도 원숭이들이 비슷한 행동을 하는 것은 문화가 전파되었다는 증거로 여겨진다. 하지만 이들의 '문화 전파'가 우리의 것과 동일한 방식인가에 대해서는 여전히 논쟁중이다.

침팬지는 도구를 사용할 줄도 알고 심지어 제작하기도 합니다. 탄자니아의 곰비 지방에 사는 침팬지는 긴 나뭇가지를 이리저리 다듬어서 흰개미 굴에 넣고는 거기에 달라붙은 흰개미들을 훑어 먹는 것으로 잘 알려져 있지요. 또한 서아프리카의 침팬지는 코코넛을 받침돌에 올려놓고 망치돌로 내리쳐 깨먹는 다고 합니다. 하지만 정말 놀랄 만한 사실은 침팬지 공동체마다 도구를 사용하는 방식이 각기 다르다는 점입니다. 가령 어떤 지역의 침팬지들은 망치돌을 한쪽 손으로만 내리치지만 다른 지역의 침팬지들은 양쪽 손을 모두 사용합니다. 또한 곰비 지방의 침팬지들은 사방에 코코넛이 깔려 있는데도 오로지 흰개미 낚시질만 하죠.

심지어 침팬지의 '언어'에도 지방색이 있다는 연구 결과도 있습니다. 누군지 아시죠? 네, 그렇습니다. 침팬지 연구의 효시인 제인 구달입니다. 저는 운 좋게도 2003년에 그분이 한국을 방문했을 때 가까이서 수행하는 특권을 누렸던 적이 있습니다. 하루는 에버랜드 동물원의 침팬지들을 만나러 갔는데요, 그 일정에는 취재진과 경기도지사까지 참석한 상태였습니다. 그녀는 '팬트 후트'라 불리는 침팬지 언어로 침팬지에게 인사를 했습니다. '우후우후후후~~' 하며 유창하게 말이죠. 하지만 어찌된 일인지 침팬지는 묵묵부답이었습니다. 여러 번을 시도해보았지만 마찬가지였습니다. 이럴 때 화답을 해줘야 멋진 영상이 되는 건데……. 취재진의 탄식이 곳곳에서 들려오는 듯했습니다. 저도 제인 구달 선생이 민망해하실까 걱정이 되었죠. 이 위기를 어떻게 극복할까 걱정하던 차에 그녀의 입에서 정말로 뜻밖의 해답이 나왔습니다. 경상도, 전라도 사투리가 있는 것처럼 '침팬지의 언어에도 방언이 있기 때문'에 제아무리 구달의 팬트 후트라도 그것이 낯선 소리라면 못 알아들을 수 있다고 말이죠.

이런 발견들 때문에 최근에 영장류학자들 사이에서 '문화 인류학'을 빗댄 '문화 영장류학'이라는 새로운 분야가 큰 관심을 받고 있습니다. 영국의 구달, 일본의 마쓰자와와 더불어 이 책의 저자인 드 발은 문화 영장류학의 선두 주자입니다. 저자는 이 책 곳곳에서 일본 영장류학의 선도적 역할을 높이 평가하고 있습니다. 특히 문화 영장류학의 이론 및 경험적 근거를 이마니시를 비롯한 교토대학 영장류팀이 제시해왔다는 점을 새롭게 조명해주면서 말이지요. 영장류학에 이미 익숙한 사람들은 이 대목에서 책을 읽는 재미를 느낄 것입니다. 저자에 따르면, 침팬지나 원숭이에 이름을 붙여주고 그들과 밀착하여 그 생애를 장기적으로 탐구하는 연구방법론은 실제로는 구달의 트레이드마크가 아닙니다. 그것은 일본 연구자들이 처음으로 시도한 독특한 연구 방식이었습니다.

'원숭이와 초밥 요리사'라는 흥미로운 제목은 원숭이의 문화와 인간(특히 일본)의 문화가 그 전달 방식에 있어서 매우 유사하다는 메시지를 전달하기 위해 사용한 일종의 은유입니다. 오랫동안 어깨너머로 배우다 보면 어느새 유능해진다는 뜻으로, 우리 식으로 하면 '서당 개 삼년이면 풍월은 읊는다' 정도가 될 것 같네요. 인간 자존심의 마지막 보루인 문화마저도 동물들에게 나눠줘야 한다는 메시지 때문에 어떤 이들에게는 불편한 독서가 될지도 모르겠습니다.

어느 날 자신이 만든 어떤 단어가 미디어를 통해 연일 오르내리고 있다고 상상해봅시다. 물론 어떤 사람들은 매우 기쁘게 생각할 수도 있고 보람을 느낄 수도 있겠지요. 하지만 어떤 경우에는 좀 불편하거나 심지어 섬뜩할 수도 있을 것입니다. 단어가 사람들에게 확산되는 과정에서 크고 작은 변형들이 일어날 수도 있고, 심지어 원래 의미와는 상관없는 맥락에서 오히려 더 널리 퍼질 수도 있기 때문입니다. 5년 전, 역자들의 숙고에 의해 탄생한 '통섭統攝'이라는 용어는 그와 유사하게 진화해왔습니다. 저도 그 역자 중 한 명인데요, '통섭'은 사회생물학자 에드워드 윌슨이 쓴 역작의 제목 'Consilience'를 우리말로 옮긴 번역어로, '다양한 학문 분야들을 가로지르며 현상들과 그 현상들에 기초한 이론들을 한데 묶어 공통된 하나의 설명 체계를 이끌어내는 과정'이라는 뜻입니다(잘 알려져 있듯이 '통섭'이라는 번역어는 공역자인 최재천 교수가 새롭게 발굴한 용어이고, 잘 안 알려져 있듯이, 저는 그 번역어를 처음에 반대했었습니다).

전 가끔씩 포털 검색 엔진에 이 단어를 입력해보는데, 뉴스 항목에서만 매일 한두 건의 관련 기사가 검색될 정도로 흔히 사용하는 용어가 된 것 같습니다. '디지로그', '하이브리드', '노마드', '퓨전', '컨버전스'처럼 비슷한 의미를 담고 있는 단어들과 비교해보면, 통섭은 지난 수 년 동안 국내에서 벌어진 단어들의 생존

경쟁에서 가장 인상적인 성공을 거둔 용어라 할 수 있습니다.

생존경쟁에 내던져지는 것은 단어만이 아닙니다. 인기 드라마의 주인공이 들고 나오는 가방이 날개 돋친 듯 팔리고, 인기 아이돌 걸그룹의 춤은 심각한 변형이 일어나긴 하지만 멀리 최전방 군부대까지도 전달됩니다. 어떤 전자제품은 먼저 구입하려고 매장 앞에서 진을 치고 있는 소비자를 맞이하는가 하면, 또 어떤 제품은 소리 소문 없이 시장에서 사라지기도 하지요. 어떤 신을 믿는 이들은 새벽마다 특정 장소에 모여 큰 소리로 어딘가를 향해 부르짖고, 어떤 이들은 가부좌를 틀고 침묵의 시간을 즐깁니다. 우리는 평생 헌신할 수 있는 가치를 찾기 위해 수많은 세월을 방황하기도 하고, 의미가 있다고 생각되는 일에 평생을 투신하기도 합니다. 이러한 인간의 행동과 우리가 만들어낸 인공물의 궤적은 어떻게 설명될 수 있을까요?

《밈》은 이러한 인간의 본성과 문화의 진화에 대해 매우 독특한 이야기를 하고 있는 저서입니다. 영국의 저명한 심리학자이며 과학저술가인 수전 블랙모어Susan Blackmore(1951-)는 밈의 관점에서 인간과 문화의 진화를 새롭게 재해석했습니다. 여기서 '밈'이란 모방을 통해 전달되는 '무언가'를 뜻합니다. 가령 우리가 누군가를 모방하면 그 사람으로부터 내게로 '무언가'가 전달되는데, 그 '무언가'는 또 다른 사람에게 전달될 수 있고, 거기에서 또 다른 사람에게로 전달될 수 있습니다. 이렇게 계속 전달되면서 저만의 생명을 지니는 것이 바로 밈입니다. 즉 밈이란

밈

모방이라는 비유전적 방법을 통해 전달되는 문화의 요소를 뜻합니다.

저자는 인간의 마음 자체가 밈들이 뇌를 재편해서 자신들에게 더 나은 서식처로 만드는 과정에서 생겨난 인공물이라고 주장합니다. 우리의 커다란 뇌는 모방의 산물로서 다른 영장류의 뇌와 구별됩니다. 블랙모어에 따르면 우리의 언어도 밈이 더 많은 자신의 복제본을 퍼뜨리기 위해 진화시킨 것입니다. 또한 저자는 이타성과 종교와 같이 그동안 진화심리학적으로 설명되어 온 인간의 본성들도 밈 이론의 관점에서 재편하여 설명하고 있습니다. 예컨대 이타성의 경우, 이타적인 사람은 인기가 있고 따라서 그(그녀)의 행위는 모방되기 더 쉽고, 결국 그(그녀)의 밈이 다른 사람들의 밈보다 더 널리 퍼진다는 것이지요. 종교적 밈의 경우에는 두려움과 이타성을 통해 자신의 밈을 더 널리 전파합니다. 이때 종교적 밈의 확산은 세상에 대한 진실성과는 하등

마이클 잭슨의 문워크는 20세기 최고의 밈이라 할 수 있다. 마이클 잭슨 추모 사이트인 '영원한 문워크 — eternalmoonwalk.com'에 들어가면 나이와 국적을 초월해 전 세계로 퍼져나간 문워크 밈을 볼 수 있다.

관련이 없습니다.

사실, '밈'이라는 밈은 원래 블랙모어에게서 나온 것이 아닙니다. 여러분들께서 익히 알고 계시는 리처드 도킨스가《이기적 유전자》에서 처음으로 언급한 말이지요. 그는《이기적 유전자》의 11장에서 인간의 문화 현상을 설명하기 위해 유전자가 아닌 새로운 복제자replicator의 존재를 다음과 같이 소개했습니다. "나는 새로운 종류의 복제자가 지구상에 최근에 출현했다고 생각한다. 이것은 우리 눈앞에 있다. 아직은 유아기에 있으며 원시 스프 속에서 서투르게 해매고 있는 중이다. 하지만 낡은 유전자들이 따라잡을 수 없는 속도로 진화적 변화를 겪고 있다. 이 새로운 스프는 인간 문화의 스프이다. 우리에겐 새로운 복제자의 이름이 필요한데, 그것은 문화 전달의 단위, 혹은 모방의 단위라는 개념을 표현해줘야 한다. …… 이것은 meme이다." 도킨스는 밈의 사례로 선율, 아이디어, 캐치프레이즈, 패션, 주전자 만드는 방법, 문 만드는 기술 등을 들었고, 신념과 종교 등을 복제자의 관점에서 설명하려 했습니다. 그에 따르면 지구상에서 오직 우리 인간만이 밈이라는 새로운 복제자를 진화시켰으며, 오직 인간만이 그 밈들을 통해 유전자의 독재로부터 항거할 수 있는 유일한 존재입니다.

하지만 이렇게 중요한 언급에도 불구하고 무슨 이유 때문인지 그는 그 지점에서 밈에 대한 이야기를 멈춰버렸습니다. 도킨스가 멈춰버린 그 지점에서부터 출발하여 밈과 밈학memetics에 대한 한 권의 책을 완성한 것이 바로 블랙모어였죠. 도킨스는 이 책의 추천사에서 밈에 대한 소박한 생각에 머물러 있는 자신을 일깨워준 그녀를 높이 평가했습니다. 그리고 밈 이론에 대해 유보적인 것처럼 보였던 자신의 태도를 적극적으로 해명하기도 했습니다. 자신이 줄곧 주장하고자 했던 것은 이기적 유전자가 아니라 이기적 복제자였고, 유전자와 더불어 밈도 복제자라는

밈
수전 블랙모어 지음 | 김명남 옮김 | 바다출판사
—
밈 이론에 따르면, 초기 인류의 생존 명제는 이것이다. "가장 뛰어난 모방자를 모방하라!"

점을 강조하면서 말이죠.

이 책의 진정한 도발은 도킨스의 이런 뒤늦은(?) 인증에 있지 않습니다. 되레 그것은 밈 이론을 인간의 인지와 문화의 진화에 끝까지 적용해보려는 저자의 철저함과 진정성으로부터 나옵니다. 그녀는 대담하게도 우리의 자아가 서로 다른 밈들의 복합체 memeplex일 뿐이고, 밈을 전달하는 모방 능력 때문에 우리가 다른 동물과 뚜렷이 구분되며, 우리는 결국 밈 머신meme machine(이 책의 원서 제목이기도 합니다)일 뿐이라고 주장합니다. 유전자가 우리

의 배후에 있다는 것도 불편한데, 우리의 본성을 모양 짓는 또 하나의 복제자로 밈이라는 용어까지 들먹이니 인간으로서는 자존심이 상할 노릇입니다. 도킨스의 《이기적 유전자》나 블랙모어의 《밈》은 모두 유전자와 밈을 동시에 이야기하고 있으며, 그들에게 인간은 각각 유전자 기계와 밈 기계에 지나지 않습니다.

블랙모어의 밈 이론은 문화 진화에 대한 여러 자연주의적 접근들 사이에서도 독특한 위치를 점하고 있습니다. 문화 진화에 대해서는 그동안 사회생물학sociobiology, 이중 대물림dual inheritance 이론, 진화심리학, 생각 전염학epidemiology of idea과 같은 접근들이 있었는데, 밈학은 복제자의 관점에서 문화의 기원과 전달을 설명하려는 또 하나의 시도로 간주될 수 있습니다. 물론 이런 이론들에도 미묘한 차이가 있습니다. 가령 사회생물학에서 문화는 인간 개체의 유전적 적응도를 높이는 '행동'의 결과물입니다. 또한 진화심리학자들에게 문화는 개체의 유전적 적응도를 높이기 위한 '정신 메커니즘'이 주변 환경과 상호작용한 결과로 나타나는 것입니다. 하지만 유전적 적응도와 상관이 없거나 오히려 그 적응도를 낮추면서까지 종(세대로 이어지는 수직적 대물림)과 횡(동세대의 다른 개체들에게 전파되는 수평적 대물림)으로 전파되는 문화 아이템들을 단지 부적응일 뿐이라고 치부하는 것은 문화에 대한 충실한 설명이 아닙니다.

한편, 성인의 젖당 소화 능력의 진화를 설명하기 위해 유전자(젖당 소화 유전자)와 문화(가령 낙농 문화)의 공진화 모형을 발전시킨 이중 대물림 이론가들은 종종 문화적 적응도가 유전적 적응도를 능가할 수도 있음을 보여주었습니다. 하지만 이러한 설명 또한 유전자의 고삐에서 풀려 자율성을 획득한 문화에 대해서만큼은 침묵하고 있지요. 밈 이론은 유전자와 밈을 모두 동등한 자격의 복제자로 간주하고, 양쪽 모두를 통해서 문화가 생겨나고 전달된다고 주장합니다. 그렇다면 생각 전염학자들은 어떨까요? 그들은 문화가 복제 과정보다는 변형 과정을 통해 전파된다고 주장함으로써 문화를 인지 적응이나 인지 부산물에 묶어 놓고 있습니다. 따라서 밈학을 제외한 다른 문화 진화 이론들은 죄다 유전자 끝에 대롱대롱 매달려 있는 문화만을 설명하고 있는 셈이지요. 블랙모어의 이 책은 언젠가 유전자의 사슬을 끊고 무소의 뿔처럼 혼자서 갈 수 있게 된 새로운 복제자에 관한 이야기입니다. 그리고 그런 복제자의 실체를 의심하는 이들을 위한 적극적인 해명의 글이기도 하지요.

그동안 국내에 소개된 인간 본성과 문화의 진화에 대한 책들은 주로 사회생물학과 진화심리학적 관점에서 쓰인 것들이었습니다. 그러다가 1999년에 밈학의 바이블과 같은 이 책이 출간되니 저는 마치 서가에 책이 꽉 찬 느낌이 들었습니다. 진화에 관심 있으신 분들이라면 분명 이 책의 가치를 알아볼 것이라 생각합니다. 물론 진화학도만이 독자는 아닙니다. 모방이나 문화 전달에 관한 이 책의 도발적인 내용은, 어떤 생각이 다른 생각들에 비해 더 널리 퍼지는가에 관심 있는 모든 이들의 두뇌를 뜨겁게 달굴 것입니다. 저 같은 경우에는 이 책을 읽고 '통섭'이 우리 사회에 화두가 된 이유에 대해 흥미로운 해석을 하게 되었지요. 우리의 마음을 사로잡아 뭔가를 따라할 수밖에 없게끔 만드는 것의 정체가 궁금하지 않으신가요? 그렇다면 이 책 한번 읽어보시기 바랍니다. 번역도 훌륭해서 아마 수월하게 책장을 넘기실 수 있을 겁니다.

오늘은 문화에 대한 두 권의 책을 소개해드렸습니다. 여러분은 동물에게도 문화가 있다고 생각하십니까? 두 저자들은 어떻게 대답할까요? 오늘은 여기까지입니다. 다음 시간에 뵙겠습니다. 감사합니다.

◆

믬

외계인의 시각에서 본
인류 역사의 큰 그림

북토크 10

지구의 정복자 ◆ 우리는 어떻게 지구를 지배하게 되었나

안녕하십니까? 장대익입니다. 오늘은 출판된 지 얼마 되지 않은 따끈따끈한 책을 갖고 나왔습니다. "살짝 던져 놓을 게 아니다. 온 힘을 다해 (쓰레기통으로) 집어 던져야 할 책이다. 정말 유감이다." 지금까지만 해도 여러 번 등장했던 《이기적 유전자》의 저자 리처드 도킨스가 쓴 서평인데요, 이 서평을 읽고도 이 책을 집어들 독자가 과연 몇이나 되었을까요? 하지만 표지를 보고는 눈을 의심할지 모릅니다. 저자가 에드워드 윌슨이기 때문이죠. 1975년 출간된 그의 《사회생물학》을 읽고 훗날 행동생태학자가 된 이들이 한둘이 아닐진데, 무슨 연유인지 그는 지금 그런 후

배들에게 집단 따돌림을 당하고 있는 듯 보입니다.

이 문제작은 고갱의 화폭에 적힌 실존적 질문에서 시작합니다. '우리는 어디에서 왔고, 무엇이며, 어디로 가는가?' 그는 이 화두를 다음과 같이 번역했습니다. '고도의 사회생활은 왜 존재하고, 그토록 드물게 출현한 이유는 무엇이며, 그 진화의 원동력은 무엇인가?'라고 말이죠.

지구의 정복자
에드워드 윌슨 지음 | 이한음 옮김 | 사이언스북스
—
개미와 인간을 정복자로 진화시킨 가장 중요한
원동력은 집단의 힘. 이 책에서 선언한 집단
선택론에 진화학계는 집단 멘붕에 빠졌다.

이 질문은 살짝 식상할 수도 있겠습니다. 이타성의 진화야말로 40년 묵은 단골 메뉴이기 때문이죠. 이를테면, '자식도 낳지 않고 자매를 평생 돌보는 일개미의 이타적 행동은 어떻게 진화할 수 있었나?' 하는 질문을 생각해봅시다. 1960년대에 영국의 천재 생물학자 윌리엄 해밀턴이 '포괄 적합도 이론'을 제시하기 전까지 만해도, 곤충 세계에서 이런 테레사 수녀들의 존재는 다윈의 후예들을 고문했던 100년간의 문제였습니다. 여기서 '포괄 적합도'란 자신뿐만 아니라 자신과 유전자를 공유한 혈연들의 번식적 성공까지도 함께 고려한 값을 말합니다. 예컨대 특이한 유전체계로 인해 일개미는 자기 자식보다 오히려 자매들과 유전적으로 더 가까운데, 이 때문에 일개미의 이타적 행동은 유전자의 관점에서 볼 때 결코 손해가 아닌 것이 되지요.

월슨은 해밀턴을 사실상 학계에 데뷔시켜준 장본인이고, 도킨스는《이기적 유전자》에서 그 이론을 대중에게 쉽고 명확하게 소개한 공로로 스타 과학자의 반열에 오른 사람입니다. (포괄 적합도 이론은 혈연 선택 이론, 또는 이기적 유전자 이론으로도 불립니다.) 그런데 이게 웬일입니까? 이 이론의 강력한 옹호자가 양심선언을 하고 나왔습니다. "포괄 적합도 이론의 토대는 무너져왔으며, 그것을 지지하는 증거는 점점 모호해지고 있다"고 말하면서 말이죠. 이 책의 요충지 곳곳에 매립된 그의 폭탄으로 지금 진화학계는 패닉 상태라고 할 수 있습니다. 이 변심의 이유가 궁금하여 얼마 전 제가 직접 그의 연구실로 찾아가 그를 인터뷰했습니다. 오늘은 그 인터뷰 영상으로 시작하겠습니다.

"개미와 인간이 왜 지구의 정복자인지 설명해주시겠습니까?"
"개미는 수, 무게, 환경에 미치는 영향 면에서 무척추동물계의 지존으로서 고도로 분업화된 사회를 진화시켰습니다. 그 분업 중에 이타적 행동을 하는 경향이 포함되어 있어서 '진사회성' 동물이라 불리지요. 반면, 인간은 개미처럼 번식적 분업이 있지는 않지만 척추동물 중에서 가장 복잡한 사회성을 진화시켰으며 유일하게 문명을 일으킨 종입니다."

"이들을 지구의 정복자로 진화시킨 원동력은 혈연(유전자)인가요, 집단인가요? 혈연 선택 이론의 대장이었던 당신이 어떻게 이런 변심을 할 수 있는지 솔직히 매우 혼란스럽습니다."

"그동안 그것을 얼마나 옹호했건 그건 중요하지 않습니다. 옳으냐 그르냐가 더 중요하지요. 곤충의 복잡다단한 생태를 더 깊이 연구하면서 혈연 선택보다는 생태적 요인들이 진사회성의 진화를 이끌어왔다는 사실을 깨닫게 되었습니다. 가령, 진사회성 곤충들은 모두 암컷이 집을 짓는 것에서부터 출발합니다. 유전자를 얼마나 공유했느냐보다 집을 공유했느냐가 더 중요한 요인입니다. 또 다른 정복자인 인간의 경우 사회성 진화의 원동력은 확실히 유전자나 개체가 아닌 집단 선택입니다. 인류의 진화사에서 집단 간 충돌은 끊이질 않았는데 이 과정에서 부족주의, 명예심, 의무감 등이 이기심을 억누르게끔 진화할 수 있었지요. 개미든 인간이든 혈연 선택만으로는 그들의 진화를 설명할 수 없습니다. 다양한 수준에서 작용했던 선택압을 동시에 고려해야만 합니다. 인간의 본성은 그런 다수준 선택의 산물입니다. 문화, 도덕, 종교, 예술이 그 예이지요. 이전에 난 틀렸었습니다."

사실 3년 전쯤에 윌슨은 하버드 대학교의 수리생물학자 마틴 노왁Martin Nowak 등과 함께 이 책의 이론적 근간이 된 논문을 《네이처》에 발표했습니다. 거기서 그들은 포괄 적합도 이론이

기껏해야 자신들이 주장하는 '다수준 선택 이론(집단 수준에서도 자연선택이 일어난다는 이론)'의 특수한 경우일 뿐이라는 도발적인 주장을 펼쳤습니다. 이에 주류 진화학자들 중 137인이 반박 논문에 서명하는 초유의 사태가 있었지요. 이에 대한 윌슨의 반응이 궁금했습니다.

"선생님이 말씀이 맞다고 해보지요. 그렇다면 왜 그들은 포괄 적합도 이론을 패러다임처럼 고수하고 있을까요?"
"무지입니다! 그들이 공통적으로 인용하고 있는 참고문헌이 있는데 거기서 포괄 적합도는 전혀 측정된 바 없습니다. 지금부터가 중요한 얘기예요. 우리는 지금 진화생물학의 역사에서 매우 드문 사건을 경험하고 있습니다. 패러다임이 바뀌고 있는 단계라고 할 수 있어요. 그런데 대안 이론이 새로운 것은 아닙니다. 표준적인 자연선택 이론으로 되돌아가야 합니다. 가령 진사회성의 진화에서 공통적으로 나타는 현상은 그들이 집을 짓고 그것을 중심으로 협동을 한다는 사실입니다. 침팬지와 우리의 중요한 차이는 그들에게는 함께 모여 둘러앉을 모닥불(야영지)이 없었다는 점이지요. 방어 가능한 안전한 보금자리에 집단이 집결함으로써 생긴 결속력은 인간의 사회성 진화에 있어 결정적 한 방이었습니다. 혈연은 원인이 아니라 결과일 뿐입니다."

도킨스의 혹평을 그는 어떻게 받아들이고 있을까요? 윌슨의 대답은 놀랍고 당혹스러웠습니다.

"(고개를 가로 저으며) 그는 내 이론을 평가할 만한 능력이 없는
사람입니다. 그는 과학자가 아니에요. 어떤 이들은 나와 그 사이
에 충돌이 있는 것처럼 이야기하는데 그런 건 없습니다. 나는 과
학자들을 설득하는 중이고, 그는 대중들에게 말하고 있기 때문이
지요."

80세가 훌쩍 넘은 그는 '통섭'을 비롯한 이전 저작들처럼 이
번에도 도발을 감행했습니다. 다른 것이 있다면 그의 주목표물
이 이번에는 외부(인문사회학계)가 아닌 내부(진화학계)라는 점일
것입니다. '개미와 인간을 정복자로 진화시킨 가장 중요한 원동
력은 집단의 힘'이라는 그의 메시지에 동의할 수 있을까요? 인
간의 행동과 사회의 현상을 유전자나 개체의 관점으로 해석하
는 현재의 지배 패러다임에서 이것은 분명 큰 도전입니다. 과
연 그는 코페르니쿠스가 될 수 있을까요? 제 귀에는 아직도 확
신에 찬 어조로 '과학혁명'을 장담하던 그의 목소리가 생생합니
다. 두고 볼 일입니다. 오늘 첫 책에 대한 소개는 하버드 대학교
의 비교동물학 박물관 4층에 위치한 저자의 연구실에서 진행했
던 인터뷰로 대신했습니다.

제가 자주 사용하는 상상법, 기억하시나요? 지구에 여행을 온 외계인들이 지구를 탐구한 후에 공동으로 보고서를 제출해야 한다고 해봅시다. 아마도 그 외계인 중 누군가는 지구가 빅뱅 이후로 언제쯤 어떻게 만들어졌는지를 알아보자고 했을 것입니다. 지구의 생성을 이야기해야 하니 태양계의 출현도 살펴보아야 한다는 의견도 있겠죠. 물론 그 이전에 벌어졌던 별의 탄생과 원소의 생성도 논의해야 한다는 이도 있을 겁니다. 자신의 별에서 지구까지 왔을 정도의 호기심이라면 아마도 그들은 "대체 지구에서 생명은 언제쯤 시작되었을까?"를 한 목소리로 물을지도 모릅니다. 그러고는 지구의 다양한 생명체의 역사를 탐구하면서 질문하겠죠. "지구 생명체는 어떤 메커니즘을 통해 이렇게 다양해지고 복잡해졌는가?" "지구를 지배한 생명체는 무엇인가?"하고 말이죠.

지구의 동물들 중에서 외계인들의 눈에 가장 먼저 띄는 존재는 아마도 우리, 호모 사피엔스일 것입니다. 왜냐하면 인류는 동물 전체의 생물량biomass 중에서 98퍼센트 정도를 차지하는 종으로, 실질적으로 지구상에서 가장 번성한 종이라고 할 수 있기 때문입니다. 물론 냉철한 외계인의 시선에서는 인류도 생명의 거대한 나무에 다른 종들과 마찬가지로 운 좋게 매달려 있는 하나의 잔가지일 것입니다. 하지만 존재감만큼은 최고라고 여길 것임이 분명합니다. 왜일까요? 그것은 바로 인류는 다른 동물들이 가지고 있지 않은 '문명'이라는 것을 진화시켰기 때문입니다.

그러니 자연스럽게 호모 사피엔스만을 집중적으로 탐구해보겠다고 자원하는 외계인도 있을 겁니다. 그들이 인류가 어떻게 시작되었고 무엇을 해왔으며 어떤 미래로 가고 있는지를 조사하기로 했다고 칩시다. 인류가 이룩했던 것들, 또한 인류에게 영향을 줬던 것들을 뽑아보기 시작합니다. 이때 목록은 다음과 같지 않을까요? 농경, 도시, 국가, 제국, 인구 증가, 기후, 전염병, 산업혁명, 과학기술⋯⋯. 그들은 묻기 시작합니다. "농경은 인간의 삶을 어떻게 변화시켰는가?" "전염병은 인류의 역사를 어떻게 바꿔놓았는가?"

이제 미션을 수행할 차례가 왔습니다. 그들은 총 세 팀으로 나눠 일을 분담하기로 합니다. 시간 순서를 고려해 1팀은 빅뱅부터 지구의 탄생까지, 2팀은 생명의 탄생부터 인류의 기원까지, 그리고 마지막 3팀은 인류가 이룩한 세계를 다루기로 했습니다. 우리의 지식 수준을 훌쩍 넘어선 외계인들에게 이런 식의 분담은 그저 편의를 위한 것일 뿐이겠죠. 이때 그들은 인간의 지식세계에 대해 흥미로운 사실을 알게 됩니다. 1팀의 주제에 대해서는 그동안 천문학, 물리학, 화학, 지질학이라는 분야로, 2팀의 주제에 대해서는 주로 생물학을 통해, 그리고 3팀의 주제에 대해서는 역사학과 인류학 그리고 지리학 등의 분야들을 통해 이미 많은 작업을 해놓았다는 것을 말이죠.

빅 히스토리
데이비드 크리스천·밥 베인 지음 | 조지형 옮김 | 해나무
—
우주의 탄생부터 지구 현대 사회의 변화까지 한 권에
쓸어담은 책이다. 인간 역사의 가장 큰 그림을 그려주는
이런 책은 어렸을 때부터 읽는 게 가장 좋다.

　물론 인류보다 훨씬 더 똑똑한 외계인들은 우리가 명확히 구
획해 놓은 이러한 학문 경계들에 구애를 받지 않을 것입니다.
오히려 그들은 지식을 인문학, 사회과학, 자연과학 등으로 구분
하고 심지어 따로 가르치는 인류의 교육 방식에 고개를 갸웃거
릴지 모릅니다. 그들은 모든 탐구 방법론을 자유자재로 사용할
수 있게끔 교육받았을 테니까 말이죠.

　그들의 공동 연구가 거의 끝나갈 무렵, 보고서의 제목을 달아
야 할 순간이 왔습니다. 지구에 대한 탐구 보고서이니 '지구사
Global history'라고 하자는 이도 있었지만, 그것은 결국 우주와 지
구, 생명과 인류의 거대한 역사의 흐름을 기록한 것이니 '빅 히
스토리Big history'라고 짓자는 쪽으로 의견이 모였습니다. '빅 히
스토리', 참 멋진 이름이죠?

　빅 히스토리의 창시자 격인 역사학자 데이비드 크리스천David
Christian은 이 책에서 어쩌면 이런 '외계인의 시선'으로 우주, 생

명, 인간, 문명의 역사를 융합적으로 이해하고자 했는지 모릅니다. 그는 지난 20여 년 동안 줄기차게 인류의 역사를 자연과 인문의 융합이라는 관점에서 파악할 것을 주장해온 통 큰 역사학자인데요. 분야사와 지역사로 매몰된 전통적인 역사학의 관행에 더 큰 그림을 그려보자며 역사학에 천문학과 생물학을 도입한 융합의 선구자이기도 합니다. 마침내 그의 외로운 주장에 감동을 받은 빌 게이츠의 후원으로 저자는 현재 전 세계의 시민들을 위한 빅 히스토리 교육을 활발히 추진하고 있습니다. 역사교육학자 밥 베인과 함께 쓴 이 책은, 말하자면 일반인을 위한 빅 히스토리 교재입니다.

400쪽이 겨우 넘는 분량이지만 야심차게도 이 책은 '모든 것의 역사'에 대해 이야기하고 있습니다. 물론 이것이 모든 것을 다 다룬다는 뜻일 수는 없겠죠. 대신 137억 년 전부터 현재까지의 타임라인에서 역사의 대전환점을 만들었던 여덟 번의 '임계국면threshold'에 대해 다루고 있습니다. 그 여덟 번의 임계국면은 차례로 우주의 탄생(137억 년 전), 별의 탄생(135억 년 전), 원소의 생성(135억 년 전), 태양계와 지구의 생성(45억 년 전), 생명의 탄생(38억 년 전), 집단학습의 출현(20만 년 전), 농경의 시작(1만 1000년 전), 근대 혁명(250년 전)을 말합니다. 저자들은 각 임계국면에서 매번 차원을 달리하며 복잡성이 증가했다고 말합니다. 그리고 그때마다 다양성, 관용과 개방성, 상호관련성, 정보의 축적이 폭발적으로 증가했기에 빅 히스토리의 분수령이랄 수 있다고 말합니다.

　하지만 이 대목에서 아마도 어떤 독자들은 그런 분수령에 왜 진핵생물의 탄생(15억 년 전)이나 성(性)의 진화(15억 년 전), 또는 글로벌 네트워크의 탄생(2000년 전) 등이 포함되지 않는가에 대해 의아해할 수도 있을 겁니다. 가령, 성의 출현은 진화의 역사에서 가장 중요한 사건 중 하나인데, 원본과 거의 똑같은 생명체를 만들어내는 무성생식과는 달리 암수의 결합을 통해 유전자를 섞어 다양하고 복잡한 생명체를 만들 수 있게 되었으니까요. 또한 임계국면마다 복잡성이 폭발적으로 증가했다는 주장에도 이견이 있을 수 있을 겁니다. 현대 진화생물학의 쟁점 중에서 '생명이 복잡성이 증가하는 쪽으로 진화했는가?'에 대해 큰 논쟁이 있다는 사실을 알고 있는 독자라면 특히 이 대목에서도 머뭇거리게 되겠죠.

　그럼에도 불구하고 이 책은 우주, 생명, 인류, 문명의 역사를 큰 그림으로 그려보려는 최근의 의미 있는 시도들, 가령 빌 브라이슨의《거의 모든 것의 역사》와 같은 것들 중에서 가장 돋보이는 텍스트라 할 만합니다. 그 이유 중 하나는 다른 유사 저작들과는 달리 역사를 '열거'하는 데 그치지 않고, 우주의 시작에서 현대 문명에 이르는 거대한 역사를 꿰는 '통찰'을 주려고 하기 때문입니다. 전통적인 역사학도들은 어쩌면 이런 통찰이 피상적이라고 비판할 수도 있겠죠. 하지만 디테일에 대한 지나친 집착만으로는 큰 그림을 그릴 수 없는 것도 명확한 사실입니다.

이 거대한 역사를 다루는 빅 히스토리는 단지 역사학을 지칭하는 것일 수도 없으며 역사학의 한 분야를 뜻하는 것일 수도 없습니다. 그것은 인류의 지적 자산을 총동원하여 우리의 과거와 현재를 이해하고 미래를 대비하고자 하는 융합적 마인드의 인상적인 결과물이라 할 수 있을 것입니다.

오늘은 인류의 역사에 큰 그림을 그려보는 두 권의 책을 소개해드렸습니다. 다음 주에는 역사의 종말에 대해 이야기해보겠습니다.

문명은 어떻게 붕괴하고
종은 언제 멸절하는가?

북토크 11

문명의 붕괴 ◆ 스케일과 디테일을 가로지르며 문명의 운명을 논하다

흔히들 역사학을 '디테일에 대한 사랑love of detail'이라고 합니다. 그래서 프랑스 혁명을 연구하는 역사학자라면 독자에게 당시 파리의 시궁창 냄새까지도 맡게 해야 한다는 말도 있지요. 같은 대상을 다루긴 하지만 늘 '줌아웃zoom out'하는 것에 익숙한 학자들이 있습니다. 누구일까요? 바로 철학자입니다. 철학자는 디테일보다는 전체 숲을 조망합니다. 그들은 대개 '모더니즘', '상대주의'와 같은 거대 담론을 만들어내는 사람들입니다. 그리고 마치 주제 마디main theme를 먼저 찾는 작곡자들처럼 사고를 하지요. 변주될 마디는 역사학자에 미루면서 말이지요. 어쩌면 이런

식의 노동 분업은 각기 방대한 자료를 다뤄야 할 현대 지식인들에게 자연스러워 보일지도 모르겠습니다.

물론 매우 드물기는 하지만 줌인과 줌아웃을 혼자 다 하는 석학들이 있습니다. 그런 석학들 중 대표적인 한 명을 고르라면, 저는 재러드 다이아몬드를 꼽고 싶습니다. 그는 진화학, 생물지리학, 심지어 생리학의 대가인데, 이미 일곱 번째 시간《섹스의 진화》에서 언급했던 적이 있습니다. 다들 기억나시죠? 서울대학교 도서관에서 2년 연속으로 대출 순위 1위를 차지하기도 한 유명한 책인《총, 균, 쇠》에서는 '왜 특정 민족이 다른 민족을 지배하게 되었나?'라는 주제에 대한 해답을 내놓았는데요, 그는 이 책으로 미국에서 가장 권위 있는 보도 · 문학 · 음악상인 퓰리처상을 받기도 했죠. 그리고《제3의 침팬지》에서는 '왜 인간은 다른 동물과 구별되는가?'라는 질문을 던지기도 했습니다.

오늘 제가 중점적으로 소개해드리고 싶은 책은《문명의 붕괴》라는 책입니다. 여기서 다이아몬드는 디테일과 스케일이라는 두 가지 무기를 모두 사용하여 문명사회의 과거, 현재, 미래를 탐구한 결과를 보여주고 있습니다. 제 생각에 재러드 다이아몬드는 현존하는 과학자 중에서 가장 큰 질문을 던지는 과학자 중 한 명이 아닐까 합니다. 그는 스케일이 큰 이런 질문들의 연장선상에서《문명의 붕괴》를 통해 '과거의 위대한 문명이 몰락한 이유는 무엇이며, 거기서 우리는 무엇을 배울 것인가?'라는, 매우 중요하긴 하지만 너무 커서 오히려 영양가 있는 대답을 하기가 곤란한 질문을 던지고 있습니다.

하지만 그는 스케일에만 치중하기 쉬운 다른 학자들과 달리 생태학, 기후학, 사회학, 정치학, 역사학의 디테일을 총동원하여 그 큰 호기심을 풀어주고 있습니다. 한때 흥했다가 완전히 '붕괴해버린(로마 문명의 경우처럼 '쇠락' 정도가 아닌)' 몇몇 문명의 디테일을 조사했지요. 남태평양 이스터 섬의 폴리네시아 문명, 아나사지와 마야에서 꽃피웠던 아메리카 원주민의 찬란한 문명, 그린란드를 정복했던 바이킹 문명, 아시아의 앙코르와트 문명의 흥망사를 면밀히 조사한 후 그는 귀납적인 결론을 내리게 됩니다.

문명의 붕괴
재러드 다이아몬드 지음 | 강주헌 옮김 | 김영사
—
거대한 스케일의 질문에는 디테일로 승부해야 한다.
거대담론을 푸는 해결책은 디테일에 있음을 보여준 책이다.

하지만 뭔가 참신한 대답을 기대했던 독자들은 그가 내린 결론을 보고 분명 다소 실망했을 겁니다. 왜냐하면 저자는 그 문명들이 환경 파괴, 기후 변화, 이웃 나라와의 적대 관계, 우방의 협력 감소, 그리고 사회 문제에 대한 구성원의 대처 능력 저하 때문에 붕괴했다고 말하고 있기 때문이죠. 혹자는 '이것은 나도 얼마든지 생각할 수 있는 원인인데 그 정도 가지고 700쪽 이상 쓸 이유가 뭐가 있겠나?'라고 생각할지 모르겠습니다. 스케일만을 사랑하는 독자들이라면 이러한 의문을 품는 것이 당연할 것 같습니다.

하지만 저자의 주장이 설득력이 있는 이유는 바로 디테일에 있습니다. 예컨대 거대한 석상 문화로 유명한 이스터 섬의 문명이 몰락한 원인을 분석하면서 그는 무자비한 삼림 파괴에서 시작되어 그로 인한 전쟁, 지배계급의 전복, 인구 감소로 이어지는 인과의 궤적을 정교하게 보여주고 있습니다. 그리고 이런 환경 파괴야말로 문명 붕괴 요인들 중에서 가장 중요하고 유일하게 공통적인 부분이라고 역설합니다. 즉 문명 붕괴 뒤에는 늘 환경과 생태의 중요성에 대한 무지와 무시가 있었다는 주장이죠.

우리가 염두에 두어야 할 점은 문명의 붕괴가 과거의 이야기만은 아니라는 사실입니다. 저자는 환경 파괴와 기아로 허덕이는 소말리아나 르완다, 모든 종류의 환경 훼손이 총체적으로 드러나는 중국, 심지어 오랫동안 자원 '채굴'에 혈안이 됐던 오스트레일리아의 '현재'가 붕괴의 조짐을 보이고 있다고 경고하고 있습니다.

하지만 흥미로운 사실은 문명의 과거와 현재에 대한 이런 식의 귀납적 탐구가 한편으로 미래에 대해 '희망'을 이야기하고 있다는 점입니다. 강대국 틈바구니에서 꿋꿋이 살아남아 번영하고 있는 핀란드를 언급하는 대목에서 저는 자연스럽게 우리

한반도의 미래가 궁금해졌습니다. 그 미래를 논하기 전에 저자의 분석틀을 가지고 찬란했던 고구려 문화가 왜 소멸했는지부터 공부해보는 것은 어떨까요? 고구려에 대한 연구가 활발한 요즘, 스케일과 디테일을 겸비한 이 책은 분명 좋은 참고서가 될 것 같습니다.

멸종 ◆ 불량 유전자인가, 지독한 불운인가?

"교수님, 만일 우주에서 큰 암석이 지구로 날아오지 않았다면 아직도 공룡이 살아 있을까요?" 진화와 멸절에 대해 강의하다 보면 종종 이런 질문을 하는 친구들이 있습니다. 저도 가만히 있을 수는 없지요. "그러면 우리 인간은 지금쯤 어떻게 됐을까요?"

이런 질문과 대답이 지난 30~40년 동안 수많은 과학자가 남긴 수많은 논문과 책의 뜨거운 쟁점이었다는 사실을 아는 분들은 그리 많지 않습니다. 솔직히 30년 전쯤만 해도 이런 질문은 소설에서나 등장하는 소재였지요. 지구 생명의 운명이 외계에서 갑자기 날아온 큰 바위 때문에 좌지우지됐을 것이라는 생각은 대다수의 과학자들에게 너무도 불손한 것이었습니다. 외계 운석 충돌론을 받아들이느니 차라리 창조론을 믿는 편이 낫다고 말하는 이들도 실제로 적지 않았을 정도니까요.

하지만 지금은 이 충돌론이 학계의 정설로 자리 잡았습니다. 학계뿐만이 아닙니다. 20세기를 마감하는 시점들에 등장한 두 편의 영화, 〈아마겟돈〉과 〈딥 임팩트〉는 종말론적 시류를 타고 큰 성공을 거둔 바도 있지요. 그러나 〈맨 인 블랙〉과 같은 여느 공상과학 영화와는 달리 관람객들은 다소 무거운 마음으로 극장 문을 나섰습니다. '6500만 년 전에 공룡을 비롯한 대다수의 생물들을 멸종시켰던 그 소행성 충돌이 내가 살아 있는 시기에 다시 일어나지 말라는 법이 있는가?'라는 의문과 걱정을 떨칠 수 없기 때문이지요.

시카고 대학교의 고생물학자인 데이비드 라우프David Raup는 이런 공포에 과학적 근거를 제공한 주범입니다. 그는 백악기 말에 일어났던 공룡의 멸종이 소행성의 충돌 때문에 발생했다는 엘버레즈의 주장을 가장 확실하게 지지해온 고생물학자입니다. 심지어 동료였던 잭 셉코스키와 함께 멸종 자료들에 대한 통계를 내고 그것을 분석한 후에 지구에서 2600만 년마다 멸종이 일어나고 있으며, 그 이유가 주기적으로 날아오는 운석과의 충돌 때문일지 모른다는 다소 엉뚱한 주장을 펴기도 했습니다. 이 책은 멸종에 대한 그의 견해가 가장 잘 집약된 책이라고 할 수 있습니다. 일반 독자들도 이해할 수 있는 책이긴 하지만 멸종에 관한 논의에서 반드시 언급되어야 하는 고전으로 통합니다.

혹자는 과학계에서 20여 년 전에 출간된 이 책의 유용성에 의문을 제기할 수도 있을 것입니다. 하지만 운 좋게도 이 책에서 다룬 대부분의 내용들은 아직도 반박을 기다리고 있습니다. 정확히 말하면 오히려 충돌 이론이 지난 20여 년 동안 더 많은 입증 사례들을 확보하게 되었다고 해야 할 것입니다. 예를 들어 1990년에는 멕시코 유카탄 반도의 칙술루브Chicxulub에서 지름 180킬로미터의 운석구가 발견되었습니다. 그리고 연대를 측정해본 결과 그 운석구가 공룡 멸종 시기인 6500만 년 전에 생성된 것이라는 사실이 2년 뒤 과학 전문지 《사이언스》에 실리게 되었습니다. 한편 1994년 7월에 국내외 언론을 떠들썩하게 만든

슈메이커-레비 혜성의 목성 충돌 장면은 지구가 혜성의 충돌로
도 엄청난 타격을 받을 수 있다는 사실을 간접적으로 경험하게
해줬지요. 이 두 사건은 충돌 이론에 회의를 품었던 많은 이들
의 마음을 돌리는 중요한 계기로 작용했습니다.

이제는 오히려 충돌 이론을 너무 자주 들먹거리는 분위기가
되어서 곤란할 지경입니다. 실제로 '무슨 소행성이 21세기 초반
에 지구와 얼마의 확률로 충돌할 가능성이 있다'는 식의 발표
와 보도가 지난 20년 동안 여러 차례 있었으나 거의 전부가 '그
럴 가능성은 무시해도 좋다'는 식의 해프닝으로 끝난 바 있습니
다. 비록 해프닝이긴 했지만 그런 구체적인 예측이 가능했던 것
은 1998년 이후부터 미국 항공우주국(NASA)을 비롯한 세계 유수
의 기관들에서 지구접근천체near earth object(NEO) 프로그램을 본격
적으로 가동하고 있기 때문입니다. 국내에서도 한국천문연구원
내의 지구접근천체연구실(국가지정연구실)을 두고 비슷한 일을 수
행하고 있습니다. 이러한 사실들은 모두 라우프를 비롯한 충돌
이론가들이 제시한 이론을 진지하게 받아들이고 있다는 증거들
이지요.

그러나 대멸종을 충돌 이론으로 설명하기를 꺼리는 사람들이
전혀 없는 것은 아닙니다. 여전히 해수면 하강이나 기후 변동
등을 내세우는 이들도 있습니다. 그런데 충돌 이론에 대적할 만
한 상대로는 대규모의 화산 활동으로 인해 대멸종이 초래되었
다고 보는 견해밖에 없는 듯합니다. 왜냐하면 이리듐이라는 원

소는 운석에도 많이 존재하지만 화산을 통해서도 다량 분출될 수 있는데, 이것이 높은 함량으로 검출된 것 등 많은 증거들이 충돌설과 동시에 화산폭발설도 지지하고 있기 때문입니다.

현재 적지 않은 과학자들이 충돌과 화산 폭발을 동시에 받아들이고 있는 것도 바로 이런 이유에서입니다. 즉 충돌이 먼저 일어난 후 화산이 대규모로 폭발했다거나 화산 활동이 왕성히 진행되고 있는 중에 충돌이 일어났다는 식으로 추측하고 있습니다. 어쨌거나 충돌이 최초 혹은 최후의 일격으로 대멸종을 이끌어냈음을 모두 인정하는 셈입니다. 이런 맥락에서 수년 전쯤 《사이언스》는 대멸종의 직접적 원인이 운석 충돌임을 최종적으로 확인해주는 공동 논문을 게재하기도 했습니다.

멸종
데이비드 라우프 지음 | 장대익·정재은 옮김 | 문학과지성사
—
지금은 정설로 받아들여지고 있는
운석충돌론을 본격적으로 소개한 책이다.

그렇다면 일정한 주기를 두고 멸종이 일어난다는 라우프의 도발적 주장은 지금도 유효한 것일까요? 이에 대한 평가는 다소 부정적입니다. 우선 그가 옳다면 충돌의 증거와 흔적이 모든 주요 멸종에서 나타나야 하는데, 이리듐의 흔적은 백악기 말을 포함한 스무 번의 멸종 사건 중 일곱 번만 발견됩니다. 그리고 가장 큰 멸종이 진행됐던 페름기 말에는 이런 흔적이 전혀 발견되지 않았습니다. 실제로 지난 20년 동안 라우프와 셉코스키의 자료는 열세 번이나 다른 과학자들에 의해 재분석되었습니다. 이들 중 다섯 번은 주기성이 의미가 있다는 결과를 낸 반면 나머지 여덟 번은 그렇지 않다는 결론을 내렸지요. "주기성이 정말로 있다고 믿지만 아직까지 증명할 수는 없다. 더 많은 자료가 필요하다." 이것이 라우프의 솔직한 대답입니다.

멸종에 관한 이런 논쟁들은 과학이 어떤 식으로 진행되는가에 대해 몇 가지 중요한 통찰을 줍니다. 우선 과학에서도 공상과학 소설에서나 등장할 엉뚱한 생각이 결국 정설로 자리 잡을 수 있다는 사실입니다. 물론 그 뒤에서 동료들의 조롱과 온갖 수모를 참고 견뎌야 했습니다. 이런 의미에서 라우프는 강단이 있는 과학자임에 틀림없습니다. 둘째, 이 논쟁은 과학의 특정 분과가 다른 분과들과 어떤 식으로 협력할 수 있는지를 보여주는 매우 좋은 사례입니다. 고생물학이 자신의 전통적 세력권을 넘어 화학자와 천체물리학자 등과도 협력하게 될 줄을 어찌 알았겠습니까? 멸종에 대한 연구는 현대 과학의 특성인 거대 규모와 학제적 성격을 전형적으로 드러내줍니다.

멸종에 대한 과학적 논의는 결코 과학의 영역 내에서만 맴돌지 않습니다. 넓게는 생명의 진화와 운명에 관한 이야기이며 좁게는 인간종의 생존과 멸절에 관한 분석이기 때문에 인문사회적 함의를 지니는 것은 너무도 당연합니다. 라우프의 《멸종》이 기본적으로 대중 과학서이긴 하지만 실제로 그 이상의 가치를 담고 있는 이유가 여기에 있습니다.

오늘로 세 번째 책장 '역사와 문화' 편을 마감하게 되었습니다. 오늘의 주제가 붕괴와 멸절에 대한 것이다 보니 조금 암울해지는 듯하긴 합니다만, 이 두 책을 소개해드린 것은 역사로부터 배워서 붕괴와 멸절로부터 벗어나자는 뜻이 아니겠습니까? 그렇다면 역사의 종말을 연구하는 인문학자와 이 두 저자의 차이는 무엇일까요? 직접 한번 읽어보시고 비교해보시기 바랍니다. 다음 주부터는 '종교와 과학' 책장으로 넘어갑니다. 다소 민감한 주제이지만 최대한 솔직히 다뤄보겠습니다. 감사합니다.

◆

4

종교와 과학

Religion & Science

과학과 가치

북토크 12

무지개를 풀며 ◆ 낭만의 바다에서 과학이 노래하는 시

여자 친구의 춥다는 말에 가장 낭만적인 남자의 대답은 무엇일
까요? 대부분의 여성들은 남자친구가 옷을 벗어주기를 바라거
나 "그럼 내 품에 와"라는 대답을 듣고 싶어 할 겁니다. 그런데
누군가 여기에 "왜 추울까?"라고 되묻는다고 해봅시다. 정말 썰
렁하겠죠? 참 이상한 일이긴 하지만, 흔히들 이렇게 낭만과 담
을 쌓은 부류로 '과학자'를 지목합니다. 우리 사회에서 과학자
에 대한 이미지는 대개, 똑똑하긴 하지만 멋대가리는 별로 없는
똘똘이 스머프 정도인 것 같습니다. 이 스머프는 호기심 천국에
서는 활개를 치지만 밖으로 나오면 왠지 썰렁 바이러스를 퍼뜨

리는 존재로 인식되고 있지요. 과학자들은 정말 섭섭하답니다.

과학이 정말 낭만과는 한 배를 탈 수 없는 것일까요? 실제로 영국의 낭만주의 시인 존 키츠John Keats는 뉴턴이 분광학을 통해 무지개의 비밀을 푸는 바람에 시인들이 더 이상 무지개에 대한 시상을 떠올릴 수 없게 됐다고 한탄했습니다. 하지만 이 시대의 대표 과학자인 리처드 도킨스는 뉴턴의 광학 연구야말로 인류에게 우주와 자연의 경이로움을 선사했으며, 그 경이로움은 시의 궁극적 원천이라고 되받아쳤습니다. 광활한 우주의 한 점에 불과한 지구 위에 인간 같은 존재가 진화했다는 사실은 얼마나 기막힌 우연입니까? 저자는 이 세상의 모든 서사시가 이런 과학적 사실들의 자연스런 발현이라고 말합니다. 우리가 이 점을 느끼지 못하는 것은 그것이 안방의 공기처럼 너무 익숙하기 때문이죠. 말하자면, 별을 노래한 윤동주나 한 송이 국화꽃을 얘기한 서정주는 키츠나 워즈워드의 후예일 뿐만 아니라 뉴턴과 다윈의 후손도 되는 셈입니다. 도킨스는 "과학이 차갑고 딱딱하며, 낭만이나 아름다움과는 거리가 먼 것이라는 오해"를 풀기 위해 오늘 제가 소개할 책《무지개를 풀며》를 썼습니다.

사실 도킨스의《이기적 유전자》나《만들어진 신》을 읽고 인생의 허무와 가치 상실을 경험했다는 독자들이 적지 않습니다. 도덕과 종교에 과학의 메스를 들이댄다는 것 자체가 도발인 것은 분명하죠. 그 도발을 머리로는 열렬히 환영하면서도 가슴으로는 끌어안지 못하는 것은 왜일까요? 그것은 인생의 의미와 가치, 그리고 자연의 아름다움을 포기할 수 없기 때문이고, 과학은 도덕과 종교를 대신하여 세상의 이 모든 경이로움의 원천 노릇을 할 수 없을 거라 믿기 때문일 것입니다.

무지개를 풀며
리처드 도킨스 지음 | 최재천 · 김산하 옮김 | 바다출판사
—
"가장 도킨스다운 책"이라는 평가를 받는다.
과학 덕분에 세상은 또 얼마나 더 아름다워졌는가!

저자는 이 책에서 감히 과학이야말로 낭만의 저수지요 상상력의 바다라고 주장하고 있습니다. 그리고 세상 모든 과학의 경이로움과 세상 모든 사이비의 황당함을 쿨하게 보여줍니다. 예컨대 소리를 구별하는 우리의 능력을 공중에 날아다니는 바코드를 찍는 기계에 비유해 설명하기도 하지만, 우연의 일치를 마치 운명이나 초능력인 양 떠드는 사이비들에게는 통계의 기본을 다진 다음에나 다시 오라고 충고합니다. 이 책의 가장 큰 매력은, 저자가 다른 저작에서만큼 여전히 쿨하면서도 독자를 결코 썰렁하게 만들지 않는다는 점입니다. 그래서 마지막 책장을 넘긴 후에도 '그래서 어쩌란 말인가?'라는 뒤끝은 남지 않습니다. 오히려 과학이 선사하는 경이로움에 압도되어 나도 모르게 가슴이 훈훈해지게 되죠. 국내에서 도킨스의 사상을 전하는 일에 누구보다 앞장서온 역자인 최재천 교수가 이 책을 '가장 도킨스다운 책'이라고 평한 것도 분명 같은 이유일 것입니다.

과학과 시가 한 배를 탄다는 것이 서로가 많은 것들을 내려놓아야 한다는 것을 의미하지는 않습니다. 뉴턴이 만유인력을, 다윈이 진화론을, 아인슈타인이 상대성 이론을 내놓았듯이 과학자가 최고의 과학을 구가할 때 그 여파는 다른 영역에도 미칩니다. 같은 맥락에서 저자는 과학을 억지로 포장하려는 '계산된 하향평준화'와 지나치게 강조된 '과학의 유용성'이 되레 상상력과 낭만의 우물을 말라버리게 할 수 있다고 경고합니다. 과학에 대해 호기심 천국 수준의 설명을 강요하는 매체와 쉬운 설명이 최고의 미덕이라 믿는 과학자들의 강박은 과학에 대한 어설픈 낭만을 줄 뿐입니다. 저자의 말대로 가슴속 깊이 감동을 주는 과학은 본질에 대한 탐색이요, 근원적 궁금증에 대한 탐구입니다.

이 책은 《만들어진 신》을 읽고 인생의 의미에 대해 한 번쯤 진지하게 고민해본 독자를 위한 책이라고 말하고 싶습니다. 비록 원서가 출간되어 잔잔한 파문을 일으킨 지는 15년이 넘었지만, 과학이 문화로 자리 잡지 못하고 여전히 배회하고 있는 우리 현실에서는 바로 오늘 읽어야 할 책입니다. 낭만의 바다에서 도킨스가 노래하는 과학의 시를 음미해보시길 바랍니다.

《눈먼 시계공》에서 설명했듯이 1802년 윌리엄 페일리는 《자연 신학》이라는 책에서, 인간의 눈과 같이 복잡한 기관은 지적인 설계자가 창조한 것일 수밖에 없다고 논증한 바 있습니다. 그는 생명의 복잡성과 자연의 질서 등을 들어 신의 존재를 증명해 보이려고 노력했습니다. 즉 복잡한 기능을 가진 어떤 것이 존재한다면, 그것은 틀림없이 어떤 설계자가 만들었을 것이라는 논리죠. 그래서 사람들은 이런 추론을 '설계로부터의 논증', 혹은 '설계 논증'이라고 부릅니다.

찰스 다윈은 어쩌면 지극히 상식적인 이런 논리에 딴죽을 걸어서 사람들을 혼란에 빠뜨린 장본인일 것입니다. 다윈의 업적이 혁명적이라고 평가받는 이유는, 생명의 복잡성과 다양성이 창조자의 개입 없이도 자연선택이라는 과정에 의해서 생겨날 수 있음을 인류 최초로 아주 설득력 있게 제시했기 때문입니다. 그래서 다윈 이전에는 잘 통했던 '설계 논증'이 다윈 이후에는 도통 힘을 못 쓰게 되었죠. 심지어 인간의 눈과 같이 매우 복잡한 기능도 점진적인 자연선택 과정에 의해 진화될 수 있음을 보인 도킨스는 자신의 논거가 무신론을 뒷받침한다고까지 주장합니다. 도킨스의 이런 주장에 대해서는 이견이 있을 수 있겠지만, 어쨌든 설계 논증이 무덤 앞에 드러눕기 직전이라고 말해도 과언은 아니었습니다. 물론, 일반 대중들에게는 여전히 인기가 있지만 말입니다.

　하지만 이런 설계 논증이 현대 생화학의 새 옷을 입고 무덤 앞에서 벌떡 일어나 사람들을 놀라게 한 사건이 있었습니다. 미국 리하이 대학교의 생화학 교수인 마이클 베히Michael Behe 가 바로 그 사건의 주인공입니다. 베히는 1996년에《다윈의 블 랙박스》라는 책에서 하나의 세포에도 '환원 불가능한 복잡성 irreducible complexity'이 존재하고, 이런 복잡성은 다윈의 진화론으 로 설명될 수 없으며, 따라서 지적인 설계자가 만들어낸 것이라 고 결론내릴 수밖에 없다고 주장했습니다. 사실 이 책은 당시 미국 기독교 출판계를 포함한 출판계 전체를 강타할 만큼 큰 논 란을 일으켰습니다. 각종 잡지 등에서 앞 다투어 서평을 실었고, 심지어 몇몇 저명한 서평 저널에서는 이 책을 바라보는 진화론 자와 창조론자의 뜨거운 논쟁을 싣기도 했죠. '다윈에 도전하는 엄청난 책'이라는 찬사부터 '변장한 창조론에 불과한 쓰레기 같 은 책'이라는 혹평에 이르기까지 반응들도 다양했습니다.

　사실 이 책은 1990년대 이후에 미국에서 새롭게 일기 시작한 '지적 설계 운동Intelligent Design movement'의 한 산물로 보아야 합 니다. 지적 설계 운동이란 생명의 복잡성을 설명하는 가설인데, 쉽게 말해 다윈의 진화론이 아닌 지적인 설계를 내세우는 하나 의 지적인 흐름입니다. 버클리 대학교의 법학 교수인 필립 존슨 Philip Johnson은 1990년대 초반부터 이미 다윈의 진화론을 심판 대 위에 올려놓기 시작했는데요. 그가 탁월한 법 논리를 전개하

는 법학자이긴 하지만 과학의 논리를 잘 아는 과학자는 아니라
는 사실 때문에 지적 설계 가설은 번번이 과학자 공동체에서 문
전박대를 당하곤 했습니다. 하지만 많은 연구 경력을 소유한 진
짜 과학자라고 볼 수 있는 베히의 주장에 대해서는 과학자 공동
체가 어떤 식으로든 대응을 해줘야 했습니다. 따라서 베히의 이
책으로 인해 비로소 지적 설계 가설이 과학자 공동체의 관심을
끌기 시작했다고 볼 수 있죠.

다윈의 블랙박스
마이클 베히 지음 | 김성철 외 옮김 | 풀빛
–
윌리엄 페일리가 생화학자인 저자로 환생한
느낌이다. 이 책은 보통사람들의 잘못된 직관
('이렇게 복잡한 것이 자연적 원인으로 생겨날 수 있겠어?')
을 자극할 뿐 과학적 탐구는 게을리했다.

　　2001년 한국의 '젊은' 창조론자들이 함께 번역해 출간한 이
책의 옮긴이 서문에는 이런 말이 있습니다. "질문은 던져졌고
활발한 토론이 진행 중이다." 미국에서 지난 4년 동안 벌어진 일
들을 지켜보았기 때문인지 저자보다는 사뭇 조심스러워 보입니
다. 하지만 다시 잘 읽어보면 마치 지금이 생물학 혁명이 일어
나기 바로 직전일지도 모른다는 다소 격앙된 전망(베히와 마찬가
지로)을 잡아낼 수 있습니다. "…… 20세기에서 21세기로 넘어가
는 길목에서 어쩌면 우리는 중대한 변혁이 이루어지고 있는 것

을 목도하고 있는 것인지도 모른다"고 말이죠. 하지만, 과연 그럴까요?

이 책을 읽은 소감을 몇 마디로 요약해보라면, 저는 감히 '게으른 과학자의 성급한 변증'이라고 말하고 싶습니다. 이 책에서 복잡성이 '환원 불가능하다'란 것은 어떤 체계를 이루는 여러 부분들 중 하나라도 없어지면 그 체계가 기능을 하지 못하는 그런 복잡성을 뜻합니다. 저자는 마치 쥐덫을 이루는 다섯 개의 핵심 부분, 즉 해머, 스프링, 걸쇠, 나무판자, 금속막대 중 하나라도 고장 나면 쥐덫으로서의 기능이 정지되는 것과 마찬가지로 세포 수준의 복잡성도 이런 것이어서 다윈의 점진적인 자연선택론으로는 세포 하나의 존재도 제대로 설명하지 못한다고 주장합니다.

하지만 이에 대해 많은 생화학자들은 오히려 세포 수준의 복잡성에 대한 진화론적 설명들이 실제로 제시되어 왔으며, 그 복잡성이 결코 환원 불가능하지도 않다고 반박했습니다. 예컨대 박테리아 섬모에서 단백질 하나가 부족한 경우에 섬모가 프로펠러처럼 움직이지는 못하지만 주사기 역할을 함으로써 그 박테리아는 놀라운 기능을 갖추게 됩니다. 어떤 학자들은 왜 베히가 엄연히 존재하는 이러한 진화론적 설명들을 진지하게 고려하지도 않았는지, 또 더 나은 진화론적 설명을 찾기 위해 왜 노력하지 않았는지 이해할 수 없다고 비판합니다.

그러나 저자의 더 큰 문제는 만족할 만한 (진화론적) 설명을 못

찾겠다는 이유만으로 곧 바로 지적 설계 가설로 넘어가는 대목일 것입니다. 사실 이런 비약은 창조론자들이 범하는 전형적인 실수입니다. 왜냐하면 대부분의 과학은 '이것이냐 저것이냐?'의 확실성 싸움이라기보다는 어떤 설명이 '더 그럴듯한가?'를 놓고 벌이는 개연성 싸움이기 때문이죠. 어떤 진화론적 설명이 언뜻 보기에 만족할 만한 수준의 설명이 아니라고 해서 지적 설계 가설이 '자동적'으로 입증될 수는 없는 노릇입니다.

한편 신학적 변증을 이끌어내는 데에 있어서도 역효과를 보고 있습니다. 그의 주장은 '기존의 과학이 설명하지 못하는 대목에서 지적 설계가 잘 설명한다'처럼 들립니다. 그렇다면 그는 오히려 신을 설명의 간격을 메우는 대상 정도로 축소시키고 있는 셈입니다. 만약 조만간 누군가가 세포의 진화에 대해서 베히도 받아들일 만한 진화론적 설명을 제시한다면 틀림없이 이 간격은 줄어들 것이고, 따라서 그만큼 신의 활동 범위는 축소될 것이기 때문입니다.

《과학혁명의 구조》라는 책으로 유명한 과학사학자인 토머스 쿤이 옳다면, 과학혁명은 그렇게 쉽게 오지 않습니다. 그에 의하면, 기존 패러다임에 수많은 변칙 사례들이 나타나서 위기가 도래해도 그것들을 해결해주는 대안적 패러다임이 등장하지 않으면 결코 혁명은 일어나지 않습니다. 제가 보기에 현대 진화론에는 아직 위기가 오지 않았습니다. 아니, 아직 갈 때까지 가보지도 못했죠. 그런데 많은 기독교인들이 그것의 대안이라며 지적

설계 가설을 들고 나옵니다. 혁명 운운하면서 말이죠. 다시 말씀
드리지만, 혁명은 그렇게 쉽게 오지 않는 법입니다.

　흔히들 과학적 세계관은 인생의 실존적 의미, 가치, 낭만 등
과는 아무런 상관이 없다고들 합니다. 여기에 한발 더 나아가
과학은 의미, 가치, 낭만을 깎아 먹는다고까지 말하는 분들도 많
습니다. 오늘 첫 번째로 소개해드린 책은 이 주장에 대한 직접
적인 반박이지요. 두 번째 책은 어떻습니까? 언뜻 보면 아무런
상관이 없는 과학적 논쟁 같지요? 하지만 창조론자들이 진화론
을 왜 저렇게 못 잡아먹어 안달인가를 질문해보면, 상관없는 이
야기가 아님을 알 수 있습니다. 창조론자들의 꿈은 과학을 유신
론적인 토대 위에서 재건하려는 것입니다. 왜냐하면 그들은 진
화론이 인생에 가치를 줄 수 없거나 대개 나쁜 영향을 준다고
믿기 때문입니다. 그리고 자신의 기독교적 가치가 최고라는 믿
음을 갖고 있습니다. 여러분은 어떻게 생각하십니까?

　이상으로 오늘의 북토크를 마치겠습니다. 감사합니다.

◆

왜 우리는 엉뚱한 것을 믿는가?

북토크 13

왜 사람들은 이상한 것을 믿는가 ◆ 믿음 엔진의 과열

안녕하세요? '장대익의 서재' 열세 번째 시간입니다. 2005년 10월에 강연 차 뉴욕을 방문 중인 리처드 도킨스에게 쪽지가 하나 전달됐습니다. 인지철학의 대가인 대니얼 데닛이 학교 연구실에서 갑자기 쓰러져 아홉 시간에 걸친 대수술을 받게 되었다는 청천벽력 같은 소식이었죠. 잘 알려진 대로 이 두 석학은 단짝 친구이며 무신론 동지입니다. 도킨스의 표현대로 그때는 '세계적 보물을 잃을 뻔한' 순간이었습니다.

이 소식을 전해들은 데닛의 친구, 동료, 팬들은 그의 무사를 빌었고 한 달 남짓의 회복기를 거쳐 다행히도 그는 세상 속으로 다시 돌아왔습니다. 그런데 죽음의 문턱까지 다녀온 그가 쓴 첫 글은 그를 위해 '기도하겠다'던 몇몇 눈치 없는 친구들을 무안하게 만들었습니다. 제목은 〈고맙다, 이 모든 선한 것들이여 Thank goodness〉. 그는 이 글에서 친구들의 기도 때문이 아니라 의학의 발전과 의료진의 도움으로 회복할 수 있었다고 강조하며, '신'이 아닌 '선한 것'들에 감사를 표했습니다. 무신론자로서의 자존심을 지킨 것이죠. 평생 한국의 대표적 무신론자로 살아온 한 어른이 몇 년 전에 특정 종교의 세례를 받았던 풍경과는 사뭇 대조됩니다. 과연 기도는 신의 마음을 움직이고, 그 마음은 다시 세상을 변화시키는 것일까요?

만일 그렇다면 신들께서는 아마 차 한 잔 마실 여유도 없으실 겁니다. 특히 입시철이 되면 기도의 폭주로 얼마나 정신이 없으시겠습니까? 불안의 계절은 온갖 믿음들이 가장 치열한 전투를 벌이는 시기입니다. 고등학교 3학년 학생을 둔 부모는 자녀의 수능과 논술 대박을 위해 백일기도(혹은 불공)를 드리고, 취업의 문턱에서 고전하는 청년들은 길거리 운세에 운명을 맡기기도 하며, 출마 직전의 정치인들은 용한 점쟁이를 찾아 당선 가능성을 먼저 타진하기도 하지요. 심지어 결혼한 귀순 여배우가 법적으로 이혼을 해야 자식을 낳을 수 있다는 점쟁이의 말만 믿었다가 실제로 이혼만 당하고 끝난 기막힌 사연도 있었습니다.

도대체 왜 사람들은 황당하기까지 한 이런 '이상한 것Weird Thing'들을 믿는 것일까요? 도킨스, 데닛과 함께 당대 최고의 회

의주의 논객의 계보를 잇는 마이클 셔머Michael Brant Shermer(1954~)
는《왜 사람들은 이상한 것을 믿는가》라는 책에서 바로 그 물음
을 던지고 있습니다.

왜 사람들은 이상한 것을 믿는가
마이클 셔머 지음 | 류운 옮김 | 바다출판사
—
인간은 '이유'를 찾는 존재다. 이런 행동은
진화 과정에서 도움이 되었을 것이다. 하지만
이 엔진이 과열되면 사람들은 이상한 것을 믿는다.

　　우선 그는 UFO의 존재와 외계인 납치를 주장하는 사람들, 죽
은 자와 대화할 수 있다고 믿는 심령술사들, 노아의 대홍수가
실제로 일어났다고 믿는 창조론자들, 유태인 대학살이 꾸며낸
이야기라고 주장하는 사람들, 흑인이 백인보다 지적으로 열등
하다고 믿는 사람들이 어떻게 그런 '이상한 믿음'들을 갖게 되
는지를 분석했습니다. 그리고 겉으로는 멀쩡해 보이는 이들이
왜 그런 이상한 믿음을 고수하는가에 관해 이야기합니다.

　　우리는 '이유'를 찾는 동물입니다. 무언가가 우연히 일어났다
는 설명 정도로는 만족하지 못하죠. 불확실한 세상에서 벌어지
는 사건들에 대해 '인과 스토리(어째서 그런 일이 생겼는지에 대한 설
명)'를 만들어낼 수 있는 능력이 있다면, 그것은 틀림없이 진화

과정에서 유리했을 것입니다. 따라서 이유를 찾는 능력이 발달한 것이지요. 저자는 이것을 '믿음 엔진'이라 부르며, 이 엔진의 과열과 오작동으로 인해 그런 이상한 믿음들이 생겨난다고 말합니다. 가령 극히 일부의 암환자만이 민간요법의 효과를 보는데도 그 효력을 신봉한다든지, 출퇴근 방향이 비슷해 마주칠 개연성이 높았을 뿐인데도 그 만남을 운명으로 착각한다든지, 본인의 부주의로 생긴 교통사고를 신의 깊은 뜻에 의한 사건으로 돌린다든지, 장로 또는 불자가 대통령이 되어야 나라가 잘된다고 믿는 것 등이 그런 이상한 믿음의 예일 것입니다.

평소에 멀쩡한 사람들도 입시, 취직, 결혼, 건강, 자녀 등의 문제에 직면하게 되면 엄습해오는 불안감으로 인해 믿음 엔진을 폭발 직전까지 과열시킬 때가 있습니다. 이 폭발을 막으려면 순정품 냉각수가 필요합니다. 저자는 믿음의 근거를 돌아보게 하고 합리적 생각을 북돋아주는 회의주의 정신이야말로 그런 냉각수라고 말합니다. 이런 의미에서, 수험생과 대선 후보들을 성공으로 인도하는 힘은 합격이나 당선을 기원하는 새벽기도나 불공에서 나오지는 않을 것입니다. 기막힌 묏자리나 이름, 관상은 더더욱 아니죠. 그것은 그가 말한 회의주의 정신, 즉 비판적 사고의 힘일 것입니다. 불안의 계절이 엄습하면 이 책을 읽으며 생각의 힘도 기르고 신들께는 잠시 휴식 시간을 드려보는 것은 어떨까요?

최근 10년 사이 봇물처럼 쏟아져 나온 과학 관련 책들을 살펴보면 몇 가지 흐름이 보입니다. 가장 두드러진 경향은 진화론과 신경과학 관련 서적들의 급증입니다. 물론 신경과학 관련 서적이 과학 출판계의 대세를 형성하고 있는 점은 이해가 가능합니다. 뇌과학을 흥미롭고 의미 있게 만드는 다양한 분석 및 진단 기술들이 엄청난 속도로 발전해왔고, 그 분야로 몰린 과학자들의 연구 성과가 쏟아져 나왔기 때문입니다. 그리고 뇌과학은 학교에서는 배울 수 없었던 최근 지식이니 이 새로운 지식의 급증은 이상할 것이 전혀 없죠.

허나, 진화론 관련 서적의 급증에는 뭔가 설명이 더 필요해 보입니다. 우리는 중고등학교 시절에도 진화론을 배웠고, 대학 입시에서도 관련 문제를 풀어야 했으며, 진화론이 최근에 와서야 지식의 엄청난 축적이 일어난 분야도 아니기 때문입니다. 뇌과학 지식의 급증과 비교했을 때 진화론 지식은 새것에 대한 추구라기보다는 오히려 옛것에 대한 재발견 쪽에 더 가까워 보입니다. 그렇다면 왜 우리 독자들은 지금 진화론 서적들을 읽고 있는 것일까요? (출판계가 팔리지도 않는 진화론 책을 마구 찍어내지는 않을 테니 이 질문은 성립된다고 보아야 합니다.)

물론 '재밌으니까'가 일차적인 답일 것입니다. 하지만 조금 더 큰 틀에서 생각해봅시다. 이에 대한 대답의 단서를 저는 몇 년 전에 EBS 다큐멘터리 팀에게 들었습니다. 〈신과 다윈의 시대〉라는 2부작 프로그램을 제작하기 위해 저를 찾아온 아무개 피디가 저에게 이렇게 질문을 하더군요. "프로그램 제작을 위해 설문조사를 했는데, 우리나라 국민 중에서 진화론을 믿지 않는 사람들이 몇 퍼센트나 되는지 아십니까? 약 30퍼센트입니다. 그 사람들이 믿지 않는 이유는 뭘까요?" 저는 즉각 대답했습니다. "종교적 이유 때문이겠죠." 하지만 그가 고개를 가로 저으며 하는 말. "진화론이 과학적이지 않기 때문에 믿지 않는다는 대답이 가장 많았습니다. 이것은 대체 뭐죠?"

진화론으로 밥벌이를 하고 있는 저로서는 너무나도 충격적인 조사 결과였습니다. 대체 중고등학교 생물 시간에 진화론에 대해 뭘 배우기(배웠기)에 이런 대답이 나왔을까요? 잠시 눈을 감고 제 학창 시절의 생물학 시간을 회상해보았습니다. 기억나는 것이라곤, 용불용설의 오류를 설명하기 위한 기린 그림, '개체발생은 계통발생을 반복한다'는 헤켈의 발생반복설을 뒷받침한다고 알려진 배아 발생 그림, 개체군의 유전자 빈도를 계산할 때 사용하는 하디 와인버그 공식, 이것이 전부였습니다. 혹시나 해서 헌책방에 들러 최신 생물 교과서도 훑어보았으나 역시 20년 가까운 시간 동안 우리 학생들이 진화론에 대해 배웠던 내용은 별다른 게 없었습니다.

그런데 문제는 제가 떠올린 내용들이 진화론의 핵심도 아니며, 심지어 틀린 것으로 판명된 것들도 있다는 사실입니다. 대표적으로 에른스트 헤켈의 그림은 과학사가에 의해서 명백한 조작으로 판명난 지 오래되었는데도, 우리 생물학 교과서에는 버젓이 '진화의 발생학적 증거'라는 항목으로 등장해왔습니다. 불행히도 이 날조된 그림은 우리 중학교 교과서와 일부 과학 도서에서 아직도 퇴출되지 않고 있습니다.

그러면 대학교에서의 진화론 교육은 어떨까요? 대학에서 일반생물학을 수강해본 경험이 있는 사람들이라면 누구나 공통적으로 들었던 말이 있습니다. "이 부분(진화론)은 중고등학교 때 이미 배웠으니 그냥 넘어갑니다. 진도가 많이 남아 있어서……."

그렇습니다. 한국의 교육 시스템에서 우리는 진화론을 제대로 배워본 적이 없었던 것입니다. 구닥다리 정보로 공부해야 했고, 심지어 틀린 내용을 밑줄 치며 배웠죠. 이것이 한국의 진화론 교육의 현실입니다. 상황이 이러하니, '진화론이 과학적이지 않기 때문에 받아들이지 않는다'는 여론은 이상한 것이 아닐지도 모르겠습니다. 진화유전학자 도브잔스키의 "진화론의 빛에 비추지 않고는 생물학의 어떤 것도 납득되지 않는다"라는 명언을 어떻게 받아들여야 할지 난감해지는 대목이고, 저처럼 진화론 연구와 소통이 업인 사람은 부끄러워지는 순간입니다. 그리고 진화학자들의 도움 없이 지난 수십 년 동안 과학 교과서를 소신껏(?) 집필해온 과학교육학자들도 공범이 되는 순간입니다. 참고로 제 주변에 있는 진화학자들 중에 과학 교과서 집필에 불려간 사람은 지금까지 아무도 없었습니다.

지난 10여 년 동안 과학 출판계에서 봇물처럼 쏟아져 나온 진화론 관련 서적들은 우리의 이런 '결핍'을 채워주는 보충제 역할을 해왔습니다. 그리고 그중에서도 '과학과 종교의 관계'라는 맥락에서 진화론을 창조론과 대비시키는 책들은 또 다른 한국적 의미를 지닌다고 할 수 있습니다. 2009년에 실시한 EBS 여론 조사에 따르면, 우리나라 인구의 20퍼센트 정도를 차지하는 개신교인들 중에 60퍼센트 이상이 진화론을 받아들이지 않는다고 합니다. 더욱 심각한 것은 전 국민의 60퍼센트 정도가 "창조론도 진화론과 함께 가르쳐야 한다"고 응답했다는 사실입니다. 아직 실감이 나지 않으시나요?

한국창조과학회의 홈페이지에는 오늘도 '사람과 공룡이 함께 살아 있다는 증거들'이라는 황당한 제목의 자료가 메인 화면에 띄워져 있습니다. 이 단체는 성경의 문자주의적 해석에 근거하여 진화론을 거부하며 진화론이 창조과학으로 대체되어야 한다고 주장하고 있습니다. 홈페이지에 나온 그들의 비장한 미션은, '복음 전파의 커다란 장애물인 진화론의 과학적 허구성을 밝히고 창조의 과학적 증거들을 드러냄으로써 창조의 신앙을 회복하게 하는 일'입니다. 실제로 이 단체는 지난 30년 동안 교회와 학교 등지에서 활발한 '교육' 활동을 펼쳐왔고, 심지어 창조론의 관점으로 쓴 생물 교과서를 공인 교과서로 만들려는 시도까지 했었죠.

그런데 이 단체를 창립하고 이끌어온 명예회장은 대학교육 정책에 큰 목소리를 내고 있는 한국대학교육협의회의 회장을 지내기도 했던 사람입니다. 게다가 이분은 '21세기 지식기반사회의 과학기술교육의 새로운 지평을 열었다'는 공적으로 한국과학기술원(KAIST)에서 명예 박사학위를 받기도 했습니다. 그런데 이상하게도 한국의 과학기술계는 조용했습니다. 단 한 명의 교수만이 "사이비 과학을 촉진시키는 것이 주목적인 협회를 만든 사람에게 명예 학위를 주는 것은 KAIST의 모순"이라며 공식적으로 항의했을 뿐이죠. 세계 최고 수준의 이공계 대학 어디에서도 창조과학을 주창하는 사람에게 명예 학위를 주지는 않습니다. 물론 세계 어느 나라에서도 '진화론의 허구성을 밝히겠다'며 결성한 단체의 장을 대학 교육 정책의 수장으로 두지는 않죠. '서울시를 하나님께 봉헌하겠다'던 분이 대통령이 된 이후로 지난 몇 년 동안 한국의 보수 기독교인들은 창조론 선전에 더욱 열을 올리고 있는 것 같습니다.

그 하이라이트! 몇 년 전에 '신은 존재하는가?'라는 제목으로 몇몇 일간지의 한 면을 도배한 어떤 개신교 목사의 광고물은 한국 개신교의 진화론 이해 수준을 정확히 드러내주었습니다. 그 목사는 "다윈의 학설처럼 원숭이가 진화해서 사람이 되었다면 지금도 어느 산속이나 정글에서 원숭이가 사람으로 진화되는 과정에 있는 것을 볼 수 있어야 하는데, 역사상 그것을 본 일이 없다"면서 진화론을 비판하고 창조론을 이야기했습니다. 참으로 안타까운 일입니다. 다윈의 '생명의 나무' 개념만 정확하게 알고 있었다면 도저히 할 수 없는 부끄러운 질문인데, 그 큰돈을 써가며 신문에 광고를 했으니 말이죠. 물론 현재의 침팬지나 원숭이는 몇백만 년, 몇천만 년 전쯤에 인간과의 공통 조상에서 갈라져 나온 (현재 우리와) 사촌 종들이기 때문에 그들이 사람으로 진화하는 일은 결코 일어나지 않습니다. 그리고 이것은 진화론의 기본을 배운다면 초등학생들도 정확히 이해할 수 있는 내용입니다. 문제는 아직도 한국의 많은 교회에서는 이런 기초 지식마저 통하지 않는다는 점이죠.

전 세계 과학계에서 창조과학이 서 있을 공간은 어디에도 없습니다. 보수주의 기독교가 여전히 큰 힘을 발휘하고 있는 미국에서조차 창조론(창조과학과 지적 설계론)은 단 한 번도 정식으로 과학 시간을 비집고 들어오지 못했습니다. 가령, 지적 설계론 교육 여부를 놓고 2005년 미국 펜실베이니아 주에서 벌어진 한 재판에서는 보수 기독교인인 판사마저도 "창조론은 과학이 아니다"라고 딱 잘라 말했죠. "논쟁이 있으니 창조론도 진화론과 함께 가르치자"라는 솔깃한 슬로건에 사려 깊은 기독교인들도 등을 돌리고 있습니다. 대체 논쟁이 어디 있단 말입니까? 마치 "역사 해석에 논쟁이 있으니 한일합병의 허구성도 함께 가르치자"라는 식의 황당한 제안일 뿐입니다.

그럼에도 불구하고 보수 기독교 세력이 전 분야에 깊숙이 침투해 있는 미국과 한국에서 창조론 운동은 뜨거운 감자 같은 것입니다. 무시하자니 엉뚱하게 문제를 제기하고, 다뤄주자니 마치 그들과 동등한 논쟁 파트너가 되는 듯하죠. 이런 맥락에서 《왜 종교는 과학이 되려 하는가》는 미국의 과학자들이 창조론(특히, 최근의 지적 설계론)에 대한 무시 전략을 버리고 한번 제대로 상대해주겠다는 뜻을 보여준 첫 번째 공식 문건인 셈입니다.

왜 종교는 과학이 되려 하는가
존 브록만 엮음 | 김명주 옮김 | 바다출판사
–
지적 설계론을 논파하기 위해 16인의 과학자가 모였다.
언제 한 권의 책에서 이런 라인업을 볼 수 있겠는가!

이 책은 세계 지성계에서 가장 영향력 있는 편집자로 불리는 존 브록만이 편집하고 16인의 세계적 석학들이 다양한 각도에서 지적 설계론을 비판한 책으로, 생물학자, 철학자, 심리학자, 인류학자, 역사학자, 물리학자 들이 글을 썼습니다. 가령 시카고 대학의 진화생물학자 제리 코인, 터프츠 대학의 인지철학자 대니얼 데닛, 영국 옥스퍼드 대학의 진화생물학자 리처드 도킨스, 하버드 대학의 진화심리학자 스티븐 핑커 등 이름만 들어도 알 만한 대가들이 참여했죠. 이런 필진들이 지적 설계론 하나만을 다루기 위해서 함께 힘을 합했다는 것만으로도 뉴스거리였습니다. 이들이 다루고 있는 주제는 각기 다르지만 지적 설계론에 대한 입장은 한결같았습니다. 지적 설계론은 사이비 과학이거나 기껏해야 저질 과학일 뿐이라는 것이죠.

물론 과학과 종교의 관계라는 맥락에서 지적 설계론을 다룬 책들은 국내에도 이미 적지 않게 출간되었습니다. 그래서 독자들은 이런 주제가 식상할 수 있을 겁니다. "또 그런 책인가? 이제 창조론을 다룬 책들은 그만 나왔으면 좋겠는데" 하고 말이죠. 제가 앞에서 한국의 상황을 장황하게 늘어놓은 것은, 혹시라도 이렇게 생각할 독자들이 있을 것 같아서였습니다. 앞서 이야기했듯이, 진화론과 창조론 이슈는 우리 사회에서 아직 죽지 않았습니다. 화려하기 그지없는 이 식탁(책)의 음식들을 잘 소화해낸다면 우리가 당면한 문제를 푸는 데 큰 도움이 될 것입니다. 진화론에 관심이 있거나 창조론 논쟁에 대해 관심이 있는 독자에게 일차적으로 권할 만한 책이지만, 전국에 계신 모든 과학 선생님들께도 일독을 권하고 싶네요. 창조론에 경도된 학생들을 어떻게 대해야 하는지 알려주는 아름다운 팁이 가득하니까요.

오늘 우리는 두 권의 책을 통해 사람들이 건전한 상식과 확립된 사실들에 반하는 엉뚱한 것들에 왜 현혹되는지를 함께 생각해보았습니다. 평상시에 본인이 '귀가 얇다'고 생각하는 분들은 이상한 것들에 혹해서 후회하시지 마시고, 이 책들부터 읽어보시면 어떨까요? 감사합니다. 다음 주에 뵙겠습니다.

◆

과학적 경이감과
종교적 경외감 사이에서

북토크 14

과학적 경험의 다양성 ◆ 경이와 경외 사이의 기우뚱한 줄타기

여러분 안녕하세요? 북토크 열네 번째 시간입니다. 몇 년 전 국문학자이며 문화 운동가인 이어령 선생께서 《지성에서 영성으로》라는 책을 통해 기독교인으로 커밍아웃한 일이 화제가 되었습니다. 종교에 대해 서슬 퍼런 비판의 칼을 휘두르던 사나운 손이 골방에서 신께 기도드리는 경건한 손으로 개종한 일대 사건이었죠. 그러고 보니 젊었을 때 무신론자를 자처하다가 느지막이 종교에 귀의하는 인사들이 적지 않은 것 같습니다.

하지만 백혈병이 악화되어 임종을 앞두었던 천문학자 칼 세이건은 기독교에 귀의하도록 권유하는 목사에게 이런 고백을

했다고 전해집니다. "나는 단지 알고 싶을 뿐입니다." 전 세계 회의주의자를 대표하던 세이건은 이렇게 자신의 평소 신념을 끝까지 고수했습니다. 참고로 이 에피소드는 임종 직전에 세이건이 예수를 영접했다는 루머가 돌자, 그의 미망인 앤 드루얀이 기자회견을 통해 밝힌 사실입니다.

다섯 번째 북토크 시간에도 말씀드렸지만 세이건은 생전에 천문학계에 '외계지성체탐사' 프로젝트와 '외계생물학'이라는 새로운 분야를 선물한 선도적 학자였습니다. 게다가 대중들에게는 친절하고 탁월한 '과학 해설자' 역할을 멋지게 수행했던 대중 지식인이기도 했죠. 말년에는 점성술, UFO학 등과 같은 사이비 과학의 정체를 폭로하는 작업을 하면서 과학의 보편성과 우월성을 위협하는 듯이 보이는 갖가지 미신과 종교를 강하게 비판했습니다. 대신 그는 늘 대문자로 표기하는 'NATURE'를 경외했죠.

《과학적 경험의 다양성》은 그가 1985년에 스코틀랜드에서 열린 기포드 강연회에서 종교와 과학에 대해 강연한 원고를 드루얀이 사후에 발굴해 엮은 유고집입니다. 그렇기에 여기서 우리는 지난 시대의 대표적 과학자요 회의주의자였던 세이건이 종교에 대해 어떤 태도를 견지하고 있는지를 집중적으로 탐구해볼 수 있습니다. 전 세계 무신론자들은 그때서야 십계명을 받은 것이라고나 할까요?

하지만 첫 페이지를 넘기는 순간부터 뭔가 조금 이상하다는 것을 눈치채실 겁니다. 그는 플루타르코스의 말을 인용하며 강의를 시작합니다. "진정으로 경건한 사람이라면 무신론의 낭떠러지와 미신의 늪 사이에서 아주 힘든 길을 나아가게 마련이다." 이 첫 문장에 그를 그 누구보다 강력한 무신론자로 간주하던 독자들은 혼돈에 빠집니다. 그리고 그런 혼돈은 책의 뒤표지에서 그를 치켜세우고 있는 이 시대의 대표적 무신론자들, 리처드 도킨스와 샘 해리스의 추천을 읽으면 더욱 심해지죠.

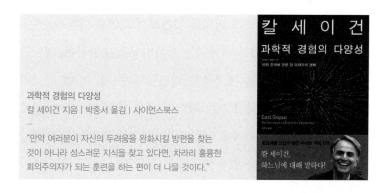

과학적 경험의 다양성
칼 세이건 지음 | 박중서 옮김 | 사이언스북스
—
"만약 여러분이 자신의 두려움을 완화시킬 방편을 찾는 것이 아니라 성스러운 지식을 찾고 있다면, 차라리 훌륭한 회의주의자가 되는 훈련을 하는 편이 더 나을 것이다."

칼 세 이 건
과학적 경험의 다양성
신의 존재에 관한 한 과학자의 견해

Carl Sagan

칼 세이건,
하느님에 대해 말하다!

그를 '무신론자/유신론자/불가지론자'와 같은 전통적 범주로 명확히 구분하는 것이 부적절할 수도 있습니다. 왜냐하면 그는 우주의 광대함과 질서에서 무한한 경이감을 느끼는 천문학자이지만, 다른 한편으로 이런 경이감이 종교적 경외감과 맞닿아 있다고도 생각하는 경건한 시민이기 때문이죠. 그는 무신론적 경이감과 유신론적 경외감 사이에서 절묘한 줄타기를 시도하고 있습니다. 하지만 그가 얼마나 잘 균형을 잡으며 줄타기를 하고 있는가는 다른 문제입니다. 각 장을 주의 깊게 읽어본 독자들은 그의 줄타기가 한쪽으로 매우 기울어져 있음을 느낄 수 있을 것입니다.

이 책은 총 아홉 개의 강의로 구성되어 있는데, 그중 여섯 개의 강의에서 종교는 과학에 거의 다운 직전까지 몰립니다. 그는 우주와 자연에 대한 설계자를 상정하고 질서를 인격화하려는 우리의 사고 습성을 비판하고(2강), 다른 행성에서 생명의 흔적을 찾으려는 과학적 시도를 객관적으로 평가하며(3강), 외계 지성체 탐사 작업의 과학적 의의와 인간학적 의미를 되짚어보고(4강), UFO학과 같은 것들이 가지는 사이비성을 고발하며(5강), 신 존재에 대한 가설들을 조목조목 비판합니다(6강). 반면 종교적 경험에 대해 이야기하고(7강), 과학과 힘을 합해 지구의 미래에 드리운 불확실성을 걷어내자고 제안하는 대목(8강과 9강)에서나 종교의 긍정적 측면을 언급하고 있는 정도죠. 그것도 '인습에서 벗어나 과학과 기꺼이 소통하는 종교'에게나 내미는 손일 뿐입니다.

이런 태도는 앞에서 다룬 바 있었던 〈콘택트〉라는 영화에서도 여러 차례 오버랩됩니다. 이 영화에는 과학, 종교, 그리고 그 둘 간의 관계에 대한 흥미로운 쟁점이 등장인물의 언행과 사건을 통해 자연스럽게 드러납니다. '과학과 종교'에 대한 세이건의 견해처럼, 그 영화에서는 직녀성에 다녀온 증거를 확보하려는 주인공의 노력을 인상적으로 묘사하고, 그 증거가 존재하는 듯한 결말을 이끌어냄으로써, 증거에 기반한 과학이 그렇지 않은 종교와 인식적 지위에서 다를 수밖에 없음을 암암리에 드러내고 있습니다.

비극적인 9·11 테러가 일어난 지 어느덧 13년이 흘렀습니다. 물론 이 비극이 종교 때문에만 일어난 일은 아니겠지만, 이 사건 이후로 종교와 종교인의 사고구조에 대한 과학자들의 관심이 폭발한 것은 사실입니다. 도킨스의 문제작 《만들어진 신》은 그 결정판이었던 것이고요. 그와 비교하면 세이건의 종교 논의는 햇볕정책에 가깝습니다. 과학의 따스함으로 종교가 입고 있는 거추장스러운 옷을 자발적으로 벗게 만들고 있으니까요. 하지만 그의 첫 선언에도 불구하고, 경이와 경외 사이의 그의 줄타기는 기우뚱합니다. 마지막으로 불온한 상상 한 가지. 만일 그가 9·11 테러를 목격했더라면 도킨스와 함께 반종교 운동도 하지 않았을까요?

"진화론과 종교가 서로 충돌한다고 생각하는 분 손들어 보세요." 대학에서 과학과 종교에 관한 강의를 시작할 때마다 제가 던지는 질문입니다. 과연 얼마나 많은 손이 올라갈까요? 간혹 열성당원을 만난 죄로 온갖 질문 공세에 휘말리다 보면 논의는 다음 시간까지 연장되곤 합니다.

흥미롭게도 그 열성당원은 대개 두 부류입니다. 하나는 창세기를 문자 그대로 믿는 기독교인들이고, 다른 하나는 다윈이 신을 몰아냈다고 믿는 진화론자들이지요. 이 두 부류의 사람들은 서로 핏대를 세우고 싸우지만 중요한 대목에서는 놀랍게도 생각이 정확히 일치합니다. 진화론은 영락없이 무신론이며, 따라서 유신론과 진화론의 만남은 '적과의 동침'일 수밖에 없다는 것.

오랫동안 과학과 종교의 관계를 전문적으로 연구해온 저명한 종교학자 존 호트John F. Haught는 바로 이런 열성당원들을 '계몽'하고 '설득'하기 위해 이 책을 썼다고 합니다. 먼저 그는 그들이 모두 문자주의에 빠져 있다고 진단합니다. '성서적 문자주의'와 '우주적 문자주의'가 그것인데요. 그에 따르면 전자는 성서를 피상적으로 이해하게 만드는 반면 후자는 '근본적 물리 법칙과 자연선택의 이면에는 아무것도 없다는 믿음'으로서, 자연을 표피적으로만 읽게 만듭니다. 그는 도킨스가 바로 대표적인 우주적 문자주의자라고 말합니다.

다윈 안의 신
존 호트 지음 | 김윤성 옮김 | 지식의숲

—

과학과 종교는 서로 적대적이지 않다. 이 둘은
서로를 보완하며 서로를 더욱 풍성하게 한다. 이것이
이 책의 메시지이지만 과연 그렇게 쉬운 일일까?

　　과학과 종교의 문제를 양자택일의 문제로 보는 사람들이 적
지 않습니다. 하지만 이런 양자택일식의 '강요'를 참지 못한 이
들은 대개 영토 분리를 선언하는 쪽으로 입장을 선회합니다. 즉
진화론은 사실적 진술인 반면 종교는 가치와 윤리적 진술이기
때문에 서로 겹치거나 충돌하는 영역이 아니라는 생각이죠. 저
명한 고생물학자였던 굴드가 대표적인 영토분리론자입니다. 하
지만 저자는 분리론도 과학과 종교의 창조적 만남을 원천적으
로 봉쇄하고 있기 때문에 받아들일 수 없다고 말합니다.

　　대신 저자는 두 분야의 협력 가능성을 탐구하고 있습니다. 왜
냐하면 '과학적 설명은 종교적 이해를 심화시키는 핵심 동력이
며 종교적 사고는 과학 탐구의 동기와 의미를 제공하기 때문'이
라는 것이 그의 설명입니다. 구체적으로 그는 진화론이 무신론
을 입증해주는 증거가 될 수 없으며, 자연과 인간, 그리고 우주
에 대한 통전적 이해를 위해서 진화론과 종교가 모두 필요하다
는 점을 역설하고 있습니다. 그리고 대안으로 '진화론적 유신론

(또는 진화의 신학)'이라는 카드를 꺼내 놓습니다. 어떤 독자에게는 이런 줄타기가 위태롭게만 보이겠지만 다른 이들에게 그것은 차라리 하나의 예술로 다가올 것입니다.

(짐작하시겠지만) 사실 저는 개인적으로 양자택일 쪽에 훨씬 더 가깝습니다. 진화론은 유신론적 세계관과 양립하기 힘들다는 것이 저의 기본적 생각입니다. 하지만 저는 한 치의 거리낌 없이 이 책을 수업 시간에 학생들에게 권합니다. 왜냐하면 과학과 종교 사이의 절묘한 줄타기를 감행하고자 하는 학생들도 있고, 그런 줄타기를 처음부터 막을 필요도 없어 보이기 때문입니다. 다만 저는 그런 줄타기가 얼마나 위태로운지에 대해서만 지적해주면 됩니다. 여러분은 어느 편이신가요?

오늘 두 권의 책을 통해 과학과 종교의 관계에 대해 같이 고민해봤습니다. 이 둘 사이를 평화롭게 연결하는 다리가 과연 놓일 수 있을까요? 한 저자는 고개를 갸웃거리고 다른 저자는 고개를 끄덕입니다. 하지만 오늘 두 저자는 모두 이 둘의 관계가 우리 생각보다 훨씬 더 복잡할 수 있음을 인정하는 측면에서 최근의 과학 무신론 운동과 약간 궤를 달리하는 듯이 보입니다. 어쩌면 '과학과 종교'의 문제는 인류가 지속하는 한 계속될 질문일 수 있겠다는 생각이 듭니다.

다윈의 서재

5

과학과 사회

Science & Society

과학에 대한 진정한 존중

북토크 15

과학의 변경지대 ◆ 어떻게 SETI 프로젝트는 과학이 되었나?

여러분, 안녕하십니까? 장대익입니다. 다음 중 가장 귀에 거슬리는 단어는 무엇인가요? '조작', '학대', '권위주의', '차별'. 누구나 혐오하는 단어 하나쯤은 있을 것입니다.

반면 오늘날 '과학'이라는 단어만큼 호의와 권위가 느껴지는 말이 또 있을까요? "국가의 명운이 과학기술에 달렸다", "줄기세포 연구만 성공하면 10~15년 후 한국민을 먹여 살릴 수 있다." 이런 구호에 고개를 끄덕이던 것도 어쩌면 단어의 힘 때문인지도 모릅니다. 오죽하면 '침대는 가구가 아니고 과학'이겠습니까! 아무리 포스트모더니즘이 유행한다 해도, 또한 이공계 기피가 아무리 심하다 해도 인류가 지금까지 발굴해낸 몇 가지 치식 체계들 중 과학만큼 합리적이고 객관적이며 신뢰할 만한 체계가 없다는 데 토를 달 사람은 많지 않을 것입니다.

이렇게 사랑받고 있는 '과학'이라는 단어 앞에 '비'나 '사이비'와 같은 접두사가 붙으면 사정은 전혀 달라집니다. 기피와 혐오의 대상이 되죠. 사람들은 과학에 뭔가 특별한 것이 있다고 믿습니다. 그렇다면 과학과 과학 아닌 것들(비과학과 사이비과학)을 가르는 공정한 기준이 정말로 존재하는 것일까요? 이른바 이 '구획 문제'는 오늘날에는 그리 인기 있는 물음이 아니지만 20세기 전반부에는 영미 철학자들의 최고 화두였습니다.

과학계로의 편입을 호시탐탐 노리는 사이비 과학자를 몰아내는 일에 투신해온 셔머를 우리는 여기서 또 만납니다. 그는 《과학의 변경지대》에서 최고 의심쟁이의 명성을 이어갑니다. 하지만 '과학이란 모름지기 이런 것'이라는 규범을 형식논리적으로 제시했던 영미 철학자들의 방식과는 전혀 달리, 과학과 비과학의 경계 지대를 배회하는 여러 분야를 구체적으로 검토함으로써 일반 독자들에게 과학의 본질을 분명하게 보여주죠.

예를 들어 저자는 창조과학, 원격 투시, 인종학, UFO학 등과 같은 구체적인 분야들이 왜 사이비 과학인지를 조목조목 비판하고, 다윈과 프로이트를 비교하면서 프로이트의 정신분석학이 오늘날 한갓 사이비로 전락하게 된 근본 이유도 분석합니다. 다른 나라에 비해 유난히 입김이 센 국내의 창조과학과 프로이트

심리학 옹호자들은 이 책의 마지막 장을 덮게 될 때 마치 큰 망치로 머리를 한 대 얻어맞은 기분이 들 것입니다.

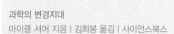

과학의 변경지대
마이클 셔머 지음 | 김희봉 옮김 | 사이언스북스
—
이 책은 사이비들이 과학의 문턱을 넘어보려고
얼마나 이상한 꼼수들을 써왔는지, 그리고 어떻게
실패했는지를 생생하게 전해준다.

하지만 이 책의 가장 큰 매력은 과학과 사이비과학의 '경계지대'에서 펼쳐지는 과학도들의 인생을 역동적이고 냉철하게 분석하고 있다는 점입니다. 예컨대 저자는 SETI 연구가 어떻게 천박한 사이비과학인 UFO학으로 전락하지 않고 성숙한 과학의 문턱까지 오게 되었는지를 설명합니다. 이 대목에서 SETI의 창시자요 〈코스모스〉라는 텔레비전 다큐멘터리 시리즈로 명성을 날린 당대 최고의 과학자 칼 세이건은, 신중하면서도 개방적인 성격의 소유자로 정통과 이단 사이를 절묘하게 줄타기한 대표 인물로 묘사되고 있습니다.

경계지대의 순찰자인 저자의 모습은 최면술의 과학성 여부를 올바로 판단하기 위해 직접 피험자가 돼보기도 한 그 실험정신에서도 생생하게 드러납니다. 이러한 그의 모습은 환경에 대한 기존 이론이 얼마나 사이비과학적인 내용에 머물러 있는지를 통렬하게 비판한 대목에서 극에 달하지요. 그에 의하면 우리는 환경에 대해 이른바 '아름다운 사람들 신화'에 사로잡혀 있습니다. "옛날에는 자연과 생태적 조화를 이루고 살던 아름다운 사람들이 있었고, 그들은 서로 평등했고 전쟁도 없었으며, 어머니 대지에서 꼭 필요한 것만을 가져가고 남는 것은 되돌려 주었다. 그러던 어느 날 제국주의, 산업주의, 자본주의, 과학주의라는 악이 들어와 이들을 덮쳤다……." 저자는 이런 식의 신화가 전통 종교와 역사학에 편승해 어떻게 잘못된 인류학적 사실들을 유포했는지를 고발합니다. 과거의 우리 조상 또한 생존 문제에 직면하여 환경과의 불화를 겪을 수밖에 없었다는 증거와 함께 말입니다. 이러한 과학적 사실에서 출발해야 올바른 환경 정책도 펼칠 수 있다는 것이 저자의 생각이지요.

요즘도 초능력을 주제로 한 텔레비전 프로그램들이 종종 시청자의 눈과 귀를 고정시킬 때가 있습니다. '독특한 문화 현상'이라는 미명 아래 명백한 사이비과학들이 마치 성숙한 과학과 어깨를 나란히 하고 있는 듯 묘사되기도 하지요. 한편 훌륭한 과학자로 알려진 이들이 다른 분야에 가서는 생뚱맞은 사이비로 전락해 허우적대는 모습도 심심찮게 보게 됩니다. 이 책은 왜 이런 현상이 우리 곁을 떠나지 않는가에 대한, 제가 읽어본 책 중 가장 그럴듯한 설명이 담겨 있는 책입니다.

제게는 지난 10년 동안 꼭 해보고 싶은 일이 있습니다. 그것은 몇몇 분야의 국내 최고 학자들을 아름다운 휴양지로 모신 후 그들과 일주일을 함께 지내는 것이었죠. 그리고 저녁 때마다 각자의 지적 관심사와 지식을 나누는 것입니다. 더 욕심을 내자면 그것을 녹음하고 책으로 묶어서 지식의 최전선이 어떤가를 일반 독자들에게도 알리고 싶었습니다. 적지 않은 자금이 들 테니 후원이 필요했습니다. 그래서 저는 서로 다른 전공을 가진 톱클래스 학자들 사이에도 활발한 교류가 필요함을 여기저기에 알렸죠. 마침내 한 기업이 경비를 지원하겠다고 나섰습니다. 흥분된 마음으로 초대할 분들의 목록을 적어가며 전화를 걸기 시작했습니다. 하지만 결과는 예상 밖이었고 다소 실망스럽기까지 했습니다. "일정에서 도저히 일주일을 뺄 수가 없네요." "5일은 어떤지, 4일은?" 저는 결국 전화 걸기를 포기할 수밖에 없었습니다. 공통 기간을 잡는 게 너무 힘들었기 때문이죠.

그런데 사실은 더 큰 문제가 있었습니다. 자신의 분야에서 탁월한 성과를 내면서도 다른 분야의 학자들과 진심으로 대화하기를 원하는 분들을 국내에서 찾기가 결코 쉬운 일이 아니었던 것입니다. 이렇게 저의 야심찬 기획은 물적 토대가 마련되었음에도 사그라질 수밖에 없었습니다. 물론 제가 가진 지식인 네트워크가 충분히 넓고 깊지 못해서 생긴 실패였을 수도 있습니다.

하지만 그때 분명히 깨달은 것은 결국 문제는 돈이 아니라 '선수'라는 사실이었죠.

이런 의미에서 《사이언스 이즈 컬처》는 보면 볼수록 약이 오르는 책입니다. 우선 출전 선수들에 대해 이야기하자면, 이렇게 다양한 과학 분야의 대표급 선수들이 대담의 한 축을 굳건히 지키고 있다는 사실 자체가 예사롭지 않은 일인데요. 예컨대 사회생물학자 에드워드 윌슨, 심리학자 스티븐 핑커, 진화생물학자 로버트 트리버스, 합성생물학자 드루 엔디, 이론물리학자 리사 랜들, 수학자 브누아 망델브로, 신경과학자 마이클 가자니가, 네트워크 물리학자 앨버트 라슬로 바라바시, 우주생물학자 진 타터까지, 스물 두 꼭지의 대담을 이끌어가는 스물 두 명의 전공은 모두 과학입니다. 게다가 이들은 웬만한 과학자가 아니죠. 각 분과 내에서 새로운 연구 분야를 개척한 효시들이며, 그것도 모자라 국제적인 베스트셀러 한 권 정도는 펴낸 초특급 저자들이기도 합니다. 이들이 쓴 다수의 주요 저작은 이미 국내에도 번역·출간되었고, 윌슨이나 핑커처럼 두터운 국내 독자층을 거느리고 있는 과학자들도 여럿 포함되어 있습니다.

그렇다면 스물 두 번의 각기 다른 대담을 이끌어가는 또 다른 한 축에는 어떤 선수들이 포진해 있을까요? 이 라인업도 놀랍기는 마찬가지입니다. 인지철학자 대니얼 데닛, 언어학자 노엄 촘스키, 저널리스트 톰 울프, 과학사학자 피터 갤리슨, 안무가 리처드 콜턴, 영화감독 미셸 공드리, 게임 개발자 윌 라이트 등 해당 분야에 종사하는 사람들이라면 누구나 알 만한 대가들입니다.

사이언스 이즈 컬처
노엄 촘스키외 지음 | 이창희 옮김 | 동아시아
—
'지금 여기' 현대의 최고 지성 44인이 한자리에 모인다면
무슨 이야기를 나눌까? 과학계 최고의 파티에 참석하는
기분을 느끼게 해주는 책이다.

　　하지만 이 많은 대가들(총 44인)을 포진시켰다는 것 자체가 이 책의 독특함이라고 말하기에는 다소 부족한 점이 있습니다. 왜냐하면 이보다 더 많은 전문가들이 한 꼭지씩 쓴 글들을 엮어낸 책들은 이미 여럿 있기 때문이죠. 저는 이 책의 최고 미덕이 44인을 둘씩 짝지어 공통의 주제에 대해 서로 대화하게 했다는 데 있다고 생각합니다. 가령 저널리스트와 뇌과학자가 자유의지에 대해 논하고(울프와 가자니가), 반전운동가와 진화생물학자가 만나 전쟁과 기만에 대해 이야기하며(촘스키와 트리버스), 심리학자와 소설가가 만나 스토리와 공감에 대해 대화를 나눕니다(핑커와 골드스타인). 이 스물두 쌍은 이미 서로의 팬이었거나 적어도 서로의 작업을 존중해온 관계였기 때문에 지적인 데이트를 즐기기 전에 간을 볼 필요도 없었죠.

그렇다면 각 대화의 품질은 어떨까요? '소문난 잔치에 먹을 것이 없다'는 말이 출판물에도 대체로 들어맞는다는 것을 기억한다면, 스물두 쌍의 대화가 피상적일 가능성이 높다고 예상할 수도 있을 것입니다. 솔직히 말하자면 그런 꼭지도 없진 않습니다. 하지만 대담자들은 대체로 핵심 쟁점들에 재빠르게 다다른 후 각자의 견해를 직설적으로 말하는 방식을 취함으로써 논의의 피상성을 어느 정도는 넘어섰습니다. 예컨대 '토킹 헤즈'라는 밴드의 리드보컬이자 작곡자인 데이비드 번은 음악의 기원에 관해 이렇게 말했습니다. "핑커 같은 심리학자는 음악이 즐거움을 주기는 하지만 기본적으로 진화의 부산물일 뿐이라고 말하죠. …… 하지만 저는 이제 그와는 반대되는 관점 쪽으로 기울고 있습니다." 이에 대해 《뇌의 왈츠》라는 책의 저자로도 국내에 잘 알려진 행동신경학자 대니얼 레비틴은 전혀 주저하지 않고 이어받습니다. "저는 핑커의 주장이 틀렸다고 생각합니다. …… 음악은 진화 과정에서 언어보다 더 오래되었거든요." 과연 한국의 가수들 중에서 음악의 기원과 진화에 대해 이 정도의 이야기를 과학자와 나눌 수 있는 사람은 몇이나 될까요?

비슷한 맥락에서 이 책의 어떤 독자들은 각 꼭지에서 펼쳐지는 지식인들의 거침없는 대담을 통해 속이 후련해짐을 느낄 수도 있을 것입니다. 제가 제일 크게 웃었던 지점은 기자 출신의 저명한 저술가인 울프가 사회생물학자 윌슨, 진화학자 도킨스, 철학자 데닛을 비판하던 부분입니다. "미안한 얘기지만 도킨스는 지금 진화에 관한 한 PR맨에 불과해요. 그는 어찌 보면 여기저기 다니면서 '그분이 오신다'고 외치던 세례 요한과 비슷하죠." 울프의 이런 비아냥거림에 과학자인 가자니가가 어떻게 진땀나는 대응을 하고 있는지를 보는 것도 재미가 쏠쏠합니다.

하지만 무엇보다도 이 책이 우리 지식 사회에서 주목받아야 할 가장 중요한 이유는 모든 대담을 관통하고 있는 '과학에 대한 진정한 존중' 때문일 것입니다. 사실 이 대담집은 고품격 과학 잡지 《시드Seed》의 창립자인 블라이가 기획한 작품인데요. 이 잡지는 인간, 사회, 문화, 정치, 경제, 예술 등을 '과학적 사고'로 재조명함으로써 현대 과학과 인문이 새롭게 엮인 지식의 신르네상스를 추구하고 있습니다. 그러나 '과학 지상주의'를 걱정할 필요는 없습니다. 과학계의 슈퍼스타(윌슨, 핑커, 도킨스 등)들에 대한 거침없는 비판이 이미 보여주고 있듯이, 《시드》의 철학과 이 책의 기획은 과학이나 과학자를 신성시하는 것과는 거리가 멉니다. 그래서 과학을 잘 모르는 일반 독자들도 죄책감이나 불편함이 없이 이 책을 재밌게 읽을 수 있죠. 이 책의 제목처럼 이제 '과학은 문화'입니다.

오늘 살펴 본 두 권의 책은 모두 과학에 대해 이야기합니다. 그런데 우리 사회가 과학을 대우하는 방식과는 차이가 나지 않습니까? 아직 우리 사회는 사이비의 목소리가 더 크기도 하고, 과학은 그것이 마땅히 등장해야 할 상황에서도 뒤로 물러나 있곤 합니다. 우리 사회는 과학에 대한 존중이 아직 부족합니다.

건국 이래 단 한 번도 과학이 문화로서, 사상으로서, 시대를 이끌어가는 화두로서 자리를 잡은 적이 없기 때문이겠지요. 안타깝지만 이게 우리의 현 상황입니다.

오늘 북토크는 여기까지입니다. 다음 시간에 뵙겠습니다. 감사합니다.

사회생물학과 그 적들

북토크 16

DNA 독트린 ◆ 사회생물학은 나쁜 이데올로기다

안녕하십니까? 장대익입니다. 과학자들이 명성을 얻는 방법은 다양합니다. 혁명적인 발견이나 이론을 통해 자신의 이름을 알리는 사람도 있고, 자신의 분야에서 기초가 될 만한 중요한 업적을 남김으로써 존경받는 과학자들도 있습니다. 혹은 대학원생이나 동료 연구자에게 영감을 불어넣거나 연구 기회를 제공함으로써 과학자 사회에 공헌하는 이들도 있지요. 충분히 예상하고도 남는 일이지만 이 모든 것을 갖춘 과학자는 극소수일 것입니다. 만일 여기에다 과학에 관한 쟁점들, 예컨대 과학의 역사, 과학의 철학적 쟁점, 그리고 과학과 사회의 상호작용 등에 대해 중요한 통찰마저 제공하는 학자가 있다면 어떨까요?

하버드 대학교의 진화유전학 교수인 리처드 르원틴Richard C. Lewontin(1929~)이 바로 그런 인물입니다. 그는 지난 40년 동안 뛰어난 업적을 남긴 유전학자이면서, 생물학이 현대 사회 속에서 어떤 방향으로 가고 있으며 사회와 과학의 관계가 어떻게 공진화하고 있는지를 끊임없이 성찰하고 발언해온 비판적 지성인으로 더 유명하죠.《우리 유전자 안에 없다》와《DNA 독트린》, 그리고《삼중나선》등은 이러한 그의 면모가 압축적으로 녹아 있는 저서들입니다.

DNA 독트린
리처드 르원틴 지음 | 김동광 옮김 | 궁리
—
현대의 주류 생물학이 '유전자 환원주의'라는
나쁜 이데올로기에 빠져 있다고 경고한 책이다.
논란이 있는 주장이긴 하지만 개체와
환경으로 눈을 돌리게 한 공헌은 있다.

이 저서들의 제목만으로도 짐작할 수 있듯이, 그는 인간과 사회의 현상들을 DNA로 환원해서 설명하려는 시도들에 대해 지난 30여 년 동안 선봉의 자리에 서서 가장 강력하게 비판해왔습니다. 그는 분명하고 노골적인 메시지를 통해 무책임한 학자들의 모호한 태도와 양비론을 비웃곤 했습니다. 라디오 강연에 바탕을 둔《DNA 독트린》에는 DNA에 집착하는 현대 사회에 대한 따끔한 일침이 있습니다.

《DNA 독트린》에서 르원틴이 말하고자 하는 메시지는 "현대 생물학은 유전자 환원주의에 빠져 있는데, 이 유전자 환원주의는 과학적으로도 틀리고 이데올로기적으로도 문제가 많다"라고 요약할 수 있을 것입니다. 사실 이런 주장은 르원틴의 다른 저작들에서도 계속해서 변주되고 있는 중심 테마이기도 합니다. 그런 주장을 위해 그는 현대 생물학을 위시한 현대 과학 전반에 걸친 이데올로기의 영향을 지적하고 있습니다. 그에 의하면 원자와 개체들을 상위 집합체가 가진 모든 특성의 원인으로 보고 세계를 서로 독립된 자율 영역들(즉, 내부와 외부)로 양분하는 사고 습관이 바로 그러한 영향을 받은 것입니다. 그는 이런 이데올로기 아래서는 원인이 내적이거나 외적일 뿐이며 그들 사이의 상호 의존성은 어디에도 없다고 주장합니다.

그렇다면 실제로 이러한 이데올로기는 현대 생물학에서 어떻게 변주되고 있을까요? 그는 그 중심에 유전자가 있다고 말합니다. 즉 유전자라는 내적 요인이 생물의 모든 특성을 결정한다는 생각이 사람들, 심지어 생물학자들의 머릿속에서도 자연스럽게 스며들어 있다고 비판하는 것이죠. 어느 때부터인지 우리는 유전자의 구성을 통해 자신이 누구인지, 더 나아가 왜 사회가 이 모양인지를 이해할 수 있다고 믿기 시작했습니다. 그에 따르면 인간의 염기서열을 밝히는 일에 엄청난 자금이 투입될 수 있었던 사실의 배후에는 그런 이데올로기가 버티고 있었습니다.

르원틴이 볼 때 현대 생물학이 기대고 있는 이데올로기는 이른바 '유전자 환원주의genetic reductionism'입니다. 유전자 환원주의는 개인의 모든 특성들을 유전자의 차이로 설명하려는 시도를 말하는데요. 현대 생물학 중에서 특히 유전학과 진화생물학이 주로 이 이데올로기의 근원지입니다.

그는 지능지수의 유전성 문제를 비롯하여 인간의 여러 특성들에 대한 유전학적 접근이 근본부터 틀렸다고 주장하고 있습니다. 왜냐하면 아무리 세련된 통계 기법을 사용한다 하더라도 인간이 속해 있을 수 있는 모든 환경에 대한 지식이 우리에게 없는 이상 유전성 논의 자체가 왜곡될 수밖에 없기 때문입니다. 예를 들어 개인차의 80퍼센트가 유전자에서 기인하며 나머지 20퍼센트가 환경에 의한 것이라고 말할 수 있으려면 환경의 전 범위에 걸쳐서 조사가 이뤄졌어야 하는데, 그럴 가능성은 거의 없습니다. 그에 따르면 개인의 능력차는 환경의 변화로 인해 얼마든지 역전될 수 있습니다.

이런 맥락에서 인간 게놈 프로젝트에 대한 르원틴의 반대는 전혀 새삼스럽지 않아 보입니다. 그에 따르면 인간 게놈 프로젝트가 안고 있는 가장 큰 문제점은 유전자의 분자적 구성을 알면 우리 자신에 대해 알아야 할 가치가 있는 모든 것을 알 수 있다는 믿음입니다. 예컨대 암의 '원인'에는 관련 유전자들뿐만 아니라 각종 오염물질과 같은 환경 요인도 포함되는데, 엄청난 돈과 노력을 관련 유전자를 사냥하는 데에만 투자해버린다는 것이죠.

그렇다면 왜 그처럼 많은 탁월하고 유능하며 성공적인 과학자들이 유전자 사냥에만 열을 올리는 것일까요? 이에 대한 르원틴은 대답은 비교적 간단합니다. 그들은 연구의 효율성에 대해서 확신하고 있으며, 단순하고 단일한 원인을 찾아야 한다는 이데올로기에 빠져 있기 때문이라는 것이죠.

한편 비슷한 맥락에서 그는 잘못된 이데올로기를 조장하고 있는 현대 생물학의 한 분야로 사회생물학을 지목하고 있습니다. 르원틴에 따르면 인간 본성에 대한 사회생물학 이론은 세 단계로 구성됩니다. '인간이 가진 보편적 특성들의 목록을 만드는 것', '인간에게 보편적인 것처럼 보이는 그러한 특성들이 실제로는 우리 유전자 안에 암호화되어 있다고 주장하는 것', '그런 특성들이 개체의 차별적 생존과 번식을 통해 자연선택되었다고 주장하는 것'이 바로 그 세 단계죠.

그는 이런 각 단계마다 수많은 오류가 개입할 수 있다고 비판합니다. 예컨대 보편적 특성들의 목록을 작성하는 단계에서부터 자문화 중심적이고 남성 중심적인 편견들이, 즉 지배 이데올로기가 작동할 수밖에 없다는 것입니다. 그리고 그런 특성들이 유전적으로 암호화되어 있다는 생각은 비가법적 상호작용 유형이 드러내주는 바와 같이 문제 있는 발상이라 주장합니다. 게다가 그는 그런 보편적 특성들이 어떻게 진화해왔는지에 대해서는 그저 '그럴 듯한 이야기$_{just\ so\ story}$'만 반복될 뿐 경험적으로 입증할 수 있는 과학적 설명이 제시된 적이 없다고 비판합니다. 르원틴의 이런 비판들은 사회생물학에 대한 표준적 비판들로 받아들여지고 있지요.

르원틴은 언젠가 "본질은 맥락과 상호작용이다"라고 진술한 바 있습니다. 그가 《DNA 독트린》에서 논의한 상호작용은 유전자와 환경, 개체와 환경, 그리고 원인과 결과간의 상호작용입니다. 이런 상호작용들의 진정한 의미를 드러내는 과정에서 그는 유전자와 환경의 효과가 상호 의존적이라는 점, 표현형의 범위가 고정되지 않는다는 점, 유전자가 여러 원인들 중에 특권적인 지위를 가질 수 없다는 점, 그리고 환경이 개체들에 의해 구성된다는 점 등을 부각시켰습니다.

하지만 이러한 그의 놀라운 통찰들에도 불구하고 언제나 그렇듯 몇 가지 반론들이 가능합니다. 우선, 생물학자들이 그동안 환경을 고정된 외부 대상으로만 여겨왔는지가 그리 분명하지 않습니다. 예컨대, 현대 진화학자들은 누구나 '진화하는 환경evolving environment', '진화적 군비경쟁evolutionary arms race', '공진화coevolution' 등의 개념에 친숙합니다. 르원틴이 지금 이 모든 개념과는 다른 의미의 환경론을 피력하고 있는지는 다소 의심스럽습니다. 둘째, 그가 그토록 강조해온 유전자와 환경의 비가법적 상호작용이 그의 주장대로 자연 세계에서 그렇게 흔한가에 대해서도 그리 확실하지 않습니다. 셋째, 사회생물학에 대한 그의 표준적 비판들은 사회생물학을 발전적으로 계승한 진화심리학 evolutionary psychology 분야에서 상당 부분 극복된 상태입니다.

　하지만 그동안 별것 아닌 것으로만 여겨졌던 상호작용과 맥락에 대해 우리의 관심을 집중시킨 그의 공로는 결코 적지 않다고 볼 수 있습니다. 그리고 지배 이데올로기와 생물학 연구가 어떻게 절묘하게 맞물려 있는지를 밝혀준 일은 대가로서의 그의 면모가 잘 드러나는 부분이죠. 그의 선구적 시도는 생물학자들로 하여금 유전자가 아니라 상호작용을 중시하는 연구 프로그램이 가능할 수도 있다는 생각을 품게 만든 측면도 있습니다.

다윈, 에드워드 윌슨과 사회생물학의 승리 ◆ 사회생물학이 이겼다!

오늘 두 번째 책은 르원틴의 《DNA 독트린》과는 정반대되는 결론을 내리고 있는 책입니다. 1975년 하버드 대학교의 개미 연구자 에드워드 윌슨이 《사회생물학》을 출간했을 때 수많은 독자들을 화나게 한 것은 바로 그의 탁월한 역지사지 능력 때문이었습니다. 평생 동안 개미의 사회 행동을 연구해온 그에게 동일한 관점에서 다른 동물들의 행동을 관찰하고 이해하는 작업은 그리 어려운 일이 아니었을 것입니다. 문제는 책 분량의 단 5퍼센트도 안 되는 마지막 장에 있었는데요. 거기서 그는 개미에게 적용한 관찰과 분석법을 그대로 인간에게도 적용함으로써 우리를 자연계의 특례자에서 제외시켰습니다. 마치 제가 자주 쓰는 '외계인의 시선' 수법과 동일한 방법으로 말이죠. 그것은 그 어떤 생명체도 진화의 발 앞에서는 평등하다는 선언이었습니다. 게다가 "사회과학과 인문학이 머지않아 생물학의 한 분과가 될 것"이라는 도발적 언사는 지난 40년 동안 학자들을 사회생물학의 찬성 진영과 반대 진영으로 양분하는 계기가 되었습니다.

　동물행동학 분야의 필독 교과서를 쓴 저자 존 올콕이 이 전쟁의 최종 심판자를 자처하며 한 권의 책을 썼다는 사실은 그리 놀랍지 않습니다. 그런데 얼마나 한이 맺혔던지 제목이 아예 《다윈, 에드워드 윌슨과 사회생물학의 승리》네요. 그에 따르면 사회생물학은 '자연선택이 동물의 사회 또는 사회성 행동의 진화에 어떤 역할을 했는가?'에 대한 탐구입니다. 그렇다면 벌의 사회성 행동을 연구했던 다윈이나 개미의 사회를 연구한 윌슨, 그리고 동물의 행동을 진화론적으로 탐구하는 연구자들은 모두 사회생물학자라 볼 수 있습니다. 여기서도 쟁점은 '인간도 그 동물의 범주에 포함시킬 것인가'입니다. 다른 동물들에 대한 사회생물학적 연구가 아무리 탄탄하더라도 인간에 대한 사회생물학의 승리가 자동으로 보장되지는 않기 때문이죠.

이쯤에서 어떤 독자들은 '진화심리학'이라는 분야를 떠올릴 것입니다. 하지만 기존의 진화심리학 서적들은 인간의 본성을 다루다가 동물의 행동 양태를 양념처럼 언급하는 데 비해, 이 책의 저자는 동물행동학의 대가답게 진화 논리를 동물에게 충분히 적용해본 후에 인간에게로 확장하는 방법을 취하고 있습니다. 예컨대 곤충의 짝짓기 행동에 대한 연구를 충분히 소개한 후 진화심리학 분야에서 수행된 인간 짝짓기에 관한 연구를 병치시킴으로써 모든 생명체가 진화의 씨줄과 날줄로 함께 엮일 수 있음을 이야기하는 것이죠.

하지만 수컷 곤충의 강압적 성 행동과 인간 남성의 강간 행위를 비교하는 대목에 이르면 우리는 상당히 불편해질 수밖에 없습니다. 가령 딱정벌레 수컷은 암컷의 격렬한 저항에도 불구하고 사정하여 자신의 번식 성공도를 높이기도 하고, 남성은 여성과 짝을 맺을 가능성이 적거나 없을 때에 강간을 통해 자신의 번식 성공도를 높일 수 있다는 식이기 때문입니다. 게다가 그는 강간이 남성의 강력한 성욕의 진화적 부산물일 수 있다는 가설도 검토하고 있습니다. 이런 불편함은 아동학대에 대한 대목에서 증폭되는데요. 왜냐하면 '아동이 양부모에 의해 살해될 개연성이 친부모에 의한 경우보다 70배나 높다'는 사실에 대한 가장 좋은 설명이 혈연 선택 이론이라고 말하기 때문입니다. 이 이론에 따르면, 유전적 근연 관계가 없는 수양자식에게 투자를 하는 부모는 번식 성공도가 쉽게 낮아지기 때문에 양부모의 아동 학대 비율은 현저히 높을 수밖에 없습니다.

다윈, 에드워드 윌슨과 사회생물학의 승리
존 올콕 지음 | 김산하·최재천 옮김 | 동아시아

사회생물학이 지난 40년 동안 어떻게 승승장구했는지를
강력하게 주장하려는 책이다. 하지만 번역서의 제목에서
불필요하게 '윌슨'을 내세움으로써 논지가 약간흐려졌다.
사회생물학은 윌슨의 학문만은 아니다.

　　세상의 모든 페미니스트와 양부모들이 들고 일어날 일입니다. 하지만 이 상황에서 저자는 오히려 돌직구를 던집니다. 정치적으로 올바르진 않을지언정 진실에 가까운 이야기라고요. 그러면서 '자연적인 것' 또는 '진화된 것'과 도덕적으로 '정당한 것'을 혼동해서는 안 되며, 사회생물학자들이 그것을 혼동하는 이들은 아니라고 덧붙입니다.

여기까지는 그렇다 칩시다. 그렇다면 대체 이런 논쟁들이 우리에게 어떤 의미가 있단 말일까요? 대개 우리에게 사회생물학은 동물과 인간에 대한 흥미로운 '이야깃거리'로 소비됩니다. 이에 더해 어떤 행동에 대한 변명이 필요하게 되면 그것은 더 유용해집니다. 즉 재밌으니까, 괜찮다고 하는 것 같으니까 소비되고 확산되는 것이죠. 하지만 이런 얄팍한 쓰임새가 지난 10여 년 동안 우리 사회에서 사회생물학 담론을 쏟아낸 근본 동인이라고 말하기는 힘듭니다. 오히려 그 동인은 우리 종에 대한 특례자 대우에서 벗어나 마치 인간이 개미를 '관찰'하듯 제3자의 입장에서 사심 없이 우리 자신을 이해하고자 하는 갈망입니다. 그리고 이것은 지성사에서 '인간도 동물과 마찬가지로 결국 진화의 산물'이라는 다윈적 자각에서 비롯된 점증하는 열망이기도 합니다. 사회생물학은 이 근거 있는 열망의 적자인 셈이죠.

사실 저는 저자처럼 사회생물학의 손을 번쩍 들어주고 싶진 않습니다. 하지만 그렇다고 반대자들의 주장처럼 그것이 잘못된 길이라고 생각하지도 않습니다. 여러분은 어떠신지요? 과학자들이 동일한 학문 분야에 대해 이렇게 상반된 입장을 가지고 있다는 사실이 상당히 당혹스럽지 않으신지요? 그것도 두 저자가 모두 세계적 석학들 아닙니까? 저는 과학이 이런 치열한 논쟁, 심지어 극단적 논쟁을 통해 성장한다고 생각합니다. 이런 식의 논쟁이 없는 것이 바로 종교이죠. 논쟁은 과학의 좋은 징표입니다. 다음 시간에 뵙겠습니다. 감사합니다.

다윈, 에드워드 윌슨과 사회생물학의 승리

과학이 만든 사회, 과학이 만들 사회

북토크 17

무엇이 재앙을 만드는가? ◆ 대형 사고는 늘 터질 수밖에 없다

2013년 여름, 연구년을 맞아 미국 보스턴에 가기 위해 미국 운전면허 서류를 준비하다가 겪었던 황당한 일이 아직도 생생히 기억납니다. 예전에는 미국 입국신고서를 방문자 본인이 작성하여 입국장을 통과했는데, 경비 절약을 위한 명목으로 언젠가부터 출국장에서 입력한 자료가 자동으로 전산화되는 시스템으로 바뀐 상태였죠. 다시 말해 입국 후에 웹페이지에서 승인된 신고서를 본인이 직접 뽑아볼 수 있게 해주는 시스템이었습니다. 그런데 제 것을 도통 뽑을 수가 없었습니다. 그 서류가 없으니 저를 정상적인 입국자로 증명할 방법이 없고, 따라서 제 운

전면허 지원서는 거부될 수밖에 없었습니다. 저는 공항 입국심사장까지 찾아가서 담당자에게 항의했지만 "어딘가에서 실수가 있었던 것 같고 그것을 바로잡으려면 12주가 걸린다"는 말만 듣고 왔죠. 굳이 따져보면 이런 사건은 개인에게 닥친 갑작스런 '재앙'이랄 수도 없습니다. 누군가의 실수 또는 무엇인가의 오작동으로 인해 경제적, 정신적, 시간적 피해를 당한 억울한 경우이긴 하지만, 피해 당사자는 오직 저 하나뿐이기 때문입니다. 문제의 핵심은 효율성을 위해 만든 새 시스템이 원인이라는 점입니다.

지난 40여 년 동안 대형 참사의 메커니즘을 사회학적으로 연구해온 예일 대학교 명예교수 찰스 페로Charles Perrow(1960~)는 《무엇이 재앙을 만드는가?》에서 불가피한 대형 사고를 유발하는 시스템의 복잡성과 상호연계성을 분석했습니다. 저자는 스리마일 섬 원자력발전소 사고를 비롯하여 몇몇 석유화학 공장 폭발 사고, 항공기 사고, 해상 사고, 광산 폭발 사고, 우주탐사 사고의 실제 사례들을 치밀하게 분석하면서, 복잡하고 강하게 상호 연결된 시스템이 수많은 안전장치에도 불구하고 언젠가는 붕괴될 수밖에 없다는 오싹한 진실을 설득력 있게 보여주고 있습니다. 그의 논지는 이렇습니다. 원전이나 우주탐사와 같이 수많은 요소들, 즉 부품, 절차, 운용자 등으로 구성된 복잡한 시스템에서 두 가지 이상의 장애가 예상치 못한 방식으로 상호작용을 일으키면 시스템의 속성상 대형 사고로 이어질 가능성이 대단히 높다는 것이죠.

그렇다면 붕괴로 이어지는 시스템의 속성이란 과연 무엇일까요? 저자는 두 가지로 요약하고 있습니다. 하나는 상호작용적 복잡성이고, 다른 하나는 긴밀한 연계성입니다. 전자는 선형적 복잡성 또는 순차적 복잡성과 다릅니다. 아무리 복잡한 생산 라인이라도 한 지점에서 문제가 생기면 경보가 울리고 그 라인이 정지될 것이며, 감독자는 점검을 한 후에 다시 시작을 하면 그만입니다. 이것은 순차적인 복잡성입니다. 하지만 하나의 잘못이 다른 오작동과 상호작용하여 걷잡을 수 없이 큰 사고로 이어지는 경우들이 있는데요. 가령 드라이어가 과열되어 불이 났는데 집안의 화재경보장치가 작동하지 않아 외출한 사이에 집이 몽땅 타버린 경우가 있을 수 있지요.

저자에 따르면, 실제로 1979년 3월 28일 미국 펜실베이니아 주의 스리마일 섬 원자력발전소 2호기에서 발생한 방사능 누출 사고는 네 개의 사소한 독립적 장애들이 상호작용한 결과였다고 합니다. 예컨대 늘 말썽을 부리던 복수 탈염 장치가 그날도 막혀서 터빈 가동이 중단되고 급수 펌프 가동도 중단되었습니다. 이에 비상 급수 펌프가 가동되었지만 웬일인지 노심 냉각이 안 되었는데, 이틀 전에 보수 작업을 한 밸브를 누군가가 닫아놓은 채 됐다는 사실을 인지하지 못했던 것임을 나중에서야 알게 되었습니다. 사건 발생 8분 후에 이 사실을 발견했지만 이미 상당한 초기 손상이 진행된 후였습니다. 이때 노심의 냉각수를 가압기로 돌려서 압력을 낮추는 압력 제어 밸브가 작동해야 했습니다. 그것은 또 하나의 안전장치였죠. 하지만 그 또한 제대로 작동하지 않았습니다. 당시에 이 밸브는 50회에 1회 꼴로 고장이 잦은 제품이었고, 당시에도 문제를 일으킨 것입니다.

저자는 스리마일 섬 원전이 이런 식으로 장애와 안전장치의 미작동이 네 번이나 상호작용하면서 파국에 이르게 되었다고 진단했습니다. 당시에 이런 복잡성을 어렴풋이 이해했던 원전 직원은 단 한 명에 불과했으며, 게다가 그는 아무런 조치도 취하지 않았다고 합니다. 요약하면 스리마일 섬의 원전 사고는 부품, 절차, 운용자로 구성된 복잡한 상호작용적 시스템의 피할 수

무엇이 재앙을 만드는가?
찰스 페로 지음 | 김태훈 옮김 | 알에이치코리아
—
고도의 안전장치를 설계해도 사고는 막을 수 없다.
설비의 대규모화와 시스템의 상호 연계성이
사고의 개연성을 더욱 높이고 있다.

없는 귀결이었던 것이죠.

너무 비관적인 주장 아닌가요? 피할 수 없는 귀결이라니 말입니다. 실제로 이 책이 처음 출간된 1984년만 해도 스리마일 섬 원전 사고만 한 대형 사고는 단 한 건도 없었습니다. 원전이 그

토록 위험한 시스템이라면 왜 비슷한 사고들이 자주 일어나지 않는 것일까요? 하지만 놀랍게도 저자는 이 책의 초판에서 이렇게 예언했습니다. "그 이유는 아직 그럴 만한 충분한 시간이 지나지 않았기 때문이다. 대형 사고가 재발할 요인들은 이미 존재한다. 따라서 우리가 대단히 운이 좋지 않는 한 향후 10년 안에 방사능 유출 사고가 한 건 이상 발생할 것이다." 이 예언은 불행히도 정확히 적중했습니다. 1986년 4월 26일 우크라이나 공화국의 체르노빌 원자력발전소 4호기에서 발생한 방사능 누출 사고는 5년 동안 7000여 명의 생명을 앗아갔고, 100만 명 이상을 환자로 만들었습니다. 그리고 이 최악의 원전 사고를 능가할지도 모르는 재앙이 2011년 일본 후쿠시마에서 발생했죠. 이 참사의 시작은 동일본의 대지진으로 인해 발생한 쓰나미였지만, 자동안전장치의 연속적인 오작동, 운용자의 계속된 판단 실수 등이 이어진 전형적인 대형 사고였습니다. 실제로 후쿠시마 사건이 터지자 저자는 〈후쿠시마와 터질 수밖에 없는 사고〉라는 기

후쿠시마 원전 폭발 사고는 표면상으로는 쓰나미라는 변수로 인해 일어났지만, 안전장치의 오작동, 운용자의 판단 착오 등이 겹쳐진 전형적인 '정상 사고'이다.

다윈의 서재

고문을 발표하기도 했었습니다.

그렇다면 국내 원전은 안전할까요? 저자의 논리대로라면, 질문 자체가 성립이 안 됩니다. 원전은 근본적으로 안전할 수 없는 복잡한 시스템이기 때문이죠. 게다가 최근에 드러난 관행화된 납품 비리와 너무도 잦은 가동 중단은 암울하게도 저자의 주장을 더욱 신뢰하게 만듭니다. 급기야 외국의 유수 언론도 한국의 원전 사고를 걱정하는 기사를 쓰기 시작했습니다. 그런데도 우리 정부와 관계 기관들은 원전 정책에 대한 근본적 재고는커녕 사고 덮어주기와 국민 불안 잠재우기에 더 열을 올리고 있는 것 같습니다. 이러다 정말 대형 사고가 나는 것은 아닐지 참으로 걱정이 되네요.

이 책의 가장 도발적인 주장은 고도로 정교한 안전장치를 겹겹이 장착해도 '필연적으로' 언젠가 참사로 이어질 수밖에 없는 고위험 시스템이 존재한다는 것입니다. 저자는 원전과 핵무기를 이 범주에 넣었습니다. 한편 해상운송이나 DNA재조합처럼 그보다는 덜 위험해서 매우 엄격한 제한을 가하면 어느 정도는 안전을 보장할 수 있는 시스템도 있고, 항공로나 화학 공장처럼 적절한 개선을 통해 참사를 막을 수 있는 시스템도 존재합니다. 하지만 여기서 중요한 사실은 안전장치를 더 많이 단다고 능사가 아니라는 점입니다. 오히려 시스템을 더욱 복잡하게 만들어 더 큰 위험을 초래하기도 하기 때문이죠. 확률적으로 계산해보면 충분히 이해할 수 있습니다. 가령 원전 사고가 나기 위해 네

곳에서 동시에 장애가 발생해야 한다고 해봅시다. 물론 동시에 이런 장애가 생길 개연성은 거의 0에 가까울 것이지만, 원전 하나에 140만 개 이상의 부품이 들어가고, 셀 수 없을 정도의 많은 절차가 개입한다고 한다면 확률은 꽤 높아집니다. 게다가 설비의 문제만이 아니라 납품 비리나 운용자의 실수가 들어가면 사고 확률은 배가되지요. 바로 이 점이 우리를 불안하게 만드는 대목입니다.

그러면 우리는 이제 어떻게 해야 할까요? 참사로 이어질 고위험 시스템을 다 포기해야 한단 말인가요? 저자는 이 질문에 대답하기에 앞서 대형 사고에 대한 대중의 불안감에 대해 이야기합니다. 절대적 합리주의자인 전문가들은 시스템에 대한 대중의 무지를 내세우며 안전하니 걱정 말라고 하지만, 저자는 의사결정에 대한 인지심리학적 연구들을 인용하며 대중의 공포감은 충분히 합리적인 것이라고 말합니다. 진화론적 관점에서 볼 때 저자의 이런 주장은 일리가 있습니다. 자신이 통제할 수 없는 시스템에 대한 두려움은 불행을 막기 위한 심리적 안전장치로 진화했을 것이기 때문이죠.

자, 이제 이 책의 원서 제목 '정상적 사고normal accident'에 대해서 이야기를 해봅시다. 사람들은 참사가 터질 때마다 '이례적인 사건'이라고들 하죠. 가령 성수대교 붕괴, 삼풍백화점 붕괴, 대구 지하철 폭발, 괌 비행기 추락, 태안 기름 유출, 우면산 산사태, 그리고 사대강 녹조 사태 등과 같은 참사가 과연 비정상적인 사건일까요? 물론 사건 발생의 빈도만을 보면 이례적이고 비정상적인 참사일 것입니다. 하지만 저자는 시스템의 속성에 주목하라고 말하고 있습니다. 아무리 효율적인 안전장치를 겹겹이 쌓아도 시스템의 속성상 어쩔 수 없이 일어나는 사고를 그는 '정상적 사고'라고 부릅니다.

입국심사서 문제 때문에 공항에 찾아가서 항의를 했더니 담당자는 저에게 미안하다는 한마디와 함께 매우 '이례적인 일'이라고 했습니다. 하지만 제가 겪은 일과 똑같은 문제로 제 뒤에서 순서를 기다리고 있는 사람을 저는 만나야 했습니다. 이런 것이 정상적 사고입니다. 시스템의 복잡성이 어떤 역치를 넘어서면, 관리와 훈련을 강화해도 이런 사고는 정상적으로 일어날 수밖에 없다는 것이 저자의 핵심 주장입니다. 이 책은 적어도 우리 사회의 시스템을 만들고 관리하는 모든 사람들이 꼭 읽어봐야 할 문제작입니다. 특히, 대중들의 무지를 나무라며 안전을 약속하는 무지한 전문가들이 곱씹으며 공부해야 할 교과서라 생각합니다.

무엇이 재앙을 만드는가?

3차 산업혁명 ◆ 재생 에너지의 수평적 공유 사회

2012년 5월, 제러미 리프킨Jeremy Rifkin(1943~)이 한국을 방문해 청년들에게 제3차 산업혁명에 대해 강연을 한다는 소식이 들렸습니다. 그 강연을 준비하고 있던 팀이 저에게 그와 대담을 할 수 있냐며 연락을 해왔습니다. 저는 선약이 있었지만, 1초의 주저도 없이 하겠다고 했죠. 그 유명한 리프킨 아닙니까?

4년 전, 그의《공감의 시대》가 국내에서 번역·출간되었을 때, 저는 만나는 사람마다 리프킨에게 다시 한 번 크게 놀랐다고 떠들고 다녔습니다. "그가 드디어 인간 본성을 탐구하기 시작했다"고 하면서 말이죠.《공감의 시대》에서 그는 '우리가 지금 이 세상을 이끌어 가는 존재가 될 수 있었던 것은 지구상의 생물 중에서 공감 능력이 가장 뛰어났기 때문'이라며, 공감의 진화와 신경과학에 대해 이야기했습니다. 책 분량의 3분의 1 이상이 인간 본성에 대한 과학적 이해로 채워진 정도였죠.

3차 산업혁명
제러미 리프킨 지음 | 안진환 옮김 | 민음사
—
머지않아 도래할 3차 산업혁명은 에너지와
정보를 수평적으로 공유하는 경제 체제를
바탕으로 수평적 권력을 불러올 것이라고 한다.

물론 제가 그의 팬이 된 것은 훨씬 더 전의 일입니다. 1990년 대에 그의 명저《엔트로피》를 처음 접했을 때, 엔트로피 개념이 물리학이나 화학의 울타리를 훌쩍 넘을 수 있다는 사실에 감동했습니다. 영국의 이언 윌머트Ian Wilmut(1944~) 박사의 복제양 돌리Dolly가 언론에 공개된 이후로 국내에서도 생명공학의 사회적, 법적, 윤리적 측면에 관한 논의가 막 시작되었을 때, 그의《바이오테크 시대》는 반 발짝 앞서 시대를 진단하고 처방책을 모색한 미래서의 모범이었습니다. 그리고 그의 문제작《유러피언 드림》은 아메리칸 드림의 종말을 고하고 대안적 정치경제 체제를 모색하려는 이들에게《토마스의 복음서》였을 것입니다. 밑줄을 그은 이단자가 어디 노무현 대통령뿐이었겠습니까?

리프킨이 정부 초청으로 '글로벌 녹생성장 서밋'에 참여하기 위해 방한했을 때, 때마침 그의 최신작《3차 산업혁명》이 국내에 번역·출간되었습니다. 그리고 이 서밋이 끝난 다음 날, 청년 창업을 돕는 타이드인스티튜트의 주최로 그의 북토크와 대담이 예정되어 있었죠. 그러나 당일 아침에 응급상황이 발생했습니다. 한국에서 바쁜 일정을 소화하던 그가 그날 아침에 과로로 병원에 입원을 하게 된 것이었습니다. 게다가 강연 한 시간 전에야 북토크를 취소한다는 공식 통보가 전달되었습니다. 강연장에 도착해보니 그때도 이미 적지 않은 이들이 자리에 앉아 있었고, 이내 주최 측은 행사 자체를 취소할 수 없는 상황임을 감지하고는 대체 강연이 있을 것이라고 강연 참가자들에게 알렸습니다. 감히 누가 누구를 대체한단 말입니까? 제 얼굴을 빤히 바라보고 있는 고산 대표가 미웠지만 이미 그들과 한 배를 타 버린 상황에서 어쩔 수가 없었죠.

이렇게 하여 저는 세계 최초로 리프킨 '빙의 대담'을 시작하게 되었습니다. 맨 먼저 리프킨이 이 책에서 말하고 있는 바가 무엇인지를 청중들에게 소개했습니다. 그리고 그가 만약 이 자리에 왔다면 제가 그에게 물었을 질문들을 털어 놓았습니다. 그런 후, 리프킨의 입장이라면 제가 한 질문들에 그가 어떤 대답을 할지도 이야기했죠. 이게 될까 싶었는데, 질의응답까지 하니 어느덧 한 시간이 훌쩍 지나갔습니다. 심지어 어떤 청중은, "리프킨이라면 이 문제에 대해 어떻게 생각할까요?"라며 아예 대놓고 내게 리프킨 되기를 요구하기도 했습니다. 제 빙의가 아주 이상하지는 않았었나 보지요?

여기서 저는, 그때 제가 한 '빙의 대담'을 방송으로 보내드리려 합니다. 따라서 다음에 등장하는 리프킨은 진짜 리프킨일 리 없겠죠? 바로 접니다. 당시 인터뷰에서 오갔던 말들을 아래 자막으로 처리했으니 대담 영상과 함께 보시면 읽어보시면 되겠습니다. 감사합니다.

◇ ◇ ◇

사회자 : 《3차 산업혁명》의 핵심 주장은 한마디로 무엇인가요?
리프킨 : 그동안 인류가 경험한 산업혁명들은 모두 당대의 고유

한 에너지 체제와 커뮤니케이션 기술이 융합되어 나타났습니다. 가령 1차 산업혁명은 석탄(증기기관)과 인쇄술의 융합으로, 2차 산업혁명은 석유(내연기관)와 전자통신기술(전화, TV)의 결합으로 일어났는데, 이 두 혁명은 수직적 경제 구조 아래서 진행되었습니다. 이제 3차 산업혁명이 시작되려는데, 그것은 재생에너지와 인터넷 기술의 융합에 의한 것으로 수평적 경제 구조를 만들어내고 있습니다. 즉 화석 에너지를 수직적으로 공급받는 분배 방식에서 탈피하여 태양열과 같은 재생에너지를 각자 생산하고 수평적으로 공유하는 방식으로 전환되고 있다는 이야기입니다. 이것이 바로 3차 산업혁명입니다.

사회자 : 그게 정말 가능할까요?

리프킨 : 물론 아직 조건이 다 충족되진 못했습니다. 다음과 같은 핵심 조건들이 모두 만족될 때 3차 산업혁명에 본격적으로 돌입합니다. 첫째, 화석 에너지에서 지속 가능한 재생 에너지로 전환해야 하고, 둘째, 이 재생 에너지를 생산하는 미니 발전소를 각 건물마다 설비해야 하고, 셋째, 각 건물의 남는 에너지를 저장할 수 있는 저장 기술의 발명과 보급이 필요하고, 넷째, 인터넷 기술을 활용하여 에너지를 공유하며, 다섯째, 교통수단을 수소 연료 차량으로 대체하여 에너지를 수송해야 합니다. 이 조건들이 만족되면 재생 에너지가 인터넷 네트워크를 통해 수평적으로 공유되는 혁명이 시작됩니다. 가령, 서울의 63빌딩에서 생산한 재생 에너지 중에 남는 것을 시차를 이용해 하노이와 공유

하거나 싸게 팔 수 있게 되는 거죠.

사회자 : 꿈같은 이야기인데 기술 발전을 너무 낙관적으로 보는 것 아닌가요? 가령, 재생 에너지 기술과 에너지 저장 기술, 그리고 수소 연료 자동차 기술 등이 아직도 지지부진하다는 사실을 간과하고 계신 것 같습니다. 게다가 그런 기술들을 독점하거나 지나치게 분점하는 기업들이 생겨날 가능성도 있지 않겠습니까? 아무리 생각해봐도 수평적 경제 구조가 그렇게 쉽게 생겨날 수 있을 것 같지 않습니다.

리프킨 : 우선 저는 이런 기술이 발전할 것에 대해 상당히 긍정적입니다. 즉 재생 에너지 기술 개발은 시간 문제라고 봅니다. 특히 화석 에너지의 고갈이 점점 가시화되고 있는 마당에 그것을 대체하려는 기술적 노력은 가속화될 것입니다. 다만, 그런 기술에 대한 독점과 지나친 분점 문제는 좀 더 고민해봐야 할 것 같습니다. 진짜 대안적 기술들이 나오면 너도 나도 달려들어 참여하게 될 것이고, 그렇게 되면 자연스럽게 제품 경쟁력과 가격 경쟁력이 상승하겠죠. 어찌 되든 지금과 같은 지나친 에너지 독과점은 개선될 것입니다.

사회자 : 한 인터뷰에서 "삼성 같은 회사가 재생 에너지 산업에 뛰어들지 않고 뭐하냐?"고 했다는데, 어떤 뜻으로 한 말인가요?

리프킨 : 삼성 같은 초일류 기업이 최고의 기술력을 바탕으로 재생 에너지 산업에 뛰어들면 기술의 발전 속도가 증가하여 3차 산업혁명이 하루라도 빨리 올 수 있을 것이라는 뜻이었죠. LG

나 현대기아에 대해서도 마찬가지 이야기를 해주고 싶습니다.

사회자 : 정부에 대해서는 어떤가요?

리프킨 : 이게 좀 민감한 사안이지만 솔직히 말하겠습다. 이명박 정부 초기부터 '녹색성장'이라는 기치를 내걸고 3차 산업혁명을 재빨리 준비하는 것 같았습니다. 하지만 지난 몇 년을 냉정하게 보면 진정성에 다소 의심이 갑니다. 한국은 석유와 원자력 에너지 의존도가 너무 높습니다. 삼면이 바다로 둘러쌓여 있기 때문에 풍력과 조력 에너지마저도 잘 활용할 수 있는 조건인데도 진지하게 재생 에너지에 대해 고민하고 실행하려는 노력이 부족하죠. 현재 한국이 재생 에너지를 활용하는 수준은 겨우 2퍼센트 정도입니다. '녹색성장'이라는 표어가 민망할 지경입니다. 게다가 후쿠시마 원전 사고를 통해 일본이 원전 가동을 전면 중단하고 대체 에너지원을 찾고 있는데, 인접한 한국은 아직도 원자력 에너지를 마치 그린 에너지로 인식하고 있습니다. 원자력 에너지는 그린 에너지가 아닙니다!

사회자 : 정부 이야기가 나왔으니, 정치적 지향과 3차 산업혁명의 관계에 대해 여쭙겠습니다. 당신은 3차 산업혁명이 정치적으로는 중립적인 것이라고 보십니까? 다시 말해, 이른바 진보든 보수든 모두가 같은 친숙함을 가지고 추구할 수 있다고 보시는가 말입니다.

리프킨 : 3차 산업혁명의 도래는 정치와는 관련이 없습니다. 보수든 진보든 인류의 미래를 위해서는 하루라도 앞당기려고 함

께 노력해야만 하는 미션입니다. 이것은 선택의 문제가 아니라 생존의 문제입니다.

사회자 : 그러나 현실적으로는 에너지의 수평적 권력을 싫어하는 세력들이 존재하지 않습니까? 가령 원자력 에너지 신봉자라든지 풍력, 조력, 태양 에너지, 수소 에너지 등에 시큰둥한 기업들은 여전히 에너지의 수직적 분배 구조를 즐기고 있는 것 같은데요?

리프킨 : 바로 그런 세력들을 설득하기 위해 이 책을 쓴 것이지요. 나는 에너지에 관한 한 좌와 우가 모두 평등주의자여야 한다고 믿습니다.

사회자 : 만약 당신이 한국의 대통령이거나 한국 정부의 핵심적인 위치에 있다면 어떤 일을 가장 먼저 추진하고 싶으십니까?

리프킨 : 무척 어려운 질문이지만, 아시아를 향한 저의 꿈을 잠시 말하는 것으로 대신하겠습니다. 저는 유럽 연합의 리더들과 3차 산업혁명의 꿈을 공유하기 위해 그동안 적지 않은 노력을 해왔습니다. 그리고 어느 정도 진전이 있었고 지금도 계속되는 프로젝트입니다. 저는 이 일을 아시아에서도 해보고 싶습니다. 아시아의 에너지 네트워크를 만들고 지속 가능한 발전을 선도하는 허브의 역할을 한국이 해줄 수 있으면 정말 좋겠습니다.

오늘 '장대익의 서재' 마지막 시간으로 '과학이 변화시킨 세상'에 대해서(《무엇이 재앙을 만드는가?》) 그리고 '앞으로 변화시킬 세상'(《3차 산업혁명》)에 대해서 함께 생각해보았습니다. 흥미롭게도 미래학자 리프킨의 전망은 장밋빛인 반면, 사회학자 페로의 전망은 다소 어둡게 느껴지는군요. 하지만 이 둘 모두는 동의합니다. '과학기술에 대한 집요한 성찰이 없이는 좋은 사회를 만들 수 없다'고요.

지난 17주 동안 '장대익의 서재'를 통해 여러분을 만날 수 있어서 무한한 영광으로 생각합니다. 그동안 쉽지 않은 책들을 읽어내시느라 고생 많으셨습니다. 우리가 함께 읽은 책들이 대부분 과학서이고 독서력의 최고치가 바로 과학 독서임을 생각하면, 이번에 여러분이 기른 정신적 근육은 엄청날 것이라고 감히 위로해드리고 싶습니다. 함께하셨던 분들이라면, 과학서가 한갓 유익한 정보지가 아니라 인간, 자연, 생명, 우주, 문화, 종교, 그리고 사회에 대한 새로운 지식과 참신한 통찰을 던져주는 이 시대의 진정한 인문 교양서임을 맛보셨을 것이라 생각합니다. 저는 제 서재를 안내하는 내내 흥분되고 즐거웠습니다. 이제 여러분이 각자의 책장을 채우고 서재를 만들어 가실 차례입니다. 그동안 성원해주신 시청자 여러분 정말 감사합니다. 안녕히 계십시오.

이 책의 존재론

독자 여러분 안녕하세요. 장대익입니다.

어떻게 읽으셨는지요? 좀 이상하게 구성된 서평집이지요? 이것은 제가 지난 10년 동안 신문이나 잡지 등에 게재한 서평들을 추리고 재가공한 작품입니다. 이번에 글을 정리하면서 통계를 내보니 평균 두 달에 한 번 꼴로 서평을 썼더군요. 분량과 형식은 대개 원고지 10매 내외로 짧았고, 절반 정도는 책을 지정받아 썼지만 나머지는 제가 책을 직접 골라서 쓴 원고였습니다. 서평 대상은 주로 과학 관련 외국 저자의 최근 번역서들이었습니다(의아하게 들리겠지만, 그중 상당수는 서평을 청탁받기도 전에 이미 읽은 책들이었습니다. 주요 일간지 서평면의 시스템상 서평자에게 주어진 시간은 길어야 사흘 정도여서 처음 보는 책을 평하기란 사실상 불가능합니다). 제 기억으로는 거의 모든(중앙) 일간지에 한 번씩은 기고를 했던 것 같습니다. 이런 작업에 꽤 익숙해지다 보니 서평집 출간을 조금은 쉽게 생각했던 것 같습니다. '원고가 제법 쌓였으니 책으로 묶으면 되겠구나'라구요.

하지만 이것이 얼마나 경솔한 생각인지를 알아채는 데는 며칠이면 충분했습니다. 그러니까 2011년 어느 봄날, 그동안 어딘가에 써 놓은 서평들을 책상 위에 전부 펼쳐놓은 적이 있었습니다. 이것저것을 다 합치니 100편이 조금 안 되었습니다. 그런데 어디서부터 뭘 해야 할지 정말 막막하더군요. 며칠을 멍하게 바라보고만 있었습니다. 그때 깨달았지요. 쟁쟁한 저자들 중에서 서평집을 낸 사람들이 극소수인 이유가 바로 이런 거였구나, 하고요.

그냥 모아놓을 수는 없지 않겠습니까? 연대순으로 배열하는 것도 마땅치 않고 주제별로 묶는 것도 쉽지는 않죠. 잘 묶인다 해도 독자 입장에서는 그러한 분류가 공감이 안 될 수도 있고요. 물론 애초부터 서평집을 낼 작정으로 책 한 권의 원고를 일관성 있게 완성할 수도 있겠습니다만, 저자에게는 정말 힘든 일이거니와 글이 단조로워질 개연성도 높아집니다. 게다가 저자의 목표가 아무리 고귀해도 그것을 이루기는 결코 쉬운 일이 아닙니다. 예컨대 독자를 위해 좋은 책들을 발굴하고 제대로 읽게 만드는 게 서평집의 일차 목표라면, 그 책들의 내용을 어떤 측면에서 어느 정도로 소개해야 할지 사실 좀 난감합니다. 핵심 메시지를 전달해주는 것이 가장 좋은 방법일까요? 아니면 책을 읽게 만들도록 호기심을 자극시켜주는 것이 우선일까요? 자칫, 전자는 독서 흥미를 반감시키고 후자는 피상적으로만 끝날 수 있습니다.

한편 독자들에게도 서평집을 읽는다는 것이 그렇게 흥미진진한 일은 아닙니다. 취향에 따라 읽으면 되는데 왜 가이드북이 필요하냐는 식이지요. 파리를 여행하기 전에 가장 먼저 할 일이 여행가이드북을 구입하는 것이라고들 하겠지만, 지적 여행을 위한 가이드북에 대해서는 인색한 것이 현실입니다. 상황이 이렇다보니 서평집은 주로 각종 시험(논술시험 포함) 대비용으로 소비되고 있습니다. 이건 그나마 나은 경우입니다. 어떤 경우에는 '읽은 책이 참 많으시군요'라며 그냥 외면 받거나, 괜한 좌절과 열등감만 준다며 버려지기도 합니다.

책, 교양의 지침

이처럼 조금만 생각해봐도 저자들이 서평집 출간을 꺼리는 것은 자명해보입니다. 실제로 이런 이유들 때문에 저자들은 기존에 자신이 쓴 서평을 재가공하여 다른 종류의 책을 내는 데 재료로 쓰는 경우가 많습니다. 생각이 여기까지 미치자 저는 거의 포기 상태에 이르렀습니다. 물론 그 사이에 서평 쓰기를 중단하지는 않았지만 서평집 출간 자체는 원점에서부터 다시 생각해야 했습니다. '왜 서평집인가?' '어떻게 쓸 것인가?' 그러다 두 번의 계기를 통해 이 물음에 대한 대답을 할 수 있었고, 결국 작업을 재개할 수 있었습니다.

하나는 지난 2013년 여름에 《인간에 대하여 과학이 말해준 것들》이라는 책을 출간하게 된 일과 관련되어 있습니다. 이 책에서 저는 우리의 교양이 좁은 의미의 인문학에서 벗어나 과학적 탐구까지를 포괄한 '인간학'으로 확장되어야 한다고 주장하며, 실제로 과학이 인간에 대해 어떤 새로운 이해를 가져다주었는지를 이야기했습니다. 즉, '이 시대의 새로운 교양은 과학'이라는 메시지를 담고 있었지요.

다만 거기서 아쉬웠던 것은 그 새로운 교양의 지침서들, 다시 말해 '우리 시대의 과학 고전들'을 소개해주지 못했다는 점이었습니다. 그런 고전들이 없었다면 과학은 그저 과학자들만의 언어 세계에 갇혀 있었을 것입니다. 즉 그들 중에 누군가가 세상을 향해 자신들의 연구 성과들을 알리고 그 함의들을 논의했기 때문에 오늘날 과학은 교양으로 승화된 것이겠지요. 생각이 여기에 이르자 이제는 그런 고전들에 대한 안내서를 낼 시점이라는 확신이 들었습니다.

다행히 과학 고전을 소개하는 일을 해본 경험이 있었습니다. 《중앙 선데이》에 거의 1년 동안 격주로 '다윈의 21세기 서재'라는 서평 칼럼을 연재한 것이 그것입니다. 거기서 저는 버겁게만 느껴지는 우리 시대의 과학 고전들을 재밌는 형식으로 소개해보려고 노력했습니다. 그 경험이 이 책의 큰 밑거름이 되었습니다. 이 책 1부의 화두인, '오늘날에도 다윈이 살아 있다면 그의 서재에는 어떤 책이 왜 꽂혀 있을까'라는 물음도 거기서 처음 던진 것이었습니다. 1부 '다윈의 서재'는 그때 지면 관계상 충분히 다루지 못한 내용들을 중심으로 다시 쓴 글들입니다. 다만 리얼리티를 살리기 위해 사회자로 다윈 대신 현존 인물인 데닛을 투입했지요. 왜 하필 데닛이냐구요? 그것은 이 책을 쓰게 된 두 번째 계기와 관련되어 있습니다.

지적 영웅 데닛에 대한 오마주

저는 2013년 가을 학기부터 1년간 학교로부터 안식년을 받아 미국 보스턴의 터프츠 대학교 인지연구소에 방문학자로 와 있습니다. 이곳은 제가 한국에서 박사학위를 받은 후에 연구원으로 근무했던 곳이기도 하지요. 다시 이곳을 선택한 이유는 저의 지적 영웅인 데닛이 여전히 여기에 있고, 아직도 그에게서 배울 것이 많다고 생각했기 때문입니다. 그는 철학자이지만 그 누구보다 과학적 지식을 존중하고 활용해온 이 시대 최고의 사상가 중 한 분입니다. 그가 이끄는 세미나에 다시 참여하면서, 그리고 차분히 독서할 시간들을 얻으면서, 저는 서평집 작업을 재개할 동력을 얻었습니다. 1부에 데닛을 사회자로 등장시킨 것은, 그의 끝모를 지적 깊이와 넓이, 정곡을 찌르는 날카로움, 다른 이의 이야기를 경청하는 태도, 그리고 엄청난 독서량에 대한 저의 오마주입니다.

서평집을 낼 것이라면 그 제목이 '다윈의 서재'여야 한다는

이 책의 1부는
내 지적 영웅인
데닛에 대한
오마주이다.

것은 이미 수년 전에 정해진 것이었습니다. 현대 진화론의 논쟁을 다룬 '다윈의 식탁'의 정신을 잇는다는 의미가 컸지요. 이제 증보된 '다윈의 21세기 서재' 원고와 또 다른 서평들을 부드럽게 이어줄 수 있는 연결 고리를 찾아야 했습니다. 이 책의 '인터미션'이 바로 대담 형식의 1부 '다윈의 서재'와 북토크 형식의 2부 '장대익의 서재'를 잇는 연결 고리입니다. 프롤로그가 허구이니 그것을 이어받은 인터미션도 사실일 리는 없겠죠. 데닛이 진행하는 '다윈의 서재'라든지, 제가 진행하는 '장대익의 서재' 같은 프로그램은 다 제가 꾸며낸 플롯입니다. 하지만 뼈대 스토리만 허구이지 책과 관련한 내용은 모두 진실입니다. 일종의 '팩션 서평집'이랄 수 있겠지요.

일례로 에르빈 슈뢰딩거는 이미 1961년에 사망했습니다. 리처드 파인만도 1988년에 암으로 세상을 떠났는데, 추모 인파가 워낙 많아 추도식을 두 번이나 치렀다고 합니다. 토머스 쿤은 1996년에 세상을 떠났고, 현대 진화론의 거목이었던 굴드는 2002년에 암으로 사망했습니다. 지칠 줄 모르며 우주와 인간을 탐구하던 칼 세이건은 1996년에 백혈병으로 영원한 우주여행을 떠났죠. 칼 세이건의 다큐멘터리 〈코스모스〉가 다시 만들어졌다는 이야기는 들으셨죠? 현란한 컴퓨터그래픽과 애니메이션, 그리고 새롭게 추가된 과학 지식을 덧입고 2014년 4월부터 다시 전 세계 시청자들을 사로잡고 있습니다. 흑인 천체물리학자 닐 타이슨이 세이건의 역할을 대신하고 있죠.

대담으로서의 책읽기

제가 서평집을 가상 대담과 북토크 형식으로 엮는 것에는 몇 가지 이유가 있습니다. 첫째는 재미를 위한 것입니다. 저는 그동안 몇 권의 책을 내면서 내용뿐만 아니라 형식도 매우 중요하게 생각해왔습니다. 가능하고 자연스러운 경우라면, 부드러운 스토리를 딱딱한 내용에 입혀 책읽기의 진입장벽을 낮춰야 한다는 생각이었습니다. 이런 생각을 하다 보니, 저는 스토리를 만들 때 독자들이 깜박 속았다고 할 정도로 아주 그럴듯한 스토리를 만들기 위해 노력해왔습니다. 저의 목표는 독자들이 그저 재밌게 책을 읽다가 어느새 지식의 깊은 경지에 다다를 수 있게 하는 것인데, 만만한 작업은 아니지요.

두 번째는 제가 선호하는 독서 방식과 연관되어 있습니다. 저는 책을 읽을 때 아직도 한 손에 펜을 듭니다. 물론 (여러분들처럼) 밑줄을 치고 읽습니다. 하지만 펜의 용도가 밑줄 긋기만은 아닙니다. 그 옆 빈 공간에 무언가를 적습니다. 대개 이런 말들입니다 '핵심 주장', '좋은 사례', '근거 부족', '무엇무엇과 비교할 것' 등등. 독서를 통해 저자에게서 많은 것들을 배우지만 그/그녀가 쓴 모든 부분을 무작정 받아들이지는 않습니다. 심지어 한 권의 책을 사서 처음부터 끝까지 다 읽는 경우도 많지 않습니다. 선택적으로 필요한 부분만을 봐도 되기 때문입니다(물론 픽션의 경우에는 해당되지 않습니다). 책읽기는 저자의 문장들에 밑줄만 치는 수동적 행위가 아닙니다. 저는 '저자와의 대담'을 바람직한 독서라고 생각합니다. '왜 여기서 이런 이야기를 하는가?'를 묻고 그에 대한 답을 기대하는, 매우 적극적인 지적 행위라는 것이지요. 이런 태도는 과학 도서를 읽을 때도 마찬가지로 필요합니다. 흔히들 과학책은 정보만을 제공하는 것으로 여기는데 전혀 그렇지 않습니다.

좋은 과학책은 과학책이기 이전에 좋은 책입니다. 좋은 책은 독자들에게 재미와 감동, 그리고 새로운 시각과 교훈들을 들려줍니다. 좋은 과학책은 거기다가 최신 과학이 밝혀준 '새로운 사실들'까지를 보탭니다. 그리고 독자들을 합리적 사고방식과 세계관에 익숙해지도록 만듭니다. 하지만 절대로 일방적으로 주입하는 법이 없습니다. 독자들을 '설득'합니다. 경험적 증거들까지 내세우며 아주 그럴듯하게 독자들을 유혹하지요. 과학책을 읽는 독자들도 저자와 끊임없이 대담을 나누고 있다고 해야 할 것입니다.

이렇게 책읽기를 '저자와의 대담'이라고 여기는 순간, 독서는 지겨운 안구 운동에서 흥미진진한 대뇌 운동으로 진화합니다. 상상해보십시오. 여러분이 《코스모스》의 첫 장을 펼치는 순간 세이건이 대담자로 초대된다는 사실을요. 제가 여기서 '대화'보다는 '대담'이라는 단어를 택한 이유도 있습니다. 대화는 대담에 비해 더 사적이고 주관적인 느낌이 있는데, 저는 고수의 책읽기는 좀 더 객관적이고 성찰적이어야 한다고 믿습니다. 즉, 저자와 적절한 거리두기가 필요하지요. 이를 위해서는 대화가 아닌 대담이 필요합니다. 책을 읽고 느낌과 감상만을 이야기하는 사적 수준을 넘어서서, 새롭게 배운 것이 무엇이며 동의할 수 없는(있는) 부분은 어떤 것들인지를 성찰하고 평가할 수 있는 단계로까지 나아가야, 책읽기가 더 흥미진진한 지적 게임이 됩니다. 좀 거창하게 말했지만 이것이 바로 제가 이 서평집에서 '대담으로서의 독서'를 들고 나온 이유입니다.

비판적 전수로서의 책읽기

이제 2부의 '북토크'에 대해서도 잠시 말씀을 드리겠습니다. 저는 대담으로서의 독서가 '토크로서의 독서'로 한 단계 발전할 수 있다고 생각합니다. 만일 여러분이 어떤 책을 읽은 후에 그 책의 내용을 여러분의 언어로 남들에게 들려준다고 생각해봅시다. 제가 지금 하고 있듯이 말이지요. 먼저 책을 주의 깊게 읽을 겁니다. 밑줄도 치고 메모도 하겠죠. 저자와의 가상 대담을 펼치면서 말입니다. 그런 후에 여러분의 경험과 지식을 총동원하여 그 책에 대한 이야기를 남들에게 들려줘야 합니다. 여기서도 소감만으로는 충분하지 않습니다. 밑줄 친 부분을 듬성듬성 읽어주는 것만으로도 부족하지요. '자신의 용어와 문장'으로 저자의 핵심 논지와 적절한 사례들을 요약할 수 있어야 합니다. 그런 후에 생각할 거리들 — 그것들이 어떤 쟁점들을 던져주며 어떤 함의들을 이끌어내는지 — 까지 발굴해서 덧붙이면 금상첨화겠지요. 저는 이것이 바로 '토크로서의 독서'이며 적극적 독서의 궁극적 지향점이라고 생각합니다. 책읽기의 끝은 지식의 비판적 '전수'가 아닐까요?

많은 영장류 학자들이 침팬지는 '공동 주의집중joint attention'과 '문화 전수cultural transmission' 능력을 진화시키지 못했기 때문에 인간과 같은 문명을 이룩하지 못했다고 주장합니다. '공동 주의집중'이란 제3의 대상을 가리킴으로써 관심을 공유하는 행위를 말합니다. 가령 제가 손가락으로 달을 가리키면 여러분은 달을 함께 바라보겠지만 침팬지는 제 손가락 끝만 쳐다봅니다. '문화 전수'란 남들로부터 배움으로써 또 다른 이들에게 전달해주는 행위를 말합니다. 예컨대 침팬지는 우리처럼 패러디물을 만들어가면서까지 〈강남스타일〉의 말춤을 동료 침팬지에게 전수해줄 수 없습니다. 이런 의미에서, 누군가가 소개해주는 책들에 함께 관심을 기울이고(공동 주의집중), 그 책의 내용들을 자신의 언어로 타인에게도 이야기해주는 것(문화 전수)은 지구상에서 오직 우리 인간만이 할 수 있는 독특한 행위입니다. 이것이 바로 이번 서평집의 과학적 존재론입니다.

여기까지 읽어주셔서 대단히 감사합니다.

2014년 3월 보스턴에서
장대익 드림

| 이 책에서 소개한 책들 |

• 그레고리 코크란 · 헨리 하펜딩 지음, 김명주 옮김, 《1만 년의 폭발》, 글항아리, 2010; Henry Harpending & Gregory Cochran, The 10,000 Year Explosion, Basic Books, 2010.

• 노엄 촘스키 지음, 이창희 옮김, 《사이언스 이즈 컬처》, 동아시아, 2012; Adam Bly etc., Science is Culture, Harper Perennial, 2010.

• 대니얼 데닛 지음, 유자화 옮김, 《의식의 수수께끼를 풀다》, 옥당, 2013; Daniel C. Dennett, Consciousness Explained, Back Bay Books, 1992.

• 데이비드 라우프 지음, 장대익 · 정재은 옮김, 《멸종》, 문학과지성사, 2003; David M. Raup, Extinction: Bad Genes or Bad Luck?, W. W. Norton & Company, 1992.

• 데이비드 크리스천 · 밥 베인 지음, 조지형 옮김, 《빅 히스토리》, 해나무, 2013; David Christian & Bob Bain, Big History, 2011.

• 리처드 니스벳 지음, 최인철 옮김, 《생각의 지도》, 김영사, 2004; Richard Nisbett, The Geography of Thought, Free Press, 2003.

• 리처드 도킨스 지음, 이용철 옮김, 《눈먼 시계공》, 사이언스북스, 2004; Richard Dawkins, The Blind Watchmaker, Norton & Company, Inc, 1986.

• 리처드 도킨스 지음, 이한음 옮김, 《만들어진 신》, 김영사, 2007; Richard Dawkins, The God Delusion, Bantam Books, 2006.

• 리처드 도킨스 지음, 최재천 · 김산하 옮김, 《무지개를 풀며》, 바다출판사, 2008; Richard Dawkins, Unweaving the Rainbow, Houghton Mifflin, 1998.

• 리처드 도킨스 지음, 홍영남 · 이상임 옮김, 《이기적 유전자》, 을유문화사, 2010; Richard Dawkins, The Selfish Gene, Oxford University Press, 1976.

• 리처드 랭엄 지음, 조현욱 옮김, 《요리 본능》, 사이언스북스, 2011; Richard

Wrangham, Catching Fire: How Cooking Made Us Human, Basic Books, 2010.

• 리처드 르원틴 지음, 김동광 옮김, 《DNA 독트린》, 궁리, 2001; Richard C. Lewontin, Biology as Ideology: The Doctrine of DNA, Harper Perennial, 1993.

• 리처드 탈러 · 캐스 선스타인 지음, 안진환 옮김, 《넛지》, 리더스북, 2009; Cass R. Sunstein & Richard H. Thaler, Nudge, Penguin Books, 2009.

• 리처드 파인만 지음, 랠프 레이턴 엮음, 김희봉 · 홍승우 옮김, 《파인만!》, 사이언스북스, 2008; Richard P. Feynman & Ralph Leighton, Classic Feynman: All the Adventures of a Curious Character, W.W. Norton, 2005.

• 마이클 베히 지음, 김성철 외 옮김, 《다윈의 블랙박스》, 풀빛, 2001; Michael J. Behe, Darwin's Black Box, Free Press, 1996.

• 마이클 셔머 지음, 김희봉 옮김, 《과학의 변경지대》, 사이언스북스, 2005; Michael Shermer, The Borderlands of Science, Oxford University Press, 2002.

• 마이클 셔머 지음, 류운 옮김, 《왜 사람들은 이상한 것을 믿는가》, 바다출판사, 2007; Michael Shermer, Why People Believe Weird Things, W.H. Freeman, 1997.

• 말콤 글래드웰 지음, 노정태 옮김, 《아웃라이어》, 김영사, 2009; Malcolm, Gladwell, Outlier, Back Bay Books, 2009.

• 수전 블랙모어 지음, 김명남 옮김, 《밈》, 바다출판사, 2010; Susan Blackmore, The Meme Machine, Oxford University Press, 2000.

• 스티븐 와인버그 지음, 이종필 옮김, 《최종 이론의 꿈》, 사이언스북스, 2007; Steven Weinberg, Dreams of a Final Theory, Pantheon, 1992.

• 스티븐 제이 굴드 지음, 김동광 옮김, 《생명, 그 경이로움에 대하여》, 경문북스, 2002; Stephen Jay Gould, Wonderful Life, W. W. Norton & Co., 1989.

- 스티븐 제이 굴드 지음, 이명희 옮김, 《풀하우스》, 사이언스북스, 2002; Stephen Jay Gould, Full House, Harmony Books, 1996.

- 스티븐 제이 굴드 지음, 홍욱희 · 홍동선 옮김, 《다윈 이후》, 사이언스북스, 2009; Stephen Jay Gould, Ever Since Darwin, W. W. Norton, 1977.

- 스티븐 핑커 지음, 김한영 옮김, 《마음은 어떻게 작동하는가》, 동녘사이언스, 2007; Steven Pinker, How The Mind Works, W. W. Norton & Company, 1997.

- 스티븐 핑커 지음, 김한영 옮김, 《빈 서판》, 사이언스북스, 2004; Steven Pinker, The Blank Slate, Penguin Books, 2002.

- 아서 밀러 지음, 정영목 옮김, 《아인슈타인, 피카소 : 현대를 만든 두 천재》, 작가정신, 2002; Arthur I. Miller, Einstein, Picasso: Space, Time, and the Beauty that causes Havoc, Basic Books, 2002.

- 앨버트 래슬로 바라바시 지음, 강병남 · 김기훈 옮김, 《링크》, 동아시아, 2002; Albert-László Barabási, Linked: The New Science of Networks, Perseus Books Group, 2002.

- 에드워드 윌슨 지음, 최재천 · 장대익 공역, 《통섭》, 사이언스북스, 2005; Edward O. Wilson, Consilience, Knopf, 1998.

- 에드워드 윌슨, 이한음 옮김, 《지구의 정복자》, 사이언스북스, 2013; Edward O. Wilson, The Social Conquest of Earth, Liveright, 2013.

- 에르빈 슈뢰딩거 지음, 전대호 옮김, 《생명이란 무엇인가》, 궁리, 2007; Erwin Schrödinger, What is Life?, Macmillan, 1946.

- 에른스트 마이어 지음, 최재천 외 옮김, 《이것이 생물학이다》, 바다출판사, 2015; Ernst Mayr, This is Biology: The Science of the Living World, Belknap Press, 1998.

- 에이드리언 데스먼드 · 제임스 무어 지음, 김명주 옮김, 《다윈 평전》, 뿌리와이파리,

2009: Adrian Desmond & James R Moore, Darwin, Penguin, 1992.

- 올리버 색스 지음, 조석현 옮김, 《아내를 모자로 착각한 남자》, 이마고, 2006: Oliver Sacks, The Man Who Mistook His Wife for a Hat, Summit Books, 1985.

- 이블린 폭스 켈러 지음, 김재희 옮김, 《생명의 느낌》, 양문, 2001: Evelyn Fox Keller, A Feeling for the Organism, Freeman, 1983.

- 장회익 지음, 《삶과 온생명》, 솔출판사, 1998.

- 재러드 다이아몬드 지음, 강주헌 옮김, 《문명의 붕괴》, 김영사, 2005: Jared Diamond, Collapse: How Socities Choose to Fail or Succeed, Penguin Books, 2005.

- 재러드 다이아몬드 지음, 김진준 옮김, 《총, 균, 쇠》, 문학사상사, 2005: Jared Diamond, Guns, Germs, and Steel, W.W. Norton & Co, 1997.

- 재러드 다이아몬드 지음, 임지원 옮김, 《섹스의 진화》, 사이언스북스, 2005: Jared Diamond, Why is Sex Fun?, Basic Books, 1998.

- 제러미 리프킨 지음, 안진환 옮김, 《3차 산업혁명》, 민음사, 2012: Jeremy Rifkin, The Third Industrial Revolution, Palgrave Macmillan, 2011.

- 제인 구달 지음, 최재천 · 이상임 옮김, 《인간의 그늘에서》, 사이언스북스, 2001: Jane Goodall, In the Shadow of Man, Houghton Mifflin, 1971.

- 제프리 밀러 지음, 김명주 옮김, 《연애》, 동녘사이언스, 2009: Geoffrey Miller, Mating Mind, Heineman, 2000.

- 조지 애커로프 · 로버트 쉴러 지음, 김태훈 옮김, 《야성적 충동》, 랜덤하우스코리아, 2009: George Akerlof & Robert J. Shiller, Animal Spirits, Princeton Univ Press, 2009.

- 존 브록만 엮음, 김명주 옮김, 《왜 종교는 과학이 되려 하는가》, 바다출판사, 2012: John Brockman ed., Intelligent Thought, Vintage, 2006.

이 책에서 소개한 책들

• 존 브록만 엮음, 안인희 옮김, 《과학의 최전선에서 인문학을 만나다》, 소소, 2006; John Brockman eds., The New Humanists: Science at the Edge, Sterling, 2003.

• 존 올콕 지음, 김산하 · 최재천 옮김, 《다윈, 에드워드 윌슨과 사회생물학의 승리》, 동아시아, 2013; John Alcock, The Triumph Of Sociobiology, Oxford University Press, 2003.

• 존 호트 지음, 김윤성 옮김, 《다윈 안의 신》, 지식의숲, 2005; John Haught, Deeper Than Darwin, Basic Books, 2003.

• 찰스 다윈 지음, 송철용 옮김, 《종의 기원》, 동서문화동판, 2013; Charles Darwin, On the Origin of Species by Means of Natural Selection, 1859.

• 찰스 페로 지음, 김태훈 옮김, 《무엇이 재앙을 만드는가?》, 알에이치코리아, 2013; Charles Perrow, Normal Accidents: Living With High Risk Technologies, Basic Books, 1984.

• 칼 세이건 지음, 박중서 옮김, 《과학적 경험의 다양성》, 사이언스북스, 2010; Carl Sagan, The Varieties of Scientific Experience, Penguin Press, 2006.

• 칼 세이건 지음, 이상원 옮김, 《콘택트》, 사이언스북스, 2001; Carl Sagan, Contact, Simon & Schuster, 1985.

• 칼 세이건 지음, 홍승수 옮김, 《코스모스》, 사이언스북스, 2004; Carl Sagan, Cosmos, Random House, 1980.

• 칼 짐머 지음, 이한음 옮김, 《바이러스 행성》, 위즈덤하우스, 2013; Carl Zimmer, A Planet of Viruses, University Of Chicago Press, 2011.

• 토머스 쿤 지음, 김명자 · 홍성욱 옮김, 《과학혁명의 구조》, 까치글방, 2013; Thomas Kuhn, The Structure of Scientific Revolutions, University of Chicago Press, 1962.

- 프란스 드 발 지음, 박성규 옮김,《원숭이와 초밥 요리사》, 수희재, 2005; Frans de Waal, The Ape And The Sushi Master, Basic Books, 2001.
- 프란스 드 발 지음, 이충호 옮김,《내 안의 유인원》, 김영사, 2005; Frans de Waal, Our Inner Ape, Riverhead Books, 2005
- 행크 데이비스 지음, 김소희 옮김,《양복을 입은 원시인》, 지와사랑, 2010; Hank Davis, Prometheus Books, 2009.

다윈의 서재 (개정판)

초판 1쇄 발행 | 2015년 11월 15일
초판 4쇄 발행 | 2020년 10월 20일

지은이   장대익
책임편집   정일웅
디자인   박은진 · 김한기

펴낸곳   바다출판사
발행인   김인호
주소   서울 마포구 서교동 어울마당로 5길 17 (서교동, 5층)
전화   322-3885(편집), 322-3575(통합마케팅부)
팩스   322-3858
E-mail   badabooks@daum.net
홈페이지   www.badabooks.co.kr

ISBN 978-89-5561-802-0 03100